啟　發

羅振宇　著

高寶書版集團

在廣袤的空間和無限的時間中，
能與你共享同一顆行星和同一段時光，
是我莫大的榮幸。

——卡爾·薩根《宇宙》

序言

　　我把所有的內容形式分成三種：故事、觀點、啟發。

　　「故事」是邀請別人走進自己布置的世界裡，「觀點」是把自己的想法放進別人的世界裡，這些都是單向的互動過程；「啟發」則要複雜得多，它包含了四個部分：

　　第一、我自己有一個挑戰性的問題。

　　第二、我在其他領域偶然得到了一個新資訊。

　　第三、這個新資訊讓我的問題有了新的答案。

　　第四、新答案能擴展成新思路，可以應用到更廣泛的領域。

　　這四個心理過程同時發生了，才能稱之為一個「啟發」。

　　「故事」和「觀點」也許另有所圖，唯有「啟發」是指向自己的成長。過去十年，我在「羅輯思維」微信公眾號每天發送一則 60 秒語音，這樣的「啟發」，我寫了 3652 則。這本書選擇了其中一些，編成一個一個詞條，分享給你。

　　每當你遇到挑戰或心有困惑時，找到相關的詞條閱讀，新的想法說不定就會冒出來。你也可以隨機翻開一頁閱讀，那些點亮我的啟發也許也能點亮你。

羅振宇　於深圳

2022 年 12 月 21 日

目錄 contenst

目錄 contenst

目錄 contenst

目錄 contenst

目錄 contenst

目錄 contenst

目錄 contenst

目錄 contenst

目錄 contenst

目錄 contenst

目錄 contenst

目錄 contenst

愛

有人說，**如果你真的愛一個人，你的表現就是八個字：「很有時間，不怕麻煩」**，真是讓人拍案叫絕。

「愛」是一種主觀心理狀態，口說無憑，很難衡量，但是用時間和麻煩這兩個面相來看，就能把愛客觀化。

「時間」的彈性是非常大的。

我們經常說「沒時間，沒時間」，但捫心自問，我們是真的沒時間嗎？對愛的人也沒有時間嗎？「麻煩」也是有無窮的伸縮性的。對於陌生人，正眼看人都嫌麻煩，但對自己心愛的孩子就可以無微不至，所以用這兩樣彈性很大的指標來衡量愛的程度，真是再合適不過了。除此之外，「我為你付出這麼多」、「我這麼辛苦都是為了誰」都只是出於責任，而不是出於愛。

不管是父母、另一半還是孩子，我們都可以用「很有時間，不怕麻煩」這個標準來衡量一下，我們到底有多愛身邊的人。

愛好

人為什麼要有愛好？有一個解釋是說，愛好最大的用處，就是你可以透過愛好來培養自制力。

比如，你突然愛上了鋼琴。表面上，你在這上面浪費了很多時間和金錢，但是鋼琴會對你形成約束：你要練琴、要專注，要在那個圈子裡往上攀登。當鋼琴真的成為你的愛好時，你會有一項意外

收穫——你成了一個有自制力的人,這會幫助你重塑自我,甚至會實實在在地影響你的其他事業。

這個觀點很有意思,而且它也能幫助我們判斷什麼才是一項真的愛好。比如有人說,我的愛好是電影和音樂,但如果你只是沒事找電影看,戴著耳機聽首歌,這不是愛好,這是消遣。

愛好不是你生命之外的東西,而是你費了很大力氣才變成你生命之內的東西;愛好不是一種給你很多次愉悅的感受,而是會讓你投入很多次的自我約束。

愛情

生活在亞馬遜流域的印第安人在表達「我愛你」時,是這麼說的:「我被你的存在所感染了,你的一部分在我的身體之內生長和成長。」

這個表達很精準啊!**「愛」不是我對你的狀態,也不是你給我的感覺,而是你的一部分融入了我的體內,我在用自己的生命栽培它。**這個意思也暗合了那句著名的詩句:「我愛你,與你無關」,這也可以解釋為什麼維持愛情那麼難了,因為你的一部分在我心裡成長的樣子、軌跡與方式,和你的真實樣子差距會越來越大。

其實,有什麼東西不是這樣呢?我們在這個世界穿行而過,各種各樣的東西像微生物一樣感染了我們,在我們體內生長。我們無法決定會被什麼感染,但是我們不僅要承擔它最終生長出來樣貌的全部後果,也要負全部的責任。

愛自己

有一句話這麼說：「**你怎麼愛你自己，就是在教別人怎麼愛你。**」你整天把自己打理得乾淨俐落，別人才會想方設法誇你好看或者帥氣。你愛讀書、愛思考，別人才會送你書，或者認真對待你的見解。你愛美食，而且有精深的研究，別人才會請你吃美食，送你好食材。別人愛你的方式，是由你自己決定的。

仔細想想，這其實是個很顛覆的觀點。因為我們是在父愛、母愛裡成長的。父母之愛的特點是你缺什麼就給你什麼，而我們進入社會之後，情況就變了。在成人世界裡，自己沒有的東西，別人也不會給我們，即使環境充滿了善意、資源、工具甚至愛，也是如此。這些東西，其實都只是「自我的放大器」。

所以你看，**所謂的缺愛，其實就是我們對自己還不夠好。**

安全事故

一位電梯行業的朋友跟我講，所有的電梯事故一定都是人為的責任事故。為什麼？因為電梯在做產品設計的時候，就已經充分考慮到了各種各樣的極端情況，各方面的性能都留出了很大的安全空間，只要嚴格按照操作規程執行，是根本不可能發生事故的。他還跟我講了德國人赫伯特·海因里希[1]所提出著名的「海恩法則」——

1　赫伯特·海因里希（Herbert Heinrich），20世紀美國工業安全先驅人士。

每一起嚴重的飛機事故背後，必然有 29 次輕微事故、300 起未遂事故以及 1000 個事故隱患。

結論來了：

第一、事故的發生是量的積累結果，絕不可能是突發，也絕不可能僅僅是一、兩個人的責任。

第二、再好的技術，也無法取代人自身的素質和責任心。

如果一個社會安全事故頻發，那就是這個社會到了一個特定階段。在這個階段，人的素質跟不上技術發展的速度了。

案例

我們公司的 CEO 脫不花帶著一群企業家去德國遊學，回來跟我們說，德國商學院的教授真要命，只講理論，不舉例子。在課堂上滔滔不絕說了一堆理論，只要你問他能不能舉個例子，他就再重複一遍理論，真的無法理解，德國教授就會告訴你，不能舉例子。

例子都是以偏概全的，每一個商業成功的案例都忽略，甚至主動掩蓋了一部分的條件，然後再告訴你一個簡單的因果關係結論，這種結論是有害的。

想想也是，在中國的商學院裡，大家最愛聽的就是故事。可是一個商人可能會說他是多麼的智慧，但不會告訴你他在關鍵時刻走了一次狗屎運；一個企業家可能會吹噓他是怎麼透過改善管理方法大幅提升利潤，但不會告訴你那幾年裡，這個行業的日子其實普遍都好過。

暗能力

社會理論研究著名學者吳伯凡講過一個概念叫「暗能力」，這個概念我越想越有意思。什麼是暗能力？簡單來說就是**你做一件事會培養出其他的能力，雖然這些能力眼下不能變現，但是也許未來有一天，你會憑藉這些暗能力找到新的業務和賽道。**

個人改行也好，企業轉型也罷，其實不是表面上的「改」和「轉」，而是找了一項新的業務把原先就已經具有的暗能力實際應用出來。比如說，阿里巴巴弄了「雙十一」，那就需要應付「雙十一」那天巨大的流量，網絡技術能力因此就變得很強。這是一個暗能力，因為過了這一天就用不太到了。但是過不了幾年，阿里一想，這個能力我可以對外販售啊，這是一個新業務啊——這就是後來的阿里雲。

「暗能力」這個詞，讓我想到一句話：「所有的奇蹟，其實都早有準備。」那麼請問，你有什麼「暗能力」呢？

奧卡姆剃刀原理

有一個詞叫奧卡姆剃刀原理——**若無必要，勿增實體**，白話來說就是能簡單，就千萬別搞複雜。

很多人覺得很困惑，例如一家公司的經營者可能會覺得，不是我想做得複雜，是的確有那麼多事要做，只好多設置崗位和部門，你這個奧卡姆剃刀原理不是廢話嗎？

唉，還真不是廢話，這是一個特別重要的提醒。增加一個部門或一個崗位的好處是看得見的，因為可以做的事情多了，但壞處是看不見的。比如，新部門會為了證明自己的存在而做一些沒必要的事，甚至會為了增加自己的存在感而做一些壞事，而這些東西剛開始都是看不見的。雖然每一次增加都看似很必要，但是時間一長，就會導致系統本身損毀。

為什麼一間公司擴大了規模，效率都會下降？就是這個原因。

奧運會

聽哲學家趙汀陽講課，他說，古希臘人要是看到現代人所舉辦的奧運會，一定會覺得這些人都是怪胎。為什麼呢？因為古希臘人的奧運會只是業餘愛好，沒有職業運動員，比賽項目也都是平時可以運用的技能，比如跑步、標槍。運動員平時都做著有實際意義的工作，比賽只是為了顯示人類的勇氣，要是一個人連續兩次奪得奧運會冠軍，大家都會瞧不起他，因為他肯定是偷偷在家練習了，沒在認真工作，勝負心太重。

現代奧運會比的是人類實際上並不需要的各種指標，而且都變成了專業項目，它不是在表現人的卓越，而是在表現訓練系統的卓越。

所以你看，**人類剛開始確立一個目標，總是為了服務於人，但是時間一長，就容易變成人服務於這個目標，反過來扭曲人性。**

榜樣

什麼是榜樣？做得好、優秀的人就是榜樣嗎？我看到一個有趣的說法，英文中「榜樣」這個詞是 role model，直譯就是「角色模型」。

奇怪，這個詞沒有優秀的意思啊？那榜樣到底是什麼呢？

一位女性在某個領域得到傑出成就，成了榜樣，這不一定是說我們都要向他學習——那個領域或許門檻非常高，而是說他開創了一種新的角色模型。以前，人們總以為女性在那個領域做不好，而他的成功打破了舊模型，製造了一個新模型——女性是可以的。所以，他成功的意義不是因為他優秀所以成功那麼簡單，而是告訴所有人，這條路是通的，傳統上認為女性不適合，是毫無道理的規矩、框架。

所以你看，**榜樣的意義不是示範了一種成功的方式，而是給了整個世界一種新型的勇氣。**

被迫選擇

有位老師經常在網路上寫文章，為大家提供一些建議，比如該不該出國、該不該買房、該不該創業、怎麼選工作等等。時間久了之後，他發現道理翻來覆去就那些，答案也到處都能找到，大家為什麼還是很焦慮呢？

經過觀察，他得到了結論：**我們過去都誤以為大家需要的是更**

好的道理，其實不是，大家只是恐懼選擇，更準確地說是恐懼選擇之後要承擔的代價。他們反復糾纏道理，其實不是想要理性分析，而是希望能有一股外力剝奪自己自由選擇的權力，對自己下達不容置疑的指令。這樣做有什麼好處呢？這樣做就可以逃離「我不知道該怎麼辦」的狀態，被迫選擇之後就輕鬆了。

你看，都說自由是個好東西，但是自由也意味著承擔後果，這是一個過於沉重的負擔，我們一般人其實是承受不起的。

本分

有位國中老師告訴我，他的班上有個學生無心大考，一門心思只想鑽研自己的興趣——天文學。照理說，一般老師都會支持學生研究自己的興趣，可是放棄大考的風險又太大。他問我，身為這個學生的班導師，他應該採取什麼態度呢？

我的回答可能有點出人意料，我說：「你得勸他好好參加大考，聽不聽是他自己的事。」

老師說：「這可能沒用，那個學生的態度很堅決。」

我說：「有用沒用，並不是我們做事的基本原則。」

為什麼這麼說？首先，一個真的要走自己的路的人，是不會因為他人的幾句話就改變初衷的。其次，作為一名老師、一個年長幾歲的人，他必須把學生選擇的風險如實告之，這是盡本分。任何人都不是他人的神，不能替他人做選擇，但是誠實地給出自己的建議，大家各盡本分，就是最好的選擇。

閉迴路

著名教育家李希貴有一個主張,他說身為一位校長,在學校裡看到孩子違反校規時,就要繞著走。奇怪,一般的校長看見孩子違反校規時,肯定會叫住學生,趁機教育一下,為什麼李希貴校長這麼說呢?他的道理是這樣的:教育是個閉迴路的過程,孩子犯錯要經歷「批評→表揚→激勵→改進→鞏固→養成」的完整過程,這樣教育才算完成。如果校長看見問題就當面指出,表面上是為了孩子好,但是孩子就沒有機會完成這個過程了。

那應該怎麼做?正確的做法是讓跟這個違紀的孩子最近的那位老師,比如班導師、學年主任去處理這件事,這樣才有機會完成整個教育的循環。

在觀念世界裡,一個觀點說出來了,這件事就結束了。在現實世界中,如果沒有一個完整的閉迴路,就等於什麼都沒有做。

變數

二胡音樂家許可跟我們聊了一個有趣的知識。在聽交響音樂會的時候,你會發現開場之前樂隊都在調音,吱吱呀呀地一陣混亂。那麼請問,調音是根據什麼樂器的聲音來調呢?

答案是雙簧管。為什麼?是因為它的音調準嗎?恰恰相反,就是因為它的音調不夠準,或者說它的音準表現大抵上取決於演奏家本人。

你想，若是用鋼琴來定音調，音準確實沒有問題，雙簧管的音色表現力很好，如果聲音一出來，音準又不是很協調，那麼就會影響整個樂隊的協調性了。

所以你看，一個團隊裡真正有決定性作用的不是名義上的領導，也不是那個最沒有變數的人，而是變數最大的那個人。**真正的領導力不是制定規則，而是讓最不守規則的人的破壞力變得最小。更進一步地說，是讓他不守規則的特性發揮出最大的優勢。**

標準答案

在當前中國的社會環境裡，你會發現有兩類人是最焦慮的，一類是大學生，一類是初為父母的人。

直到上大學，你突然發現會讀書沒有用了，你想要有錢、想混得好，這些事和分數是沒關係的。這算是第一次價值危機吧，一旦有了孩子，就會迎來第二次價值危機。我們有一位深圳的用戶老賀他就跟我說，有了孩子後，突然發現人生幸福有很大一部分取決於孩子好不好，而這件事和有錢、沒錢沒有很大的關係。

兩次危機的本質說白了，就是標準答案突然沒了。

爭強好勝未必能賺到錢，有錢未必能讓家庭幸福。

你可能會問怎麼辦？

既然問題的本質就是沒有標準答案，那就沒有人知道應該怎麼辦。要不然怎麼能說是難題，讓大家如此焦慮呢？

不干涉

我們經常會讚美愛的力量,但是說實話,年紀越大,我越覺得其實**不干涉也是一種力量——適當的互相關愛和適當的互不關心都在推動社會進步。**

從個人層面來看,關愛他人的人通常也會干涉他人,甚至強制性地推銷自己的關愛。那麼多的家庭矛盾不就是這樣來的嗎?

從社會層面來看,這也不是什麼奇談怪論。當年亞當・史密斯在《國富論》裡就說,街角那個麵包師傅為我們做麵包,可是他的動機並不關乎愛的奉獻,他就是為了自己賺錢,但客觀上增進了大家的福祉。越是到網路社會,人和人之間互不干涉的好處就越大,因為個人的創造性造福他人的可能性更高。

和那些樂於奉獻的人一樣,做好自己的事,不干涉他人,讓他人的創造力自由發揮,一樣也是一個好公民。

不可靠

現在有一個可能是未來人類的核心問題,就是人和電腦的區別到底是什麼。這個問題搞不清楚,或者說答案是沒有區別,那電腦和人工智慧遲早能替代人類做所有的工作——人就沒有價值了。

我聽到一個簡潔明瞭的說法:區別的方法很簡單,電腦永遠不可能生成一個亂數。現在電腦生成的亂數都是假的,還是有規律的,只不過那個規律極其複雜,你可以假裝它是亂數而已。

　　這個說法推導下去，**和電腦相比，人的終極價值是什麼？說得不好聽就是不可靠，說得好聽點就是有想像力——人能夠無中生有地想像一個東西，能夠跳出所有規律做一件事情。**

　　過去我們總是強調一個人應該具有可塑性，這是為了能夠和他人、和電腦連接，但我們還是得保留一點「不可靠」的能力，這是為了不被他人和電腦取代。

不確定

　　很多人都說，現在我們處在一個「不確定」的時代，「不確定」這三個字的背後，其實藏了一座命運的分水嶺。有人遇事就會想，這件事的不確定性太大，就算了吧。你看，人類的理性和預測能力在這裡發揮作用了，但真實世界的故事往往是怎麼發生的呢？

　　比如說，一個人做了一件事，雖然事情本身沒成功，但他認識了幾個新朋友，瞭解到了一個新機會。他嘗試了新機會，也沒成功，但掌握了一些新資源。他想用這些資源去做點什麼，也不順利，但順手掌握了一些新知識。

　　這個人看起來很魯莽，到處碰壁，但每「碰」一次總有一些意外收穫，這些意外收穫最後讓他拼出了一條路。

　　「不確定時代」就是用來嚇唬那些高度理性、沒有 100% 把握就不行動的人。對於行動者來說，本來就不需要什麼確定性——他們的成功是用意外收穫拼起來的。

不孝

「不孝有三，無後為大」，這句話幾乎盡人皆知。那麼，不孝有三的另外兩個不孝是什麼？我也是讀北京大學歷史系趙冬梅教授的一本書才看到了原始資料。

東漢趙岐在為《孟子》作注時，是這麼說的：「於禮有不孝者三事，謂阿意曲從，陷親不義，一不孝也；家貧親老，不為祿仕，二不孝也；不娶無子，絕先祖祀，三不孝也。」

這句話的意思是**按照儒家禮法，下列三種行為是很不孝的：父母說什麼是什麼，不顧是非，一味順從，讓父母陷於不義，這是第一大不孝；父母都老了，家裡很窮，可是不出去謀生活，也就是在家啃老，這是第二大不孝；第三大不孝才是沒有後人。**

聽到這套完整的解釋，你會發現，中國古人關於不孝的定義遠比我們想像的更加通情達理。

才華

我看到一句話：**「所謂的才華，其實就是溢出的基本功。」**

說白了，「才華」不僅不獨立存在，甚至也沒有追求的必要，基本功一到，藏都藏不住，是會溢出來的。

你可以想一想，我們什麼時候覺得一個人有才華？往往是他寫出漂亮的文章，展現出亮眼的才藝時才會這麼覺得。不用說，人家背後肯定是花了大量時間磨練基本功的。大部分時候，磨練基本功

與才華無關，就是花了時間。你看，從外面能被人所見、讓人羨慕的東西，換個角度理解，其實就是他內在修練的結果。

這個句式，我還真看到不少。

比如，一個國家其實是沒有什麼文化輸出，「所謂的文化輸出，其實就是溢出的文化魅力」。再比如一個人沒有什麼財商，「所謂的財商，其實就是一個人在財富上展現的認知能力」。

參數調整

有一個概念叫「參數調整」，說白了，就是**從根本的目標、模式重新思考手頭上正在做的事。**每個人參數調整的方式各有不同，也沒有什麼優劣之分。我自己經歷最重要的參數調整是從目標優先，切換到人的感受優先。

年輕的時候做事，把事做到好，這個目標很重要；至於對人好，要麼是出於本能和教養，要麼就是出於把事做到好的需求。年歲漸長之後，我知道了，目標不是用來滋養自己的生命的，因為一旦達成，目標就沒價值了。而一同做事的人，他們的成長會反過來一直滋養著我自己。

同樣是做事，要怎麼讓同事、合作者、用戶、旁觀者等所有人在這過程中有掌控感，在事後有收穫感，就變成了優先順序更高的事。當然，這就需要考慮更多層面、更深的層次，也就是更大的挑戰。

產品化

我有位同事讀了一本講美國智庫的書，跟我說了其中的一個細節。以前美國智庫寫一份報告都是厚厚一疊，不是專業人員根本看不完。後來報告的篇幅要求變了，一份報告必須控制在議員們從國會山坐車去機場的路上就能看完的長度，這就是有用戶意識了。到了川普執政時期，一份報告的篇幅只能是一張紙。你可能會問，這樣服務品質會不會下降？我覺得不會，這是一個產品化的過程。

一個產業在早期往往是按照自我的邏輯發展，看什麼都不可或缺。隨著競爭越來越激烈，產業才不得不自我約束，生產出更符合使用者使用習慣的產品。這就是產品化的過程，往往也是創新者的機會。

比如，以前的電視遙控器上有密密麻麻的按鈕，大多數人都搞不清楚它們的用途。現在很多遙控器就簡潔多了，還有語音控制、手寫輸入的功能。你看，你不用重新發明電視，就有把電視進一步產品化的機會。

長期主義

很多人會覺得得到 App 的課程「跟華杉學品牌行銷 30 講」不只是在講品牌，更是在講一種系統性的企業觀。我看到一位用戶對這套企業觀的總結，他說華杉教我們的是看問題的兩個視角。

第一個是成本視角，這是一個用來向外看的協作視角──反復

問自己，我所做的事情是不是降低了交易的成本，讓別人更容易與我達成協作；第二個是投資視角，這是一個用來向內看的成長視角——反復問自己，我所做的事情是不是漸漸融入了我的品牌資產帳戶，從而擁有長期的複利效應。

請注意，想要擁有這兩個視角並不容易，為什麼？因為這兩個視角的背後其實是一種心智模式，就是**不管我當下在做什麼，我都考慮到這件事的長期影響。**

很多人都在問，什麼是長期主義？這就是長期主義。

長壽

有一個健康觀念是說，老人長壽的重要條件之一是生活有盼頭。這個說法其實不像表面上那麼簡單，好像有盼頭心情就會變好，所以身體就能好。這個觀念說的是，在真實有效的社會網路中，人有壓力，才會調動身體全部的機能應對挑戰。有盼頭是一個心情上的結果，根本原因是將身體和精神能力有序的調動。

中國老人的一大問題就是比較依賴集體生活，一旦退休，就等於退出了社會網路。這時候生活很容易失序，最後導致身體出問題，這就不是簡單地靠鍛鍊、養生、娛樂能解決的問題了。老人最好能重新加入社會參與，比如參加公益活動、學點小手藝、跳廣場舞等等。

人說到底是社會性動物，不喪失社會性才是我們保持良好狀態的根本。

長遠目標

有朋友建議我去看《西遊記》中的一個段落，不是什麼降妖除魔的劇情，而是孫悟空當菩提祖師學生的那一段。

菩提祖師說，我這裡學問太多了，光道門中就有三百六十旁門，每個旁門都能成正果，你要學哪個？不管菩提說哪一門學問，孫悟空都要反問一句：「學這個可得長生嗎？我可以長生不老嗎？」菩提只要說不能，孫悟空都搖頭擺手，不學不學，這段看得我樂不可支。

最沒長性的猴子都知道盯緊一個長遠的目標，不受眼下好處的誘惑，回想我們當下創業、做事，其實也一樣。比如我有一個心法，就是做任何事之前，先想想二十年之後這件事應該是什麼樣子，今天做的事只不過是為那個目標添一塊磚瓦而已。

對，只有長遠的目標值得盯緊，只有這個長遠的目標能夠衡量眼下一切的價值。

常識

我的同事李南南老師跟我講了一個有趣的知識：你知道森林裡最容易引起火災的是什麼嗎？是煙頭嗎？紙片嗎？塑膠袋嗎？都不是，是有人沒喝完隨手一丟的礦泉水瓶。

為什麼？因為瓶子裡有水，礦泉水瓶就變成了一個凸透鏡，陽光就被彙聚在一起，因此把樹葉點燃了。這個知識挺有意思的，你

想，有人喜歡隨手扔礦泉水瓶，這個我們知道；有水的礦泉水瓶就是個凸透鏡，這個我們也知道；凸透鏡能把樹葉點燃，這個我們也知道。我們全都知道，但就是不能把這些常識聯想在一起，一旦把常識聯想在一起，就會產生一個新知，但再深想一層，常識也會限制我們的思考。就拿上面這個知識來說，常識告訴我們水能滅火，所以我們不會聯想到跟水有關的物品能引起火災。

你看，**串起新知的是已有的常識；阻止思考的也是已有的常識。**

場景

據說，美國一家著名的行銷公司在推銷自己的服務時，經常會問客戶一個問題：如果你想在一家電影院多賣出一些可樂，你會怎麼做？是放可樂的宣傳片，還是多放自動販賣機？是降低可樂的價格，還是想一句很吸睛的文案？答案是，都不對。這些都是 20 世紀的廣告公司能想出來的主意，不能完全解決如何多賣的問題。那該怎麼做？

這家公司說，你只需要把電影院的空調溫度往上調幾度，可樂的銷量就會上去了。這家公司想表達什麼呢？它想說的是，這個時代，想改變人的行為，重要的已經不是直接宣傳，而是創造氣氛和條件，然後用戶就會自動往你設定的目標前進。這是一個很重要的提醒：**我們生活在一個供給過量而消費不足的時代，啟動消費不僅需要產品好、價格低，還需要你能啟動一個場景。**

敞口

職場上的領導者該怎麼判斷新來的下屬可不可靠呢？我聽到一個方法，很簡單，就是讓他去做一件在時間上敞口的小事。

小事，就是不太難，但人人都會做的事；時間上敞口，就是沒有硬性的時間要求。比如說，讓他去研究一個公司或者一個專案，絕不主動去問他這件事的進度，看他的反應。如果他能在你預期的時間內給出結果，而且結果還不錯，那這個人大致上就是可靠的。

你想，結果不錯，證明他有基本能力，但更重要的是他能在預期的時間內回饋，就證明他能在任務和結果之間完成閉迴路，這在職場上是很重要的品質，僅此一點，就勝過了很多人。倘若更進一步，他在回饋結果的時候還能呈現出系統的方法，那這就是他的加分項了。

你看，這就是職場裡判斷一個人的大祕密：獲得機會，全看小事，而不是大事。

稱職

我說過，一個職場白領，尤其是管理者，稱不稱職就看他能不能隨時隨地搞清楚三個問題：我的目標是什麼？我準備如何達成這個目標？我需要找誰、讓他怎麼支持我？有人聽了，就覺得有點慌張：要是搞不清楚該怎麼辦？這好辦。

第一，搞不清楚目標，就去找自己的主管聊。還是搞不清楚，

就讓主管幫自己設定一個目標。

第二，搞不清楚方法，就去同事、同行那裡找，去書本裡面找。找來的方法不完全適用也沒關係，先僵化地學，再根據效果去優化。

第三，搞不清楚該找誰、讓這個人支持我，怎麼辦？剛才那兩項不就是找人、尋找支持的方法嗎？

所謂工作能力強不是什麼都會做，而是每時每刻都能分清楚主次；不管大事小事，都能從目標到方法再到資源，按照這個次序去思考。

成熟

有一次和朋友討論什麼是一個人成熟的標準，朋友說，很簡單，就是老話說的那兩句，「假話全不講，真話不全講」。

你別看這兩句話很簡單，其實它們包含了三層複雜的意思：

第一，能分清事情的真假，這就已經不簡單了。很多人年紀挺大，基本是非還搞不清楚，所以這是一個人智力成熟的標誌。

第二，假話全不講，這意味著一個人有底線、有持守、有擔當，不過線，這是一個人在倫理、節操上成熟的標誌。

第三，真話不全講，什麼話該講，什麼話不該講，拿捏分寸的程度是極難的，所以這是一個人在情商上成熟的標誌。

假話全不講，真話不全講，有智商、有操守、有情商，如果再加上一點教養，這個人就可以說他是成熟了。

城牆

一位研究冷兵器戰爭的朋友講了一個有趣的知識：城牆到底是做什麼用的？

守城者是在城牆上居高臨下，用滾木、礌石防守嗎？不是。冷兵器戰場上，其實拚的不是力量，而是士氣。有句話叫「兵敗如山倒」，一千人組成士氣高昂的隊伍，完全可以屠殺士氣潰散的幾萬人軍隊，所以城牆本質上是防守者士氣的保證。

歷史上，真正的防守戰往往是倚城而戰，就是軍隊開到城外和敵人開打。我方知道自己還有後手，大不了退回城內，而敵方知道很難消滅我們，在士氣上就拉開了差距，讓我方更容易贏，這才是城牆真正的價值。真要演化到城頭爭奪，那我方的士氣反而就瀕臨潰散了，其實很難守得住。

所以你看，**一件東西，不是在用得到的時候才體現出用處，而是從它能起心理作用的那一刻起，就已經開始有用了。**

吃苦

在網路上看到一個關於「吃苦」的新定義，很有意思。一般人對吃苦的理解就是貧窮或者是受累，但那是匱乏時代的概念。在豐裕社會裡，吃苦的本質變了，變成了什麼？變成了長時間為了一件事情聚焦的能力。**這意味著我們要為了長期聚焦一件事，將放棄娛樂生活、放棄無效社交、放棄一部分消費，甚至還要在這個過程中**

忍受不被理解和孤獨。所以，這個時代的吃苦，本質上是一種自我控制能力。

　　吃苦，不再是一個階層分割的概念，不再是因為貧富差異而不得不被動承受的一種狀況。吃苦，真的成了突破階層、維持階層的一種主動的方法。如果你希望自己的孩子能吃苦，再也不意味著要在物質生活上剋扣他，而是意味著你希望他能在一件事情上長期堅持，直到有所成就。

衝突

　　為什麼人和人之間會有衝突？而且經常是為了雞毛蒜皮的小事產生衝突，經常發生在至親至愛的人之間？

　　浙江大學心理學陳海賢博士解釋說，如果你有一件正在猶豫不決的事，這時候你身邊的人告訴你應該怎麼樣，你反而可能不想這麼做。比如，你正在打遊戲，猶豫要不要去幫老婆照顧孩子，但老婆一叫你，你反而特別不爽；你本來猶豫要不要結婚，但老媽一催，反而讓你很排斥，說不定還會吵一架。

　　為什麼？這是因為**人內心衝突的痛苦程度要比外在的人際衝突更劇烈，為了迴避內心的痛苦，我們就把它轉換成了人際關係的衝突。這樣一來，我們就能逃避自己的選擇——都是因為別人的錯嘛，於是自己就心安理得了。**

　　本質上，我們不是和別人有什麼衝突，我們只是待在猶豫中不肯出來而已。

重複

去餐廳吃飯時,商家提供的免費 Wi-Fi 往往會有密碼,這是商家想讓顧客記住點什麼的機會。密碼一般有兩種,一種是餐廳的電話號碼,還有一種是餐廳的英文店名或漢語拼音。哪一種好?當然是後者。

為什麼?你想,用電話號碼,你能指望顧客輸入一次就記住這個號碼嗎?不可能,現在誰還在記號碼?餐廳的名字就不一樣了。顧客原本就知道,現在再輸入一遍,又加深一遍記憶。更重要的是,透過他自己手動輸入一遍,這個名字和顧客的身體會產生一次深入的連結,從此雙方的關係就會更近一層。

這裡涉及一個重要的傳播策略:**永遠不要指望陌生人記住什麼,我們能做的,只是重複。**要麼重複他已經知道的訊息,比如上面這個例子;要麼就是給他一個訊息,然後不斷找機會重複,比如電視廣告。

仇恨

仇恨作為一種情緒,是我們祖先在進化過程中形成的一種必要的保護機制。就那麼一口飯被你吃掉了,就那麼一個長相好看的女孩被你搶走了,能不恨嗎?不恨怎麼能激發出全部的體能和你搏鬥?

但是請注意,**仇恨的基礎是零和博弈的社會形態,是資源極度**

匱乏的自然現實。到了今天這個豐足的社會，仇恨不僅不再是一種保護機制，反而成了阻礙個人成長的一種情緒。

設想一個情景，你的老闆欺負你，逼你加班，還拖欠薪水，用各種不公平的方式對待你。最明智的做法是什麼？是原地不動，用仇恨跟他搏鬥，還是不跟他糾纏，立刻拍拍屁股走人，尋找未來的機會？答案不言而喻。

在今天這個時代，懷有仇恨已經不是個人修養問題了，而是一個智力上會不會算帳的問題。

出名

當年演出 1986 年版本電視劇《西遊記》玉皇大帝這個角色的演員王衛國，接受採訪時說，特別後悔演了這個角色。

為什麼？不是因為演得不好，而是因為演得太好了，以至於後來很多冥幣，就是紙錢的製造商，都把他的頭像印在了冥幣上。你想想看，這位演員的心理陰影面積有多大？

這不僅是一則趣聞，其實也是我們這個時代的一個隱喻。很多人都想出名，但是出名的結果是什麼，他們往往沒有深想。**出名的代價之一是一個人脫離了原本的社會角色，成為公眾想像空間裡的一個角色，而大眾怎麼使用這個角色，其實自己是控制不了的。**這麼說吧，成為公眾人物後，你就等於有了兩條命，其中有一條自己說了不算。

命運給我們的所有禮物，都暗中標好了價格，就是這個意思。

傳播

　　有一次在廁所看到一個金融產品的廣告，我心想，壞了，這個產品麻煩了。為什麼？很多人都以為，做廣告嘛，只要產品訊息能和潛在客戶接觸就行，剩下的就是算覆蓋人數、轉化率等等，是純粹的數學問題。

　　這麼想，其實忽略了兩個重要的問題。**第一，可信任的程度決定了產品的再傳播效果。**你想，在廁所看到一個金融產品，這對它的可信任程度是加分還是扣分？**第二，品牌的本質不是你說了是什麼，而是你和什麼東西在一起。**

　　當一個金融產品是和上廁所的體驗一起被記住時，品牌多少就會跟別的東西有關連。

　　很多人問我，怎麼在網路時代做傳播，通常我都會反問：你想想，在沒有報紙、廣播、電視的時候人們是怎麼做的？

傳統

　　一般有個共識，就是日系汽車的動力不如歐洲汽車，但是在內裝和乘坐的舒適度上又比歐洲車強。

　　不過，當真是日系車的動力技術不行嗎？日本的汽車工業那麼發達，不會連這個問題都解決不了吧？

　　日本設計界有一個大神，也就是無印良品的設計總監原研哉，他對這個問題的分析很有意思。他說，**在歐洲人眼裡，車是由馬演**

化而來的，當然專注於它的動力性；而在亞洲人眼裡，車是由轎子演化而來的，當然專注於它的舒適性。剛開始只是文化上的一點點偏好，但最後演化成了整個製造體系的一個特徵。

你看，傳統上的一點源泉最後會在時間的作用下匯成無比豐沛的潮流，不管你願意不願意，它都在發揮極大的程度影響著你。

創新

關於創新，通常我們有一個看法，就是年輕人是創新的主力軍，而年長的人往往會傾向於因循守舊，但是一位好萊塢製片人談到了另外一種可能。

在好萊塢，年長的導演反而更有膽量去創新。比如導演李安，六十多歲了，還敢嘗試用最新的 120 幀電影技術拍攝《比利・林恩的中場戰事》。在票房上，這部片應該算失敗了，但是沒關係，李安的歷史票房成績好，投資方會繼續大膽支持他，所以他可以不斷嘗試新手法、新技術。

設想一下，如果換成一個初到好萊塢的年輕人呢？那就不行了。一旦因為大膽創新而搞砸了票房，他在這個圈子就沒辦法混了，所以好萊塢的年輕人反而只敢循規蹈矩。

所以，**創新和年齡沒關係，創新只和創新環境本身有關係。**

創作

一位大師在上鋼琴課時說，彈琴的時候，你要能同時扮演三個人。

第一個人，在彈奏之前就能聽到聲音，可以提前聽到最理想的版本。請注意，是在彈出每一個音之前就聽得見聲音；第二個人是實際上去彈奏的那個人。第三個人是一個坐在很遠的地方簡單傾聽的人。鋼琴演奏的過程就是第三個人如果沒有聽到第一個人預期聽到的東西，第二個人就得做出調整的過程。

這是一個很有趣的說法，因為寫作也是一樣的。在下筆之前，就應該想像出自己要寫的東西大體是什麼樣子的，一邊寫還要一邊能想像一個陌生讀者閱讀時的感受，然後還能指揮那隻正在寫作的手把它寫出來。

所有的創作過程，其實就是把自己的想像世界和讀者的感受世界縫合起來的過程。

辭職

中國人常講，知錯能改，善莫大焉，其實不是所有的錯誤都有改善的可能。

有位朋友問我，部門太爛了，他一直想辭職，不過新進來了一個主管，看起來很有能力的樣子，要不要等等再說？我的建議是要他觀察一下，這個部門面臨的是局部性危機還是系統性危機。

　　局部性危機是因為個別人犯錯而導致的問題，這是可以透過改正錯誤來糾正的，系統性危機就不一樣了。在這個系統裡，每解決一個小問題，都會釋放出一個更大的問題。換句話說，不折磨很糟糕，但是越折磨越糟糕。

　　那怎麼知道這個部門是不是面臨著系統性危機？很簡單，如果新主管的新舉措大家都覺得正確，但是卻帶來了始料未及的壞結果，那就是面臨系統性危機了，這時候就應該趕緊辭職，不要猶豫。

存量

　　漢代有疏廣和疏受叔侄二人，他們當了一輩子官，最後告老還鄉的時候，皇帝賞賜他們很多的黃金。

　　回到山東老家之後，他們就天天把黃金分給親族故舊。有人問，你們怎麼不留給子孫呢？這兩位說了一句很猛的話：「子孫『賢而多財，則損其志；愚而多財，則益其過』。」意思是，我們子孫要是很賢德，有這麼多錢，會磨損他的志向；如果很愚蠢，有這麼多錢，會讓他做更多的錯事，其實這句話就是我們經常講的「所有的存量都是毒藥」。

　　脫不花是疏廣和疏受的山東老鄉，他就經常講，**對於一家公司來說，過去成功的經驗不是什麼好東西。公司發展好的時候，損其志，它讓你不夠創新；公司發展不好的時候，益其過，它讓你犯更多的錯。**

挫折

有一次，公司在中國傳媒大學舉辦校園徵才，有位同學問脫不花：「你們這幾年，從外面看起來順風順水的，有沒有遇到過什麼挫折？」

脫不花說：「挫折，這個詞對我們好像不太適用。**在學校裡考試不及格，在體制內沒當上官，這都叫挫折。但是對一個創業公司來說，只有一種東西，叫待解決的問題。**」

是的，對創業公司來說，挫折這種東西不僅有，而且每天層出不窮，有的解決得了，有的暫時解決不了，這是創業公司生存的狀態。

我們永遠不會把對外解決問題的心態轉化為一種對內自我傷害的情緒，那樣才叫挫折。

錯誤認知

很多年前，我在一所大學的影視藝術系任教，遇到一名一年級新生，是個女孩，看樣子應該是偏遠農村出身，長相也非常普通。

當年，影視專業是很時尚的，他的同班同學一般都是都市孩子。我就問他，你為什麼要報考這個科系？他說，在我們山裡，我覺得最厲害的職業就是來村裡放電影的，我就想將來自己也要放電影，所以就考來了。

當時我就心想，慘了，悲劇啊。他自身條件一般，加上這種錯

誤認知,將來在這行業怎麼會有前途?後來事實證明我錯了,這個女孩現在不僅還在影視行業裡,而且發展得還不錯。

這件事讓我反思,**認知錯誤並不見得是行動失敗的原因。如果一個錯誤的認知能點燃一個人的希望,讓他開始行動,從長遠來看,其實是一種莫大的幸運。**

打卡上班

有個朋友跟我說,現在判斷一間公司的管理水準有沒有跟上網路時代有一個標準,就是是否還在廣泛地使用打卡機。這個標準簡單粗暴,往往又很說明問題。

我問為什麼,他說,使用打卡機,說明公司用薪水買斷的是員工的工作時間,但是在行動網路時代,最不可控的就是時間。每個人的時間都被 Facebook、IG、Twitter、微博、Line、微信、短影音、遊戲切成了碎片。一個人只要有一支手機,你基本上沒辦法管理他的時間——他完全可以出工不出力。

更重要的是,**打卡上班說明這家公司的經營效率還建立在公司組織內部的協作上,這明顯是背離時代趨勢的。現在的趨勢是,員工有越多的時間在和組織外的資源進行協作,公司的效率才越高。**

要做到這一點,就必須對員工的時間管理放手,就必須放棄原有的規則體系。

大腦

有一個研究腦科學的朋友跟我說，**大腦是人一生中變化最大的器官。你每經歷一件事，大腦不僅在處理這件事，還要根據處理結果改變大腦本身，加強這部分神經迴路的發育。**

也就是說，你長期那樣想問題，就真的只能那樣想問題了——大多數人是沒有能力改變思維習慣的，而大腦發育的方式就是不斷地把你需要去想的事變成不需要去想的事，就相當於我們把電腦的軟體固化為一個硬體，這樣運行效率要高得多。

比如騎自行車、游泳，剛開始都是要學的，一旦學會就不用去思考了，那組動作就變成自動完成的了。理解了這一層，就知道最好的學習方法和行動方法是什麼。

在學習上，就是要多掌握概念，那是被封裝好的訊息，可以大幅提高學習效率；在行動上，就是要多培養習慣。

大學

在做哈佛商學院的一門課程時，我們一直在思考一個問題：大學為什麼不死？

人類的各種組織形態都非常容易解體，比如很少有一百年以上的公司，而到處都是幾百年歷史的大學，哈佛大學有將近四百年的歷史了，我們也想像不出來哪天哈佛突然沒有了會怎麼樣。

為什麼？我們的思考是，大學是一個非常純粹的價值創造者。

第一、它創造新的知識；第二、它擴展新的關係，比如教師隊伍、師徒關係、校友關係等；第三、創造新知識有助於擴展新關係，反過來，擴展新關係也有助於創造新知識。

這整個過程，沒有零和博弈，沒有惡性競爭，是純粹的社會價值增量，所以大學不死。而所有想長命百歲的公司，說不定也可以從中得到啟發。

代理變量

經濟學家何帆老師說過一個詞：「代理變量」，什麼意思呢？就是**你看不清一件事，也沒有可靠的數據，那就找一個其他的數據間接地瞭解真相。**

比如說，你想瞭解廣東農民的就業情況，可是這個市場沒有任何可靠的統計資料，那怎麼辦？你應該去農貿市場瞭解辣椒價格的行情。

廣東的農民大部分來自湖南、江西、四川這些地方，愛吃辣椒，而廣東當地人反而不怎麼吃。如果辣椒行情看漲，就說明當地經濟形勢好，用工需求擴大，很多農民都過來找工作了；如果辣椒行情看跌，那結論就相反。

在現實生活中，很多表面上的數字其實並不可靠，因為那些公認權威的數字容易被各方面的力量影響，甚至造假，而這些間接的代理變量，反而更為可靠。

道德綁架

我書房的窗戶面對的是一所小學，每到放學的時候，整條街就堵得水泄不通，各種接送孩子的車輛都停在學校門口，像釘在陣地上的英勇戰士，不聽到集結號決不後退，導致其他車輛沒有辦法通行。

有一次，一個過路司機終於忍不住了，跑到前面一輛車旁敲窗戶，想讓他往前開。只見前車司機義正詞嚴地狂吼道：「我在接孩子！」接下來這場架基本上就是，後面的司機各種抓狂、各種辱罵，前面的司機只有怒吼的一句：「我在接孩子！」

我們不說這裡面的是非，是非是很清楚的。奇怪的是，怎麼有人覺得一旦在道德上站得住腳，就可以破壞任何人和人之間相處的規矩？你接孩子，你就占天大的理了，你就可以破壞交通規則了？

道德用於自我約束是好的，用於向他人展現優越感，甚至是強制影響他人，就是世界上最糟糕的東西。

道歉

做錯事的人經常會說一句話：「我已經道歉了，你還要我怎麼樣？」那接下來的回應只能是那句了：「如果道歉有用的話，要警察幹嘛？」這好像是一個道歉誠懇、不誠懇，和被道歉的人胸懷寬廣、不寬廣之間的矛盾。

這讓我想起作家萬維鋼老師講過的一個觀點，什麼叫道歉？不

是「對不起」、「我錯了」、「我下次不會了」，這種道歉，其實很不好，好像對方不原諒我就是不寬容。那這種道歉還有什麼價值？簡直就是對對方的一種操縱。

真正的道歉應該是什麼樣的？至少應該包括三個要素：第一，說明自己的錯誤；第二，說明自己的改變；第三，把是否原諒自己的決定權交給對方。

高水準的道歉不是一個和對方和解的過程——那不是自己能決定的。高水準的道歉是一個自我人格完善，並且被對方看見的過程。

得體

一個人變成熟，最難過的一關是什麼？我覺得是他的處世原則從正確變成得體。

無論什麼情況，這件事都是對的，這叫正確，但是到了成人世界裡，學會根據情況變化來變通行為，這叫得體。

有一次我聽蔡康永說到一個例子，如果你遇到一個半熟不熟的人，人家跟你打招呼說，最近還不錯吧？你回答說，不好，我剛檢查出得了很嚴重的病。人家跟你又不是很熟，你這麼一說，對方肯定張皇失措。他總不能說，那你好好調養，然後轉身就走吧。他得想辦法安慰你，可是安慰於事無補，你又沒有什麼明確需要的求助，這不是讓人家為難嗎？

所以，這樣的回答可能很誠實，但確實很不得體。

迪士尼

有一個在迪士尼工作過的朋友說，像**迪士尼樂園這樣的體驗型服務業，真正的難處不在於什麼笑臉相迎、熱情周到，而在於體驗邏輯的一致性。**

在迪士尼樂園裡，你永遠不會看到扮演米老鼠的人把頭套摘下來，因為他是米老鼠，不是一個戴著頭套的人；你也永遠不會聽到米老鼠說話，因為電視裡米老鼠說話的口音是固定的，不是既有南腔又有北調。

再比如說，夏天，一個小孩把一支冰淇淋遞給米老鼠，然後就跑去玩了。小孩一會兒再回來找米老鼠要冰淇淋，這支冰淇淋肯定融化了吧？

不會，米老鼠會給他一支新的。這不是在補貼顧客，這只是在維持孩子心中的邏輯一致性——在米老鼠的童話世界裡，冰淇淋是不會融化的。

你看，體驗品質的提升不是體現在單點的改進，而體現在所有體驗點之間互不矛盾。

底線

有一個詞，叫「**不帶敵意的堅決**」，我越想越覺得這是一個很高的境界。**沒有敵意情緒這個好理解，從小爸媽、老師都是這麼教的，但是在沒情緒的同時還能保持底線，這就難了。**

　　一個實驗證明，最好的博弈策略既不是一味地當壞人背叛，也不是一味地當好人合作，而是一報還一報。也就是說，我一開始總是選擇善意合作，但如果遭遇背叛，我就還擊；如果你轉而合作，我也好好合作。無論環境多複雜，這個策略總是勝算最高。

　　為什麼？因為你把底線告訴了所有人，我不欺負人，但是誰也別欺負我。欺負我的成本肯定很高，誰也別抱僥倖心理。

第七感

　　何帆老師推薦過一本書，叫《第七感》（Mindsight）。

　　「第七感」這個詞很新鮮，我們都知道前六感是視覺、聽覺、嗅覺、味覺、觸覺和超感官知覺。**第七感指的是什麼？指的是對相互連接世界的感知力。**

　　我們使用滑鼠就是透過一種外部的連接器實現對世界的感知；銀行家看到一個錢數，馬上就能思考怎樣優化金融交易；製造業者看到某個產品，馬上就能知道它需要什麼樣的供應鏈和大致的成本；創業者看到一個現象，腦袋裡馬上就能蹦出一個需要協同很多人的商業解決方案，所有這些對連接的想像力、判斷力和控制力，都是第七感。

　　尼采說，人類只有具備第六感，才能在瘋狂的工業革命中生存下來，現在恐怕是一樣的。只有具備第七感，我們才能在這個網路連結大時代中生存下來。

電梯效應

為什麼我們很難想像未來社會的真實樣子？

科幻小說家以撒·艾西莫夫有一個理論叫「電梯效應」，大意是說，如果給一位一百多年前的科幻作家看 20 世紀曼哈頓摩天大樓的照片，他會覺得人住在這樣的高樓裡面，上下樓會很困難，所以他就會假設，每個樓層都會發展出獨立的經濟體系，幾層樓的人共用一些餐廳、髮廊、健身房等等。那房價呢？他也會想當然地以為，底層因為出來容易，房價肯定要比頂層高。

按照這個思路，作家越想越細，但是和未來的真實場景差得就越遠。為什麼？很簡單，他沒想到未來會發明電梯，於是這些想像全部變得很荒謬。

想像未來最大的困難不是你有沒有想到一些細節，而是缺了對關鍵技術的想像。細節越多，錯誤也就越多。

頂客

現在有很多頂客族夫妻不生孩子，這個無可厚非，個人選擇而已。但是有一個觀點說，頂客不能是夫妻雙方的決定，而應該是妻子單方面的決定。

為什麼？因為在生孩子這件事上，男女是不對等的。男性年輕時不想要孩子，但是等年紀大了，比如五、六十歲，甚至更大年紀還是可以退出這個約定，離婚再結婚生孩子。說白了，男性是可以

反悔的。

女性就不同了，年輕時決定頂客，到了一定歲數之後，就真的沒有生育能力了，這是一個無法反悔的決定。所以說，頂客必須是女方堅定的選擇，而不是什麼夫妻雙方的共同決定。

這個說法有道理，它符合經濟學的邏輯。**在平等的關係裡，一件事情的決定權應該交給誰？誰的退出成本最高，誰最不能反悔，就應該交給誰。**

定規則

百姓網 CEO 王建碩的一篇文章說，**定規則的時候，與其注意表述的嚴謹，不如注意它是不是好理解、好執行。**

舉個例子，飛機起飛的時候，空服人員總是要求大家把電子設備關掉，這就有歧義：電子錶算不算？助聽器算不算？心律調整器算不算？在聯航，空服人員會加上一句：「如果您有任何帶開關按鈕的設備，請把它調整到關閉的狀態。」你看，雖然囉唆，但是非常好理解、好執行。

到其他國家旅行，旅客過海關的時候往往被要求，將食品和藥品拿出來檢查。那問題來了，茶葉算不算食品？口香糖算不算？有一個笨辦法，就是要求旅客把所有可以放到嘴裡的東西都拿出來檢查。雖然這個劃分寬泛了一些，比如說把假牙也算進去了，但是這個標準大家一聽就懂。

所以說，一個更好理解、更好執行的標準，才是好規則。

定位問題

聽一位老師講課,他問了一個女生一個問題:「如果你老公和你閨蜜同時掉進水裡,你先救誰?」

那個女生猶疑了一下說:「救我閨蜜。」我猜他內心掙扎了一下,公開說救老公顯得太自私,所以選擇了救閨蜜。

這時老師卻說:「你怎麼不想另外一個問題呢?你老公和你閨蜜為什麼會同時掉進水裡?這背後會不會有什麼故事?這個故事要是探究清楚了,說不定你一個也不想救了呢!」

這當然是個玩笑。老師舉這個例子是想說明,**絕大部分的人做事時,本能反應都是一出問題,馬上就想著怎麼解決,這都是應激反應,而只有很少的人,首先想到的是去定位問題,去追問問題背後的問題。**

世界總是出選擇題給我們,想讓我們在兩難之中選一個,而我們要想在這場考試中得高分,最重要的是先問一問,我們為什麼要做這樣的選擇題?

動詞哲學

中國人民大學趙汀陽教授在學生畢業典禮上發表一段演講,他說我有一個理論叫「動詞哲學」,簡單說就是**要拒絕名詞的誘惑,不要試圖去成為一個名詞——無論多好聽的名詞,而要去成為一個動詞。**

「你們年輕人有的是時間，所以你們可以成為很多的動詞。」這個跟學生講話的角度真好。其實，成為名詞還是成為動詞，都在自己的一念之間。比如說，我認為自己是個爸爸，那就有對孩子的責任，但是難免也會覺得有支配孩子的權力。活在名詞裡，很容易給自己一個想當然的暗示，以為自己真的擁有什麼。換成動詞就好多了，比如支持、陪伴或者是照料孩子的成長。用動詞來描述自己的角色，會讓自己目標明確，而且活得有活力。

無論你覺得自己是一個白領、商人、學生還是幹部，你都可以試著幫自己換一個動詞，會有很奇妙的效果。

動機分化

歷史學者薛湧老師有一個說法，說教育競爭的實質是「動機分化」，這個詞用得有意思。以前我們對教育的理解是把人類的存量知識盡量原封不動地轉交給下一代，別讓那些聖人的教誨、神人的智慧失落了，所以教育不需要動機分化，你只需要有一個動機，就是「好好學習，天天向上」，爭取做個對社會有用的人。

但是現在呢？教育的使命變了，這一代人根本不知道下一代人會學到什麼知識，又會遭遇什麼挑戰。說實話，未來知識負擔那麼重，一個人如果不是真的有這方面的天分，也很難有所建樹了。

因此，教育的使命，**就成了盡可能激發每一個人的潛力，幫助他們找到自己的學習動機，也就是天分和興趣所在，分頭突圍，應對各自的人生挑戰**。所以才說，教育競爭的實質是「動機分化」。

動機落差

關於社會階層是否固化的問題,有人說,寒門再難出貴子,也有人說,創業改變命運。那到底有沒有固化呢?

《世界是平的》作者湯馬斯‧佛里曼提過一個新視角:現代社會講自由平等,階層不應該固化,但是有一個落差——工具落差。

比如你會用電腦,其他人不會;你會使用金融工具,其他人不會,會使用什麼樣的工具決定你處在哪個社會階層,所以又產生了新的階層固化。

現在工具越來越普及,連非洲的窮人都可以使用手機了,工具落差漸漸消失,但是人類又進入了一個新的落差時代,叫「動機落差」。**擁有自我驅動力的人可以利用非常便宜的工具進行學習、合作和創新**,而沒有這種強烈動機的人,擁有什麼資源都沒用,便會再次產生新的階層固化。

自我驅動,決定命運;動機落差,決定階層。

獨當一面

某一間會計事務所的會計師被公認為專業水準非常高,後來有公司請他去當高階主管。因為沒有經驗,他就問脫不花,當高階主管和做專業工作有什麼區別。脫不花說,做專業工作,衡量你價值的是你的專業水準;當企業高階主管,衡量你價值的是你把一攤事接走的能力。

什麼意思呢？**專業人員本質上是大協作系統中的一個零件，你本事再大，也是這個系統的一部分。在企業當高階主管，是你自己運營一個系統，最大的價值是你能獨當一面──一件事交給你就可以放心了。**公司找高階主管，本質上就是在找這樣的人。

這段話是說給那些在職場裡感覺懷才不遇的人聽的，業務水準高低不是你升職與否的原因，**是不是讓上層覺得你是可以託付一攤事的人才是問題的核心。**

獨立思考

很多人都在聊「獨立思考」這個問題，這個詞其實很有迷惑性。

獨立，表面上的意思就是跟別人不一樣，所以獨立思考容易被理解成特立獨行、跟別人不一樣的思考方式，再演化下去就容易變成抬槓了。

其實，**有獨立思考能力不是和別人想得不一樣，而是不肯承認有唯一的正確答案，不肯承認有終極的答案。這樣的獨立不是跳出圈外、迥然不同的獨立，而是冷眼旁觀，可以相容他人的獨立。**

我判斷一個人有沒有獨立思考的能力有一個很簡單的辦法，如果一個人的口頭禪是「我認為」，那有很大的機率他就是一個自以為是的人，或者是一個經常被困在某個觀念裡出不來的人。如果一個人經常說「關於這個現象，還有一個滿有意思的解釋」，那就說明他正走在獨立思考的路上。

讀書

讀書的心態有兩種，一種是把自己當作一個空瓶子，從外往裡裝東西，要裝的東西太多，自己的瓶口又太小，難免就會感到痛苦。

另一種心態，是**把讀書當成社交，是跨越時空和大神們聊幾句**——只不過那些人要麼已不在世，要麼相距太遠，所以就用讀書這種簡便的方法跟他們交流。

因為是社交，**你不必認識每一個人，也不必和一個人從頭聊到尾，可以乘興而來，興盡而返。**出於對他人精神世界的好奇，在史上最厲害的人群中穿梭，這樣就可以隨處有風景，隨時有收獲了。

說到底，人還是一種社交動物，比起和枯燥的資訊在一起，和人在一起更容易有快感。

度假

我到埃及旅遊的時候，當地導遊跟我們說了一件讓他特別氣憤的事情。

有四個很有錢的中國大姐把一艘尼羅河遊艇上所有的豪華套房都包了下來，在尼羅河上邊走邊玩，可是他們既不看神廟也不看陵墓，四個人就在遊艇上打麻將。

導遊說：「我是輕鬆了，可是這也太不尊重我們國家的文化遺產了。」其實我倒覺得挺好。

旅遊是和他方的事物連結，度假是割斷和原有事物的連結。如

果四位大姐真的覺得這幾天能擺脫煩人的家事，和一幫閨蜜打麻將就是最好的度假，那自然無妨。

價值這件事實在是沒什麼外在的判斷標準，所謂「得失寸心知」，自己覺得爽最重要。

寫小故事

有人說，**寫小故事的核心技巧是邏輯反轉**，這件事看起來簡單，實際上要做到卻很難。

為什麼？因為我們大多數人的邏輯都是死板的，要找到邏輯反轉點並不容易，所以**經常看小故事甚至寫小故事，是一種很好的訓練手段，讓兩個互相矛盾的邏輯在我們的腦袋裡並存——這是第一等智慧的標誌。**

愛因斯坦曾說：「物理學家們說我是數學家，數學家們說我是物理學家，我是一個完全孤立的人。」

巴菲特也說過：「我把自己當成企業的經營者，所以我成了更優秀的投資人；我把自己當成投資人，所以我成了更優秀的企業經營者。」

你想想，我們身邊的人是不是也是這樣？一個隨時能在相反的邏輯之間切換，隨口能拋出幾句俏皮話的人，通常都是最有魅力的那個人。

對抗時間

通常我們會覺得愛創造、有大理想的人是有出息的,而愛享樂、搞小情調的人會沒出息。但是有一個觀點說,其實這都是結果,只是逃避死亡的方式不同而已。

什麼意思?你看,**人終有一死,這件事帶給每個人巨大的焦慮,所以大家必須找到對抗時間的方法。**

方法一般有三種:

第一種是理想主義,就是相信什麼,不管是信仰上帝還是熱心於社會公益,本質上都是把自己奉獻給一個超越性的存在,從而得到拯救。

第二種是浪漫主義,就是找到點細小的樂趣,不管是談戀愛還是愛美食,那些美妙的感受都是永恆的。

第三種是創造主義,就是相信自己的事業、自己創作的藝術品,可以超越時間,達到不朽。

所以,理想主義、浪漫主義和創造主義出現的原因都一樣,只是每個人根據自己的稟賦選擇了不同的搭配比例而已。

對事不對人

企業家李想在接受得到 App 總編輯李翔獨家專訪的時候,說了一段對我啟發很大的話。他說,一個人在工作裡之所以焦慮和痛苦,一個很重要的原因就是他太關注事,而不關注人,這和我們平

常的說法完全相反。

我們平常總是說要對事不對人，李想說，**如果你眼裡只有事，就只會關注得失成敗，但是換個角度，你所有立場都是關注人的成長，那你天生就會有了長期性的眼光。**

比如，當一件事情結束時，你首先考慮的角度是它成就了誰、鍛鍊了誰、改變了誰、暴露了誰，要為誰提供什麼資源讓他去做下一件事，那你就會發現事情本身的得失已經變得沒那麼重要了。

對手

一個人不應該有敵人，但應該有對手，為什麼？有兩個原因。

首先，敵人損耗的是你的力量，而對手不一樣，有對手的人生往往讓人獲得力量。很多人都有體會，和某個人暗中較勁是我們前進的重要動力，但更重要的原因是，如果我有敵人，我會以輸贏為目標，而所有的輸贏，其實都是暫時的。一旦我們有敵人，不管這個敵人是誰，我們就已經把自己的目標狹窄化了。所以說，「競爭意識損害競爭力」這句話，我們是貼在自己公司牆上的，但是有對手就不一樣。

我們和對手比的不是輸贏，而是高下，這是一個沒有盡頭的無限遊戲，這就把發展的天花板掀開了。如果有人把我們當敵人，我們應該把他變成對手，也就是俗話所說他打他的，我走我的。

敦煌

吳伯凡老師問我：「你想過敦煌是怎麼來的嗎？」

我雖然去過敦煌，但是真的沒想過這個問題。在那麼荒涼的地方怎麼會出現那麼龐大的佛教洞窟藝術？是誰花錢蓋的？

吳老師說，應該是兩個機制造成的結果。第一是絲綢之路，商人因為前路兇險，要求佛祖保佑，所以就花錢建佛像。可是僅僅出於這個動機，不足以建成那麼多爭奇鬥豔的藝術品，所以還需要第二個機制，就是鬥富。你造一公尺的，我就來個十公尺的；你粗製濫造，我就精雕細刻，拚來拚去，才造就了敦煌的輝煌。

很多偉大的東西，其實都來自一點都不偉大的人性和現實主義的算計。

多元思維模型

我們人類是靠概念來理解這個世界的，這個行為必然會導致我們對世界的扭曲。

舉個例子，我問你，克麗奧佩脫拉七世，也就是埃及豔后，是距離今天更近，還是距離埃及大金字塔建造的時間更近？直覺上，應該是距離大金字塔建造時間更近，但是事實正好相反，他距今約兩千年，而距離大金字塔建造約有兩千五百年。

你看，正是因為用「古代埃及」這個概念去概括金字塔和埃及豔后這一組事實，我們才覺得這兩者離得更近，這就很尷尬了。

人用概念來理解世界是沒有辦法的事情，那我們就得永遠接受被概念扭曲的世界嗎？不是，這是有解決辦法的。我們可以掌握更多的概念，讓它們交叉驗證，把一件事放到不同的概念系統裡，重新理解。

為什麼說一個人要有「多元思維模型」？就是因為**你掌握越多的概念系統，就會越接近世界的真相。**

耳順

《論語》中有一句話：「六十而耳順」，通常的解釋是人到了六十歲，從耳朵到內心的通道就比較順暢了，聽別人的話能聽出微言大義，但是我看到劉潤老師的說法，把這件事說得更透澈。

他說，人的修練，其實是分成兩個階段的。

第一個階段是你要建立一個「自我」，這個階段大概二十歲完成，然後更艱巨的任務就來了。

第二個階段是你要戰勝這個「自我」，也就是說你能旁觀自己，把自己客體化；能洞察到自己每一個情緒反應背後的本質；心裡沒有自我，只有目標，這就是一個極難修練的任務了。

這個階段一般人大概要到六十歲才能完成，完成之後，**一切觸怒自我的外界刺激都能被你當成幫助自己完成任務的工具，什麼話聽起來都順耳，這個境界才叫「耳順」。**

發現

學習與思維方法研究者采銅的書《翻轉思維》中提到一個細節，讓我的內心感到震動。

有一次，采銅帶他八歲的兒子出去玩，看見一棟大樓。他就對兒子說，這棟樓高不高啊？它叫紫峰大廈。他兒子沒有接話，而是用手指對著大樓指指點點，過了一下子說：「爸，我數了，86 層，這棟大樓有 86 樓。」

你看，這就是成人和兒童觀察事物的區別。兒童的興趣是雜亂的，他感興趣的是大樓到底有幾層，雖然這也沒什麼用，甚至數得也未必對，但是反過來看大人，就很有問題。

大人知道了這棟樓的名字，對它的求知欲就結束了，時間一長，每個成人都會變成概念和觀念的容器。你可以不斷往這個容器裡裝東西，但實際上什麼也裝不進去了。

法國大作家、《追憶似水年華》的作者馬塞爾・普魯斯特說，**真正的發現之旅不是找到新的風景，而是擁有新的觀點看待事物。**

發展心理學

有兩個人在爭論孩子教育的問題，一個說要嚴加管教，一個說要放任自流。其實，何必老是糾纏於絕對的對錯和是非呢？

發展心理學早已證明，人的發展一生分成很多階段，每個階段所需要解決的核心衝突是不一樣的。

按照美國發展心理學家愛利克・艾瑞克森的說法，人要經歷八個階段的心理社會演變：一歲半到三歲的孩子是建立習慣的最佳時期，所以這個時候的管束要相對嚴格一些。三到五歲是孩子培養獨創性的最佳時期，一旦譏笑他們的獨創性行為，他們就會失去自信心，所以這個階段的教育需要更多的鼓勵。

人生就像莊稼，不同的時候有不同的需求。

法律思維

律師們經常講法律思維，那到底什麼是法律思維？一個律師朋友給了我一個簡潔的說法。

他說，所謂的**法律思維就是脫離具體事件，放眼到整個社會關係來衡量是非曲直。**

比如說有一個制度，一個人失蹤四年就可以在法律上宣告死亡，這看起來很不近人情。人死了就是死了，活著就是活著，但是法律不管，法律要著眼於更廣闊的社會關係。失蹤的人可以繼續生死不明，但活著的那些利害關係人還得繼續生活，宣告死亡之後，妻子就可以再婚，財產就可以當作遺產進行分割。那你可能會問，如果那個失蹤的人回來了呢？回來了再部分撤銷嘛。

說白了，**法律的首要目的不是搞清楚事實，而是讓社會關係更有序，所以有的時候法律才會顯得不近人情。**

反制

吳伯凡老師在講座中提到老子曾說：「反者，道之動。」什麼意思？就是所有的良性趨勢必然帶有一種相反的力量。

舉個例子，我們說人的發展。每個人都追求舒服，但舒服到極致就一定是個宅男宅女加胖子，這時候就需要反過來——不舒服，一種自虐的傾向，所以經常運動鍛鍊才是一種健康的生活方式。

再舉一個例子，每個人都希望有好記性，但如果記憶力好到什麼都忘不了的程度，就是一種精神病症狀了。這個時候，遺忘反而成為一種珍貴的能力。

有科學家說，**未來將展開人和電腦的激烈競爭，人獲勝的重要希望所在，就是人是有缺陷的、會遺忘的、不精確的。**

放大力量

投資人李笑來老師跟我講了一番道理：**一個人的力量要怎麼樣才能被逐步放大？**他說，一共分四步。

第一步，自己有本事，這是基礎。

第二步，把自己放到一個高價值網路中，說白了就是和更多厲害的人在一起。

第三步，在這個高價值網路中，形成自己的特色分工，讓那些厲害的人離不開你。

第四步，是主動求助，進一步加強和這個網路的連結。

歸納一下，就是**自強、群結、分工、求助**這四種能力。

放空

有一個故事是這樣的：「早上坐公車上班，我注意到身邊有一位男子。他穿著乾淨得體，簡單大方，臉龐上留下了少許歲月的痕跡。只見他時而靜靜地看著窗外，憂鬱的眼神像是在思考過往的人生；時而雙眼微閉，靠向座椅，讓疲倦的身體可以有片刻的歇息。根據我個人多年的社會經驗判斷，這個人肯定是手機沒電了。」

最後這一句，算是神轉折，不過轉念一想，很有道理。過去很長一段時間，我確實記不得什麼時候看到過一個人坐在那裡發呆，享受一段閒暇時光了。**我們的腦袋時刻都被手機裡的訊息占領，現在放空反而成為一種需要專門訓練才能獲得的能力了。**

非時間

有一個詞叫做「非時間」，是什麼意思呢？簡單說，**就是完全屬於一個人，完全不和他人互動的時間。**

比如說，晚上早早睡覺，早上4點起床，從4點到8點這段時間，因為沒人打擾，也不和他人互動，你會獲得一段完全屬於自己的時間。工作也好，學習也好，寫作也好，很容易進入心流狀態，效率會非常高。有了這高效率的4個小時，白天的其他時間我們反而可

以用來健身、交友和娛樂。我沒有這樣試過,想必效果會很好。

不過,這提醒我們一件事,現代社會提高效率的方法是分工和合作,這就附帶要求我們每個人把自己的時間表交出來,和他人的時間表對齊。如果我們在合作和分工中沒有什麼自主權的話,我們的時間反而是被他人牽著走的,對我們自己來說,這是一個非常大的效率損失。這時候,**啟用「非時間」,就是奪回主動權的辦法。**

非正式交流

Google 的公司福利是出了名的好,不過員工在餐廳吃飯時要排隊,一般是排 4 分鐘左右。

為什麼呢?因為 Google 要創造一個非正式交流的環境給員工。但是,為什麼是 4 分鐘呢?因為時間長了,大家會拿出手機來看;時間短了,大家聊不起來,這個時間是經過計算的。有了這種非正式交流的公司文化,Google 才可以喊出那句著名的口號——「別聽河馬[2]的意見」,也就是別聽領導的,你要對自己負責。

很多創業者抱怨團隊難以融合,於是想辦法辦活動、喊口號,但還是覺得團隊融合不起來,根本問題就是太重視正式交流,而忽視了非正式交流的作用。

我們要相信一件事:**人只要有合適的交流環境,就會自發地接近彼此,就會自動產生交流。**

2　河馬(HIPPO):為 Highest-Paid People's Opinion 的縮寫,意指公司高薪階級主管的意見,暗指這些人容易有守舊、錯誤思維。

非正式知識

我說過，一定要學習別人已經證明有效的套路。

我覺得可以替「套路」這個詞取一個更好聽的名字，叫「非正式知識」。

正式的知識是指那些可以寫在教科書上的知識，不過還有一些知識沒那麼光明正大，適用的範圍和時間也很有限，但是非常有用。這些知識就不會出現在書上了，只有到特定的人那裡去學。

舉個例子，很多營運電商的人會使用白色的字，在白色的底上寫很多東西。你說，這不是瞎耽誤時間嗎？把字放在同樣顏色的底上，誰看得見？實際上，他們就是不讓用戶看見，但搜尋引擎能搜尋到。用戶搜尋用詞，莫名其妙就跳出這間店了，這種細節裡的小套路，沒有內行人傳授，你摸索再長的時間也未必能琢磨出來。

分類標準

英國有位大才子叫艾倫·狄波頓，他有一個很有趣的觀點，說藝術館應該改變了，展品不需要變，只需改變布局和展覽方式。展品不應該按照年代來排列，而應該按照主題，比如每一個展廳集中展現一種重要的情感，例如痛苦展廳、同情展廳、恐懼展廳等等。

這個建議不一定會被採納，但是它暗示了現代文明的一個轉向，那就是**客觀世界的那些標準、分類越來越不重要，而人越來越重要，並成為萬物的尺度。**

比如說，未來的大學教育應該怎麼辦？可能大學不會再按照客觀的知識分成物理系、化學系，而是從人的需求出發，開設一門叫如何擇偶的課程，把文學、心理學和神經科學等資源用於解決這類問題。那個時候，原本的知識體系會被重新整合。

分歧

有人說：「我在一個群組裡喊：『誰能推薦一款好用的 500 塊（人民幣）以下的耳機』，結果沒人說話；而如果我在群裡說：『500 塊以下根本就沒有好用的耳機』，肯定馬上就會有好幾個人撲上來跟我抬槓，說這款不錯，那款也不錯。」

你看，這是一個很有趣的效應。面對一個問題時，讓我們給出一個答案的難度很高；如果面對一個答案，讓我們給出一個反對意見，這似乎就要容易很多。

所以有人開玩笑說，中國最大的線上教育平臺根本就不是什麼學而思、猿輔導，而是微博。不管你在微博上說什麼，都有人出來教育你，而且還免費。

這是為什麼？有一句很有哲理的話可以解釋這個現象：**在人群中，要高度重視分歧。分歧比共識重要，因為分歧肯定是真的，而共識有可能是假的。**

分享

美國網際網路學者克雷・薛基在某一次來中國的演講中，談到一起中國案件。

二十二歲的小李和二十三歲的小王是同事，有一天，小李告訴小王他會撬鎖。他們真的去了一家停車場撬開一輛車，偷了一個錢包，然後就跑了。他們把偷來的錢一數，居然有 12,000 多元，他們非常開心，於是小李把錢放在床上鋪開，自己側躺在旁邊，讓小王幫忙拍照。之後的故事，就是他把照片發到社群上炫耀，警方透過這張照片抓捕了這兩個人。

克雷・薛基講的這個故事是想說明社交媒體的力量。你想，根據馬斯洛的需求理論，安全可是人的第一需求，但是**個人分享的欲望居然可以強烈到戰勝一個人自我保護的本能。未來的商業動能，有很大一部分就藏在這個故事裡。**

風險社會

德國社會學家烏爾里希・貝克有一個很有洞察力的說法。

他認為，過去的社會是階級社會，核心問題是資源不足，所以整個社會是圍繞財富生產來運行的，社會的首要難題是如何進行財富分配。現今我們進入了一個新的社會類型，叫風險社會。資源不足問題已經大大緩解，但是社會協作變得極其複雜，累積起來的風險也變得很高，比如全球暖化、人工智慧、禽流感、股災等，到處

都有巨大的風險,所以如何化解、疏導風險,就變成了新的首要問題。

說白了,**過去的階級社會概括來說是「我餓」,現在的風險社會概括來說是「我怕」**。按照貝克的這個說法,衡量一個社會發展的標準就變了。過去的標準是富有、是 GDP,而現在衡量一個好社會的標準是能不能給人們安全感。

峰終定律

心理學家丹尼爾·康納曼有一個觀點,**我們對於一段過去的經歷是不是感到愉快,取決於兩個因素。**

第一個因素是這個經歷中最頂點的體驗,比如你到埃及旅遊,你覺得最好看的是金字塔。多年之後,你想起埃及就會想到金字塔,至於旅遊過程中哪一餐吃得不好、導遊有多討厭,你都不會記得了。

第二個因素是當這種經歷結束的那一刻,我們的感覺是什麼。舉例來說,你到埃及旅遊,最後在機場發現行李不見了,你會很抓狂。那此前有關金字塔、尼羅河的體驗都會大打折扣,你對埃及的記憶恐怕永遠都會很糟糕。

有人問,一場演講要怎麼說得好?按照這個定律,心理學家會告訴你,首先在過程中準備一、兩個讓人記得住的細節或者金句,然後再準備一個厲害的結尾,演講基本上就成功了。

服務

網路上流傳一則影片，影片中，女顧客來到一個賣豬肉的攤位，翻了翻攤位上的幾塊肉，然後轉頭就要走。

老闆就問：「美女，沒有喜歡的嗎？」

女顧客說：「對啊。」

這個時候，老闆遞給他一張衛生紙說：「沒關係，那你把手擦一擦吧。」

顧客轉身接過衛生紙，一邊擦手一邊說：「老闆，不然你把這塊肉賣給我吧。」

這則影片說了一個很有趣的商業道理：**不要以為你是在用自己的產品做生意；做生意，說到底經營的是人與人之間的關係，所以有一句話是這麼說的：「客戶會離去大多是因為你的產品，而客戶會回頭，大多是因為你的服務。」**

過去這些年，網路平臺為陌生使用者提供產品，所以產品經理成了一個很重要的角色。而未來，企業需要為真實的使用者提供服務，所以「服務經理」可能會是一個更重要的角色。

服務的最高境界

誠品書店創辦人吳清友說過一句話：「**服務的終極目標是『精進自己，分享他人』**」，這話說得真妙。

所有商業都是在滿足他人的需求，但傳統商業是滿足已知的需

求，比如衣食住行，而未來的商業則趨向滿足人們未知的需求。一款遊戲沒有被設計出來，一部電影沒有被拍出來時，沒有人知道自己需要它，服務的中心漸漸不再是小心翼翼地伺候使用者，而是服務者孤獨地提升自己。比如一位頂級大廚不是在滿足我們已有的味覺需求，而是在讓我們的味覺進入一個前所未見的領域。

所謂服務，只不過是把自我精進的過程中，某一個瞬間的成果分享給用戶而已。

服務業

和一個開美容院的朋友聊天，他說，皮膚最重要的功能就是為人體隔離外界的影響，如果擦一點保養品就能讓皮膚產生改變的話，這是皮膚的失職。所以除了補水和防曬，都要對其他美容產品的功能保持存疑。

我也不知道這個結論是否科學，當時我問他，那你做這一行，豈不是沒辦法為顧客創造價值了嗎？

他說，那可不是。我們這一行為顧客創造的心理價值極大，至少有兩個。一是充滿愛意的觸摸皮膚，這是人類基因裡就渴望的東西，二是一種犒賞自己的方式。那麼多成功女性來到美容院，未必奢望做個美容就能返老還童，但是被呵護、被尊重、被善待的感覺是確切可以拿走的東西。

這個回答很精彩。**所有服務業其實都在提供兩種價值，一種是功能，另一種更重要，就是對人的陪伴、支持和安慰。**

改造

　　法國思想家米歇爾‧傅柯說過：「**我不關心我所做的工作在學術上的地位，因為我的問題在於對自身的改造。因此，當人們說：『哎，幾年前你那樣說，如今怎麼又這樣說了？』，我就回答他們：『唔，你想我做了這麼多年，難道就是為了說些一成不變的話嗎？』**透過自己的知識達成自我的改造，這就有點像審美經驗所產生的作用，一個畫家，如果沒有因為自己的作品而發生變化，那他為什麼要工作呢？」

　　在一個人人都期待外在成功的時代，傅柯的這段話聽起來特別矯情，但這個思考角度的價值其實是很大的。**外部成功看起來很明顯，無非就是權、錢、名氣那幾個指標，反而很難衡量。有可能贏得了競爭，卻暗中卻積累了仇家。內在進步看起來很難衡量，但是只要不裝傻，我們心裡都清楚自己進步的程度和速度。**

　　你看，一切都在變化，難得有這樣一個確定性很高的指標存在，當然價值很大。

機率思維

　　萬維鋼老師在他的得到 App 專欄「精英日課」裡講了一個有趣的話題。有兩個人，第一個人買彩券，差一個數字就能中大獎，他覺得自己運氣太差了。第二個人，在一次旅遊事故中，全車人都受傷了，只有他毫髮無損，大家都祝賀他，說他運氣太好了。這都是

我們的直覺判斷。

如果用機率思維思考這兩件事，結論恰好是反過來的。第一個人恰恰是運氣太好了，所以只差了一個數字，而第二個人的運氣非常差，這麼小機率的災難事故，居然差點就落在他的頭上。

你看，這就是直覺思維和機率思維的區別。**直覺思維更在乎捉摸不定的運氣，而機率思維要求的是只要成本合適、能提高贏面，就要不斷去做這件事**。比如遇到問題，就隨口向人請教，這種事在直覺和運氣的世界裡什麼都不是，但在機率的世界裡價值連城。

感覺

看到一段話：「一個成人最好的進攻武器是自己的智商，最好的防守武器是自己的道德底線，而有人正好相反，他們喜歡用道德武器來攻擊對手，然後用蠢來捍衛自己的尊嚴。」

這段話說得真好。**一個人對自己的生活滿意，其實是建立在安全感、優越感、存在感這三種感覺上的**，這三種感覺缺一不可，但是也有優劣之分。

壞的安全感基礎是討好外界，而好的安全感基礎是信任外界；壞的優越感來自攻擊他人，而好的優越感來自達成目標；壞的存在感是不斷需要外界認可和表揚自己，而好的存在感只需要對自我成長有清晰的感知。

所以，我們得警惕三件事，就是討好外界、攻擊他人、索取表揚。這三件事我們做得越成功，自己反而越失敗。

感受力

科幻小說家以撒‧艾西莫夫曾說過一句話：「在科學研究中最激動人心，也是預示著新發現的短語，並不是『Eureka！（有了！找到了！）』，而是『That's funny……（有趣的是……）』。」

什麼意思？就是說，真正有價值的時刻，不是你發現了一個新東西，而是當一個新現象看在你眼裡時，你發現和你以前的理解不一樣了，你順著這個不一樣追下去，也許就能有重大收穫。

關於發現，最重要的不是新東西，而是你自己，尤其是你自己感受微妙差異的能力。

不僅科學研究，我們讀書也一樣。不會讀書的人，是把書當作山，自己去爬山，過程中關心的是這座山我爬了多少。會讀書的人是把自己當作山，用書來爬自己，關心的是讀了這本書之後，我被這本書改變了多少——重要的是自己的改變以及對這種改變的感受力。

感性與理性

得到 App 課程講師、著名產品人梁寧老師有一句話：「理性的反面不是感性，而是本能；感性的反面不是理性，而是麻木。只靠本能反應的人不會成功，心靈麻木的人不會幸福。」

說得真好！平時，我們往往是在理性和感性這兩端之間找自己的狀態——我是理性一點好，還是感性一點好？但是梁寧老師的這

段話暴露了一個真相：**很多自以為感性的人，不過是追隨了自己的本能，好吃懶做，喜怒無常而已；很多自以為理性的人，不過是對世界沒有感覺，感受麻木，不會感動而已。**

理性和感性這兩種特質不是我們生來就有的，而是需要不斷修練才能獲得的。我們可以既擁有理性，又不缺感性，它們是我們提升自己的兩個通道——用理性糾正我們的本能反應，用感性啟動我們麻木的心靈。

做事

我的同事李南南老師跟我說了一個比喻：世界上的事分成兩種，一種事像麻，雖然看起來很亂，但是只要你下工夫一點點地打理，總是能理清的。還有一種事像水，一盆水很髒、很濁，你拿它怎麼辦？你能把水洗乾淨嗎？不能。你花再大的力氣也不能，所以只能等，時間一長，雜質一沉澱，水自然就清了。

對待第一種像麻的事就得主動介入，投入極大的意志力去行動，而對待第二種像水的事就只能等，投入極大的耐心和敏銳，去捕捉介入的時機。

當然，真實世界裡的難題，其實都混雜了這兩種事。

所以，所謂做事的能力無非就是這三個東西的組合：

第一、理清亂麻的行動力。

第二、捕捉水變清的那一刻的感受力。

更重要的是第三項，分清楚上面兩種事情的判斷力。

鋼琴

有一次我和科普作家嚴伯鈞老師聊天，我說：「我將來不會逼我家孩子練鋼琴的，要讓他們過幸福的童年生活。」

嚴伯鈞說，不對，如果有條件，還是要培養孩子彈鋼琴。他說：「你羅胖的孩子成不了鋼琴家幾乎是 100%，但是**練鋼琴不是為了這個，而是為了送給孩子兩個禮物。**」

第一個禮物是自律。學琴需要長期的自律練習才能得到成就感，這是童年最難獲得的體驗，也是能受益一生的體驗。

第二個禮物是敏感度。練鋼琴可以培養孩子對於聲音這種細微差別的敏感度，這種敏感可以擴展到很多領域，比如對味道、材質、色彩、情感的細微區別鑑別力。在未來的世界裡，這是做成一切事業的基礎能力，也是在私人生活中獲得幸福的能力。

崗位

羅輯思維和軟實力研究中心幾位厲害的諮詢師聯合做了一項調查，針對網際網路環境下的一些企業轉型案例進行深度追蹤。其中一個案例很有意思，這一家培訓公司的核心理念**不是培養技能，而是培養崗位。**

不要小看這兩字之差。「技能」是工業時代的概念，比如修汽車、當大廚，都是從市場的角度對人進行分類，是把人當零件來生產的，但是「崗位」的概念就不一樣了。崗位是一個複雜的情景，

每個人需要多種技能才能應付得了一個崗位。你想，一個汽車修理人員他既需要會修汽車，還需要會和客戶打交道，所以**「崗位」是一個以人為核心來理解職業的新角度。**

現在很多人都在說網路轉型，但歸根到底，核心只有一個，那就是從人的角度來重新理解世界。

高地

作家九邊提出了一個詞，叫「搶占式學習」。他舉了一個例子，有一個朋友買了一套《柏楊白話版資治通鑑》，用一年時間看了兩遍，感覺打通了任督二脈，寫什麼都下筆如有神。

可想而知，即使是看了兩遍，裡面那些具體的知識，他也未必能記住多少，但是作為通讀過《資治通鑑》的人，他的文化視野廣度、對人性的理解深度肯定和原來不一樣了，這就是「搶占式學習」的意思——**不管有理、沒理，找一個高地強攻上去。**

比如，每天強行花半個小時背單字，花一年的時間解決英語閱讀這個難題，或者用一年時間自修心理學的基礎知識。

你要說，實際的用處可能也沒那麼明確，但是站上一塊高地後，回看原來，能力就是漲了一大截，至於你選取的是哪一塊高地，區別反而就沒有那麼大了。

高估

　　心理學有一個結論：**人在成績面前，會高估自己的作用；在失敗面前，會高估環境的作用。**

　　那什麼樣的人沒有這種毛病呢？有兩種人，第一種是聖人，就像吳伯凡老師說的那樣，他們有成績，看窗外的風景；有挫折，看鏡子裡的自己，還有一種人就是憂鬱症患者。有實驗證明，憂鬱症患者能夠相對客觀地評估自己的價值，正常人反而做不到。

　　這說明什麼？說明高估自己是我們人類這個物種生存的必要條件，所以我們從小被教育說要時刻謙虛謹慎，其實是有問題的。

　　正確的做法是，做事之前，不妨充分高估自己，這個叫有信心；做成事之後，再反省，這才是謙虛謹慎的正確行為。

高階主管

　　有一個公司招聘高階主管，有兩個人選都挺適合的，最後這兩個人的履歷都放在老總面前，老總說：「那兩個人我都見見吧。」

　　他先約了第一個人見面聊天，聊完之後，老總說：「哇！這個人了不起，我感覺他就是這個世界上最厲害的人。」這評價夠高，大家都以為這個人肯定中選了，老總卻說：「不急，第二個人我也見見。」

　　見完第二個人之後，大家都問：「第二個人有比第一個人厲害嗎？」老總搖搖頭說：「沒這個感覺，但是我有另外一個感覺，就

是跟他聊完之後,我覺得我才是這個世界上最厲害的人。」

你猜,最後老總選了誰?

當然是第二個,因為要招聘的是高階主管。**高階主管自身能力強不強沒那麼重要,但是能不能透過鼓舞和激勵讓身邊的人都覺得自己很強,這才重要。**

懂得這個道理,就算是懂得管理的核心祕密了。

大考

一群朋友聊起我們這代人當年的大考,那真是過鬼門關。

所有人都知道,這是決定人生的關鍵一步,考得好、考得壞,從當時來看,對人生的影響都是不可逆的,所以能不焦慮、緊張嗎?再看如今有孩子參加大考的家長,心態就放鬆多了。為什麼?大考還是很重要,但已經不足以決定人生了。

有一位家長說,**大考還是人生的分水嶺。**

什麼分水嶺?大考前的人生,收益和努力基本上是成正比的;此後的人生,收益和努力也有關係,但是變數就多太多了,努力的方向、方式比努力本身更重要。

大考前,孩子生活在一個被單一目標扭曲的世界;大考後,孩子才進入了真實世界。

所以,大考不那麼值得焦慮了,但是大考結束的那一刻,還是值得打起精神,向它致敬。

高手

有人說，想要判斷一個人在某一行是不是高手，你就問他問題。

你問一個點，他能回答一個面，你再順著這個面追問，他能回答一張網，那基本上就可以判定他是這行的高手了。

比如說，你問一個學者，這門學科裡有哪一些他佩服的大師，如果只說得出一個，那他的水準比較像是一個粉絲。如果能說出好幾個人，而且是不同面向的標準，那就說明在他的認知地圖上，他已經展開了這個學科。你再追問，這幾個人為什麼是大師，他能說出這些大師的社會條件、學術背景以及和其他學科的關聯，那就表示他對這門學科的認識已經嵌入整個人類文明的網路裡了。

為什麼應試教育培養不出對知識的興趣？因為應試教育正好是反過來的。它把一張網壓縮成一個面，再把一個面簡化成一個點。

個人課題

1914 年 8 月 2 日，作家卡夫卡在日記上寫了兩行字，第一行是「德國向俄國宣戰」，第二行是「下午我要去學游泳」。你看，在個人的視角裡，世界大戰爆發和個人學游泳這兩個課題居然是可以並列的。

宏觀世界有它的宏大主題，這並不耽誤每個人都擁有自己的獨特課題，就像不管盛唐時代來不來，玄奘都會去天竺求取佛法；不管第一次世界大戰誰勝誰負，都不耽誤愛因斯坦提出廣義相對論。

　　回頭一看，構成人類文明史最燦爛部分的，是一連串個人課題結出的果實，而不是那些當時的大事。

跟對人

　　看到一個小故事在說，什麼叫「跟對人，才能做對事」？

　　舉個例子，去菜市場買菜時，如果你覺得自己的殺價能力不高，你就跟在一個會殺價的阿姨後面，等阿姨殺完價，你對老闆說：「我也來兩斤」。你看，這多划算，阿姨殺下來的低價，你也能分享，這就叫跟對人，做對事，不過這還不是最高境界。

　　真正跟人的方法是什麼？是你跟在阿姨後面，看阿姨和老闆僵持不下的時候再加入，幫著阿姨對老闆說：「你算便宜一點，我也來兩斤」。這就是團購了嘛，老闆可能就答應了，你和阿姨都拿到了一個本來拿不下來的價格。

　　所以跟人的技巧不是搭順風車，而是在關鍵時刻主動加入，成為決定性的力量。這其實就不只是跟人了，而是把仔細觀察、主動介入和積極合作三件事合而為一。

工具

　　有一位專業的攝影師能力很強，他有兩臺專業級的照相機。

　　為什麼要有兩臺？他說，一臺是自己用的，一臺是準備隨時借

給別人的。難免會發生有些朋友知道他有照相機就找他借，而他自己用的那臺是絕不借人的。我問他，高手不是應該是那種隨便拿到什麼工具都能穩定發揮的人嗎？就像用劍高手，應該飛花摘葉，都是殺氣。那位攝影師說，那是小說，你也信？

我觀察各行各業裡，越是高手越會使用專用工具。為什麼？要想發揮穩定，就得排除外界的影響——其中最重要的就是來自工具的影響。**高手的專用工具，其實已經不是工具，而是身體的一部分。**

換句話說，判斷一個人是不是這一行的高手不是看他抽象的個體能力，而是看他和工具、和周邊資源共生的能力。

工作能力

有人問我，怎樣才算有工作能力？我的答案非常簡單，就是把一個大目標拆解成小步驟的能力。

舉個例子，得到 App 中熊太行的專欄「關係攻略」裡，有一位用戶問：「我爸媽讓我回老家結婚，你覺得要不要去？」

你看，這個問題很簡單吧？但是其實沒辦法回答，因為他把三個問題混在一起了。要不要回老家？要不要結婚？要不要和爸媽指定的那個人結婚？問題如果沒有被拆解，不僅自己會亂成一團，別人也沒有辦法幫你，工作也一樣。

一個人的工作能力強，並不是說他什麼事都能搞定，而是指他能把目標拆解成要麼可以自己搞定，要麼可以明確求助別人的一個個小步驟，把怎麼做的大問題變成選擇用什麼資源做的小問題。

公平

有一次，我問一位學者，人類總是想要一個越來越公平的社會，這可能嗎？他斬釘截鐵地回答說，不可能。

他的分析是這樣的：人類社會的總演化方向是分工協作，而分工帶來的一定是不平等。就拿生物來說，最平等的是原始單細胞生物，因為它們沒有任何分工，一旦單細胞生物結成了多細胞，細胞間有了分工，平等立即就消失了。

比如說，人的大腦重量只占人體重量的 2%，卻會消耗 20% 的能量。所以，**只要分工還能繼續帶來好處，人類的不平等就是總趨勢**。這看似是一個壞消息，不過好消息是，**未來個體隨時可以調整自己的分工，所以身分帶來的不平等會越來越少，而智力、知識和機會帶來的不平等會越來越多**。說白了，這將是一個聰明人會變得越來越厲害的社會。

公司和員工

公司和員工之間的交易本質正在發生變化。

工業時代是公司出薪水換取員工的工作時間，你上班，我給錢，錢貨兩清，彼此的權利義務到此就結束了，但是未來不一樣。

創新活動成為公司存在的理由，員工不再只是花時間來上班，而是用自己的創造力來投資這家公司。他們不僅要獲得薪水收入，更重要的是，創造力也必須獲得投資收益。

換句話說，公司還要為員工本身的成長和市場價值增值負責。**只有當員工意識到他是在為自己工作，不但為企業創造利潤，還能藉此機會讓自己的未來更值錢，這種合作關係才能持續下去。**

攻略

萬維鋼老師在「精英日課」裡講過做事的三個層次：最高層次的叫「戰略」，是做大方向的選擇；其次叫「戰術」，是指怎樣隨機應變地實現目標；最低層次的叫「攻略」，就是目標既定、資源既定，別人有什麼樣的經驗，我就怎麼做，別走樣就好。遊戲攻略是這樣，旅遊攻略也是這樣。這三者當中，「攻略」思維看起來層次最低，但恰恰是最好的思維方式。

第一，遇到複雜的目標，立即把它分解成小任務，遇到小任務，別人的攻略就派得上用場了。第二，有別人的智力資源可以借用就要毫不猶豫地借用，越成型的攻略，就越需要馬上拿來就用。第三，自己做過的事也需要攻略化，自己用，也分享給別人用。

攻略為什麼如此重要？因為**最先抵達目標的人，可能不是速度最快的人，而是不走冤枉路的人。**

鼓掌

普林斯頓大學教授、著名經濟學家阿維納什・迪克西特有一次

授課，臨近下課時，做了一個博弈論的實驗。他拿出 20 美元，說誰鼓掌時間長就給誰，結果你猜怎麼樣？掌聲持續了四個半小時。

這個數字很令人震驚，我們可以想像一下，一個人單純且連續鼓掌四個半小時有什麼樣的感受？那他們為什麼鼓掌這麼久呢？

我想，無非兩個原因，第一，目標偏移了，堅持鼓掌四個半小時的學生應該不是為了那 20 美元，而是為了鬥氣。第二，被存量綁架了，我已經鼓掌了一個小時，現在停下來，不就白費了嘛，所以只好繼續。

目標偏移、被存量綁架，這就是人生失敗最重要的兩個原因。

關抽屜

小孩子的特點是喜怒無常：正在大哭，馬上就能笑起來；正在撒潑打滾地要什麼，只要你能成功轉移他的注意力，他馬上就能忘了自己剛才的要求。

這好像是兒童心智發展的一個缺陷，但是我歲數越大，就越知道這是一個難得的能力。**專注在當下，既不受上一件事影響，也不掛念下一件事，這太難得了。**

記得拿破崙就這樣誇獎過自己，他說：「我的腦袋就像一個有很多抽屜的小櫃子，安放著各種事務和問題。在我想打斷一個思緒的時候，我就關上一個抽屜，打開另一個。該睡覺了，我只要關上所有的抽屜，這就睡著了。」你可能覺得這只是一個比喻，但其實這是一種非常了不起的能力。

重要的不是你能打開下一個抽屜，而是你能澈底關上上一個抽屜，讓事務和事務之間、情緒和情緒之間互不影響。

關係

經常聽到有人感慨，說手機害人，一家子在一起吃飯，年輕人都在低頭玩手機，親人之間毫無交流。

這件事情可以換個角度看，或許年輕人心裡就是不想吃這頓飯呢？也許玩手機不是漠視親情，而是親情已經解體的表現呢？正如有個女孩總是抱怨男朋友對他很摳門、怎樣不好，旁邊的人一句話就點透了：「不是他不好，是他已經不愛你了。」

傳統社會都認為，人和人之間的關係是定下來的，我們必須調整自己來適應這種關係，否則就是有道德缺陷。但是在現代社會裡，**表面上維持某種關係的人，如果成長速度、觀念變化不同步，關係隨時會解體，只不過有時候要過一段時間、用別的方式表現出來而已**，這才是現代社會的真相。

關係結構

我有一個朋友，開了家不大，但還算有名的公司。

近來，他越來越無法容忍他那個副手的做派，決定把他開除掉算了。在最後談話之前，他打電話來徵求我的意見。

我說，你們原本的關係那麼親密，還是不要輕易張嘴讓他走人。一旦開了這個口，第一、因為你的公司小有名氣，他出去之後一定還會把在這裡待過的經歷說出去；第二、因為他要向身邊的朋友解釋為什麼要離開，所以一定會把你說得一無是處。

那怎麼辦？我覺得當務之急是**重新設計和這位副手之間的關係結構**，比如說支持他去創業，讓他變成公司的供應商等等，**把親密關係變成利益關係，即使將來還是一拍兩散，也不會有那麼大的副作用了**。

觀察世界

心理諮商專家李松蔚提到一個有趣的觀點，他把我們觀察世界的方式分成了兩種。

一種叫「原因論」，就是凡事找個原因。我剛剛發了一次火，為什麼？因為對方不像話、因為我忍了對方很久、因為我喝多了、因為我從小受過心理創傷，沒辦法控制自己等等。總之，凡事找個原因。

還有一種觀察世界的方式叫「目的論」，不管自己做了什麼，總要設法洞察自己真實的心理目的。比如，我剛剛發了一次火，為什麼？因為我想用這種方式控制對方，因為我想找個替罪羔羊把責任推到他身上，因為我在別的地方受委屈，我想找個出氣筒等等。

你聽出來了，**按照原因論看世界，很舒服，但是沒有用；按照目的論想事情，很艱難，但是指向了自我改變。**

觀點

據說,唐朝的時候,宰相李德裕看不慣詩人白居易。這本來沒什麼大不了,官場上的一點私人恩怨而已,但是有一次,有人對李德裕說,白居易的詩文寫得好,你要不要看看?

李德裕說:「吾於此人,不足久矣,其文章精絕,何必覽焉!但恐回吾之心,所以不欲觀覽。」什麼意思呢?就是說,我早就不待見白居易這個人了,但是我知道他文章寫得好,萬一我看了,對他印象變好了怎麼辦?所以我不看。

這話說得當然是意氣用事了。不過這也暴露了我們日常思維的一個特點——**通常我們不是從事實得出觀點,而是先有個觀點,然後選擇相信那些我們願意相信的事實。**很多人的人生可能性就是這麼被封殺掉的。

廣告

有一位廣告人在機場看到一塊看板。這塊看板還沒租出去,所以它的擁有者就在上面放了一個招租廣告,寫了五個大字——「你就是主角」。這位廣告人就說,這個廣告做得不好。

你想,如果有一個企業老闆看到這塊看板,他會花錢用它做廣告嗎?很高機率不會。當老闆的哪有那麼想當主角?這五個字說服不了他們。

那看板上應該寫什麼?應該給一個行動的理由。最簡單的方式

就是列資料：這塊看板每天會被多少萬人看到，看到它的都是哪些人，然後寫上「虛位以待」，留個聯絡電話。

你想想，這兩種方式之間，其實有一道思維鴻溝。透過耍小聰明、裝可憐、擺笑臉的方式促使對方做出某個行動，在過去的熟人社會可能有用，但**在如今的陌生人社會，站在對方的角度，給對方一個行動的理由，才會更有效。**

廣告的風險

以前做廣告，你花錢買廣告就是了，沒人對你承諾效果，風險你自己擔。後來，網路廣告出現了，它們對做廣告的人說，看到你的廣告不要錢，使用者對你的內容感興趣，點擊廣告才要錢，讓做廣告的風險大大降低了。這是好事吧？

再後來，又有媒體說，可以一直到用戶在你這裡產生消費了，你再為廣告付費。你看，做廣告的風險又降低了。那麼，這是一件好事嗎？

恰恰相反，這對做廣告的企業來說，可能是滅頂之災。為什麼？你想，投入 100 元的廣告費，也許只能賺回來 101 元，那也算產生了消費。長此以往，你賺的每一分錢都拿去做了廣告，你就成了廣告媒體的附庸，**這就是市場的一個鐵規律——價值往往來自風險。換句話說，誘導你往完全沒有風險的地方走的人，就是在消滅你的價值。**

貴族學校

一位教育專家講過一個教育的內在悖論，假設你肯為孩子的教育投入，也投得起，那麼你是要讓他上昂貴的貴族學校，還是讓他上主流的公立學校？

直覺肯定是上貴族學校，但其實不一定。貴族學校的資源是比較好，卻帶來了一個問題，就是孩子脫離了真實的社會。

過去，社會是充分分層的，上層、底層過著不同的生活，教育的方法和目標自然也不同，反正將來各過各的生活。但是未來社會誰也不知道會怎麼變化，現在的社會分層會不會延續。你的孩子會騎馬、會演莎士比亞，但是不瞭解普通人的想法，你確信他能過好這一生？這是不是一個滿大的悖論？**沒有資源的教育肯定不是好教育，堆積了過多資源的教育是一種脫離了現實生活的教育，它肯定也不是好教育。**

漢賦

我們說起中國文學，通常都把楚辭、漢賦、唐詩、宋詞、元曲並稱，但是你有發現嗎，楚辭、唐詩、宋詞、元曲中多少都有一些我們喜歡的作品，唯獨漢賦，實在是艱澀難讀。

為什麼？兩個字，囉唆。寫一處皇家宮苑能不厭其煩、一花一草地寫，沒有實質內容，就是鋪敘，而且還有好多生僻的字，真是沒意思。

作家楊照說,你不能用今天的眼光看漢賦,你得回到那個時代。漢朝人第一次意識到這個世界的複雜、華美,但是沒有合適的辭藻來形容,所以**漢賦本質上不僅是文學,還是那個時代的詞典。漢朝人滿懷欣喜,發明新的詞彙來分辨不同的色彩、形體、光澤、聲響,就像我們今天面對各種新事物,急著發明各種新名詞一樣。**

這種大放光芒時代對新名詞的渴望,本身就是最好的詩意。

漢隆剃刀

有一個詞叫「漢隆剃刀[3]」,這是什麼意思呢?我們在認知世界的時候,會為很多事情找原因,如果你找到的答案是「因為某個人是壞蛋」——這不是原因,請拿起這把「漢隆剃刀」把它剃掉。

看到一個不好的現象,如果你能用別人的愚蠢來解釋,就最好不用別人的惡意來解釋,這就是漢隆剃刀原理。

為什麼?如果你認為某件事沒做好是因為有人犯蠢,那至少你還要進一步想兩個問題:第一、他們為什麼蠢;第二、將來我要怎麼樣才能不犯同樣的蠢。有了第一個問題,你的思考就呈現了結構性;有了第二個問題,你的思考就呈現了開放性,這就是好的思考品質的兩點共通性。

如果你認為這是因為某個人壞,那結論就到此為止了,既沒有結構性也沒有開放性,這樣的思考品質理所當然地就會很差。

3　漢隆剃刀(Hanlon's razor)格言:「能解釋為愚蠢的,就不要解釋為惡意。」

行家

什麼叫真正懂得一個行業？即八個字：「**不說是非，只說趨勢**」，我覺得有道理。

說是非就是總做對錯判斷，什麼是對的、什麼是錯的，哪家好、哪家壞，這不叫真懂。為什麼？因為他看到了現象，卻沒有能力理解形成這種現象的原因，所以只好做情緒性、表面的是非判斷。

真正懂的人就不一樣。在他看來，很多事看起來不合理，可是背後都有不得已的原因；很多事看起來繁花似錦，事實上也許已經開始走下坡路。

所以，**真行家看自己的行業，看到的是各個因素之間的互動關係，尤其是時間上的發展趨勢。**

行業

幾個年輕的記者問我，現在記者不好當，你原先也是媒體業的，能給我們一些建議嗎？我說，現在每個人都面臨一個問題，就是重新定義自己的行業。

就拿記者來說，早期消息很封閉，第一代記者的角色職責就是傳遞遠方的訊息。後來，中心化社會來臨，記者更願意去挑戰那些老大哥，記者角色發生了轉換。但是在網路時代，這兩個使命自有其他人去承擔了，那怎麼轉型呢？

比如我自己就選擇了一條路，把某個領域發生的事情轉述給不

屬於這一行的人聽，轉換表達方式就是在說明人獲取知識這件事上，提高效率，降低成本。其實，我不就在做一件記者做的事嗎？

所謂的重新定義行業永遠要考慮兩件事：

第一、社會的新需求是什麼？

第二、我可以利用我的特長在這個新需求裡做什麼？

好產品

20 世紀酷兒藝術家菲利克斯·岡薩雷斯—托雷斯創作了一個行為藝術作品，他在一個展館的牆角堆了很多糖果，堆了多少呢？79 公斤。79 公斤這個數字是怎麼來的呢？是藝術家戀人生前的體重。糖果堆在牆角，每個路過的人都可以拿走一些，糖果當然會越來越少，最終消耗殆盡，這時托雷斯就會補充糖果，讓糖果再堆到79 公斤。

問題是，藝術家想透過這個過程表達什麼？有三層意思：

第一、生命很甜蜜，就像糖果。

第二、隨著時間的流逝，生命和甜蜜都會耗盡。

第三是重點，愛他的人，會讓生命一次次地重生。

這個巧妙的設計不僅把那麼抽象的道理變成了可以感知的過程，更重要的是，這個過程又是那麼簡潔，控制點是那麼少。也許這就是**一個好產品的樣子，讓人可以深刻地感知，而又無比簡潔。**

好公司

有時候替朋友的公司開公關策劃會，我發現他們最難轉過來的彎就是，在網路環境下做公關，是非對錯是不重要的。

總是有人會反問，難道公司做錯了事不會釀成公關危機嗎？這麼想不能說沒有道理，但這麼想的前提是公司是一個獨立於社會系統的機構，接受一切社會系統的判斷、挑剔和衡量，要盡可能正確，所以對錯就很重要。

在網路時代，**一個好公司的標準是全方位嵌入社會系統，不僅是嵌入產品和服務，更是嵌入情感和關係**。這個時候，公司不僅僅是一個機構，而更像是一個人。一個有缺陷，但是讓人不討厭的人，遠遠比一個力求完美卻不通人情的人要可愛得多。

當公司從機構變成人，是否正確就不太重要了，而是否具有真實的人格魅力就成了公關勝敗的唯一因素。

好老師

透過得到 App、成年人的知識服務，我有一個很重要的體會，就是什麼是好老師。韓愈說，傳道授業解惑，這是我們心目中好老師的典型形象——一個知識的傳遞者。如果是在學校，確實是這樣，但是在終身學習的領域呢？也就是說，一個成年人的老師應該是什麼樣子的？

你想，一個受過完整教育的成年人，該懂的道理都懂了，不懂

的知識他自己會去查。這個時候,老師給他的不會是新鮮的道理和知識,而是能讓他對自己已經有的常識產生信念。比如說,減肥就是管住嘴、邁開腿,這有什麼難懂的?有的人說這些就是討厭、就是嘮叨,有的人說的你就聽得進、做得到,後面這個人就是好老師。

所以,**成人世界的好老師是什麼樣子的?就是能夠透過專業能力和人格魅力讓我們相信那些簡單的道理。**

好銷售

有一次,我向一位銷售主管請教,怎麼判斷一個人是不是好的銷售員?

他說,主要看兩點。第一,千萬不要以為那些衝動型、攻擊型的人是好銷售。其實,經過這麼多年的摸索,有效的銷售就是那些。**一個好的銷售員,反而是那種願意把簡單的動作重複做的人,而不是動不動就興奮的人。**

第二,好銷售的最大特點是抗壓。不過,抗壓這個詞不是我們以前認為的那種受氣包,壓力來了就忍著不吭聲。

他舉了一個例子。假如一個銷售員很長時間都沒有成績,你問他:「你打算怎麼辦?」如果他回答:「我要提升自我,我要有韌性。」這不叫有抗壓能力。真正有抗壓能力的人會回答:「可能我的方法出了問題,我要去找個資深人士請教一下。」

面對壓力能做出建設性反應,才叫抗壓。

好專業

有一篇戲說的文章，叫〈報考醫學院的四大理由〉。

第一個理由，學醫將來可以轉行從事其他行業，但是想倒過來就需要花一點工夫了。第二個理由，醫學院同學的感情都會比較好，大家雖然在不同科室，上至父母重病、下至孩子鬧肚子，只要有同學在的群組就可以遠端看診。第三個理由，醫生不會失業，既可以奮鬥成為頂級名醫，也可以平躺成普通醫生。第四個理由，醫學生不會嫉妒比自己優秀的同學。為什麼？因為同學越優秀，自己生病的時候越安全。

這當然是開玩笑的說法。不過，你發現了嗎？這個文章其實也說出了大學**好科系的四個特點：第一、能學到硬實力；第二、有能幫到別人的本事；第三、有很多階梯，你可以任意停在一個自己感到舒適的臺階上；第四、所有人都樂於看到你的進步。**

好奇心

有句詩寫得好：「美人自古如名將，不許人間見白頭。」不過現在這年頭，人老的特徵可不是白頭，而是喪失對新事物的好奇心。

有一次，我在辦公室裡遇到一件讓我很煩的事情，我需要把兩個電子信箱綁定在一起，因為不熟悉嘛，得馬上研究，於是我隨口就跟一個年輕人說：「兄弟幫個忙，幫我弄一下這個。」

這句話剛說出口,我就知道不對了。表面上是忙、沒時間,但與此同時我也捕捉到了自己內心的一絲不耐煩 —— 這是人老的跡象。所以,我馬上就改口說:「還是我自己來吧。」**堅決不放縱自己對新事物的畏難情緒。**

我希望幾十年之後,我已經老了,但還有興趣把所有最新出的電子設備買來研究一番。在這個時代,沒有什麼比喪失好奇心更可怕的事情了。

合夥人

真格基金創始人徐小平說過一句話,讓我特別有啟發。他說,**看一個創業者有沒有成功的關鍵就是看他選的那個二把手,也就是合夥人厲不厲害。**

為什麼?最簡單的理解就是合夥人強,隊伍才強,但是徐老師的意思比這個理解要深得多。

他說,我們其實很難判斷一個創業者可不可靠,因為什麼樣的人都有可能成功,但是他選的合夥人會體現他的綜合素質。他挑人與選人的能力、業務布局能力、與人協作的能力、帶領團隊的領導力,全都能從這個合夥人身上看出來。所以,合夥人不只是他的一個夥伴,還是他本人的一面鏡子。

合作思維

在合作關係中，有兩種思維模式：一種是判斷，一種是衡量。

下判斷的人總是覺得我和對方的關係狀態是既定的，比如這個人值不值得信任？這個人跟我交情好不好？他愛不愛我？如果沒辦法判斷，那他就要去考驗對方。不過人性真的是經不起考驗，所以有這種思維模式的人總是會在合作關係中受傷害。

做衡量的人不會覺得雙方是確定關係，也不覺得責任是對方的，所以他們經常問的問題不是「他值得信任嗎」，而是「在什麼情況下，他有可能選擇合作」。

交情夠了，那再加點利益？利益有了，那再深化一下交情？

這兩種思維模式之下的人，前一種人的世界裡最重要的兩個字是人品，後一種人的世界裡最重要的兩個字，是行動。

合作與合夥

有一句話叫「**和有資源的人合作，和沒退路的人共事**」，這句話一下子便點明了困擾很多人的「找什麼樣的合夥人」的問題。**在這個時代，人與人之間的關係狀態分成兩種，一種是合作，一種是合夥，看起來都有緊密聯繫，但本質不一樣。**

合作的本質是交易，你有什麼資源，我有什麼資源，大家交換就好，講究的是公平。合夥的本質是共擔風險，是在最危急的時刻還能彼此支持，互不背叛，講究的是放心。

　　合作是能保證在好的時候變得更好，合夥是能保證在壞的時候不會更壞，所以才說要和有資源的人合作，和沒有退路的人共事。

　　從這個角度，我們才可以看清很多關係的實質，比如談戀愛是合作，結婚就是合夥；一起上班是合作，一起創業就是合夥。

紅番薯

　　我聽到一個冷知識，中國有三大主糧，小麥、水稻和玉米，後來又補上了一個馬鈴薯。

　　紅番薯的產量比馬鈴薯高，早年災荒的時候，很多中國人都是靠紅番薯活下來的，有人就覺得奇怪，第四大主糧為什麼不是紅番薯呢？

　　最重要的原因有兩個，首先，紅番薯對溫度和水的要求更高，所以不適合在北方和缺水的西部種植，空間與適應性不夠。其次，紅番薯的可儲存性不如馬鈴薯。馬鈴薯能儲存一年左右，而紅番薯不行。

　　你看，無論是空間的適應性還是時間的適應性，紅番薯都有劣勢，還有一點，因為馬鈴薯的種植面積更大，人類積累了許多應對馬鈴薯病害的科學研究成果。

　　在合作系統當中，決定一個元素成敗的，可能不是它的某項優勢，而是它對空間、時間和合作夥伴的適應性。

紅心皇后

生物學界有一個著名的紅心皇后假說。

紅心皇后是童話《愛麗絲夢遊仙境》裡的一個角色，他說過一句奇怪的話：「現在，你必須用盡全力奔跑，才能留在原地（Now, here, you see, it takes all the running you can do, to keep in the same place.）。」讓美國進化生物學家利·范·瓦倫受到了啟發。

什麼東西必須不停奔跑才能留在原地呢？進化中的物種。

達爾文的理論認為，物種演化是為了適應環境，而紅心皇后假說的意思是，物種不僅要適應環境，還要適應其他物種。說白了，**在同樣的環境下，一個物種最終能否勝出，關鍵是看它能否比其他物種跑得快**，這句話在人生和商業競爭中依然成立。

你當前的境況是不是最好的，並不重要，比其他人跑得快才重要。否則，恐怕你連留在原地都很難做到。

宏大視角

有一段話是這麼說的：「**在這樣的時代生活，首先要學會的是不被宏觀的動蕩裹挾，不用大人物的視角生活。**否則，你的情緒天天風雨飄搖。時間長了，你會形成一種悲觀加恐慌的應激反應，股市高了，你就追高；股市跌了，你就殺跌，既沒有以舊換新買新房子的勇氣，也沒有甘心住在老社區的淡定。你會一步步地走向這種宏大的思維模式，一步步地交出自己的智慧，交出自己的判斷力。」

這段話說得真好。所謂不用大人物的視角生活，意思就是**不要被那些大話題裹挾，要有能力體會身邊小事的價值，要有能力自己給自己定義話題，要有能力在一花一草、在解決自己眼前的問題中找到樂趣。**

你看，兩百年前，家事、國事、天下事，事事關心，這句話的重心在「天下事」；而今天這句話的重心要變成「家事」、「身邊事」了。

網路精神

媒體思想家麥克盧漢身上發生過一個故事。因為麥克盧漢的學說太有洞察力，不太符合學術規範，所以學者圈對他爭議很大。

有一天，麥克盧漢遇到了美國社會學泰斗羅伯特・金・莫頓，莫頓對他說：「你論文的每一處都經不起推敲！」

你要是麥克盧漢，會怎麼回答？認真求教，還是反唇相譏？

麥克盧漢的回答是這樣的，他說：「哦，你不喜歡這些想法？那好吧，我還有一些別的想法。」

你看，這個對話很有意思，它說出了網路精神的一種實質。

你在講是非，而我認為那只是你個人的一種偏好；你在用對的東西糾正錯的東西，而我只是在探尋你的偏好，並試圖找到和你的結合點。

花錢

你有沒有想過該怎麼判斷一個人的能力？通常我們都是根據一個人做事的成功程度或者乾脆根據他有多會賺錢來判斷，但是我們也都知道，這個標準太簡單粗暴了。可是其他的，什麼談吐、認知又沒有什麼標準，怎麼辦？

有一個新標準說，如果不看一個人怎麼賺錢的話，可以看一個人怎麼花錢。賺錢，就是看賺錢的多少以及賺錢的路數高不高級；花錢，就是看花錢的方向以及花錢買到的東西是不是拿得出手。

同樣多的錢，有能力的人會花得更有章法、更有品位也更能有效地支撐自己的生活，這也是判斷一個人能力非常重要的面向。

有人建議說，大學生要想過更有意義的四年，除了讀書和交友之外，訓練自己的重要方向之一就是注意自己的穿著品位。

沒錢的時候，反而是訓練自己花錢能力的好時機。

懷孕

有一個朋友懷孕了，因為他的年齡稍大，所以緊張得要死，大門不出，二門不邁，把各種孕期保健食品當糖果吃。後來一位產科醫師跟他說，別相信那些保健食品，也別相信什麼民間土方，那些東西之所以流行，是因為它正好針對你的恐懼。人在恐懼下，判斷力是零。

那該信什麼？只有兩樣東西，**第一就是主流醫學界經過反復證**

明的東西，第二就是人的身體本身。我們的身體是數億年生物進化史打造出來的，精密程度遠遠超過現在的任何人工系統，人最強悍的能力就是覓食和繁殖。

懷孕了要小心肯定沒錯，但是如果在懷孕初期流產了，絕大多數情況都不是因為你不小心，而是因為這個胚胎品質不好，你的身體知道它不值得保留才把它淘汰掉。所以，要相信你的身體。

壞人

臺灣文學大師王鼎鈞在回憶錄裡提到，抗日戰爭的時候，他十幾歲，家裡人要把他從淪陷區的山東送到大後方去上學。

要知道，突破日軍的封鎖線是一件很危險的事情。他們到了封鎖線一看，把關的是偽軍——受日本人控制的中國人，但無論這些學生做了多麼好的偽裝和準備，比如探親證明什麼的，那個偽軍軍官一律擺手，看都不看。他心知肚明，這是偽裝的，於是他說：「你們說實話，我就放行。」

最後實在沒辦法，一個學生只好跑到他耳朵邊輕輕地說：「我們是到大後方上學的。」偽軍軍官說：「早說實話，不就讓你們過去了嗎？」然後，就真的讓他們過去了。

王鼎鈞隔了幾十年，想想這個偽軍軍官的心態也是有意思。當了漢奸，他的良心受不了，但是他也不肯偷偷做好事，他一定要讓周圍的人知道，他是身在曹營心在漢。

你看，**沒有人能受得了自己是一個壞人。**

環境

古時候，有人問一位禪師，達摩祖師面壁九年，到底為什麼？禪師回答了三個字：「睡不著。」

這是一宗著名的禪宗公案，對我的啟發很大。

很多看起來很了不起的事，一般我們都會覺得有很深奧的原因，但往往只是一個順理成章的結果。比如有人勇敢地從一個大家都很羨慕的地方離職了，大多數情況下，真實原因都不是因為追逐夢想，而是混不下去了。

再比如，某人堅持做一件很難堅持的事，也不見得是因為他有毅力，而是因為他有不得已的苦衷。比如羅胖每天堅持發音頻，就是因為責任越來越大，不得已嘛。

結論來了，要想做非凡的事，就得把自己先放到一個非凡的環境裡。**人的行為、選擇和最後的成就，往往都是環境的結果。**

灰度認知

我們經常講提升認知的重要性，但為什麼有的人很聰明，認知能力也很強，卻還是過得一塌糊塗？我的朋友老喻（喻穎正）跟我講了八個字——「**灰度認知，黑白決策**」，什麼意思？**認知能力越強的人，對世界的理解就越是灰度，也就是不黑不白。**

比如一個高水準的經濟學家是不會動不動就做明確預測的，反而水準低的人什麼都敢說。一個人要想過得好、工作佳，每天都要

面對大量具體的決策，而決策必須在兩難中堅決拍板，非黑即白，所以叫黑白決策。

有的企業老闆認知能力不足，好多事都不懂，但是拍板能力特別強，生意照樣做得不錯；而很多人認知水準很高，但是過不好，就是因為跨不過灰度認知、黑白決策之間的這條溝。你看，學什麼都是有用的，但是學到什麼都不能保證你成功。

灰人理論

據說牛津大學流行一種學術態度，叫「灰人理論」。

什麼意思？就是反對刻苦。

比如，我在某方面其實沒有太好的天分，但是我憑藉刻苦的精神獲得更好的學位，這種人就被稱為「灰人」。據說在牛津大學，這是最底層的人──不要誤會，如果你在某方面有很高的天分，周圍的人當然不會反對你刻苦的。

這是我們不太熟悉的一種思路，因為**在那些創造性沒那麼高的領域，勤能補拙的效應是存在的，但是在高創造性領域，我們就不得不尊重天賦的價值了。**

其實細想一下，這種態度也不完全是粗暴的否定，它含有另外一層意思，那就是**每個人都各有天賦，不要在你不擅長的事情上浪費時間，要去找你真正有天分的地方。**

混亂

傳統的企業總是害怕混亂,但是這幾年大家漸漸明白了,一味追求秩序,往往會喪失創新能力。

可是總不能說越混亂越好吧?

最近有位企業家跟我說,混亂不是用來消除的,而是可利用的創新資源。**混亂的本質是其他方向的秩序,只不過我們沒有理解而已。**總有一些秩序在我們的視野之外,你沒有理解它,所以覺得是混亂。

比方說,在公司裡,有可能某個人因為他的影響力超過他的實際崗位而產生混亂,所以你應該發現那個人,然後讓他發揮更重要的作用,而不是消滅他帶來的混亂。

有自己獨特秩序的混亂根本無法消除,只能善加利用。

活出自我

什麼叫活出自我?加拿大鋼琴家格連・顧爾德說:「一個人可以在豐富自己時代的同時並不屬於這個時代,他可以向所有時代訴說,因為他不屬於任何特定的時代。一個人可以創造自己的時間組合,拒絕接受時間規範所強加的任何限制。」

說得真好。**活出自我,不是叛離集體,也不是違背時代,而是他能創造一個屬於他自己的時間感組合。**

有一部分的人向這個時代訴說他要賺錢、要成名、要出人頭地;

另一部分的人他還要向所有時代訴說他可以選擇繼承一點蘇東坡的精神，回應一點孔子的呼籲，**這個組合越豐富、越別出心裁，越有自己的道理和堅持，那他就是一個成功活出自我的人。**

夥伴

人找夥伴的時候有兩種模式，一種模式是找保姆，另一種是找戰友。找保姆是為了滿足自己的各種需求，而找戰友是為了在達成目標的過程中找到同盟軍。

在一間公司裡，大家平時看起來是平等的同事，但大家都心知肚明，誰只是老闆雇來滿足特定需求的保姆，誰是帶著一身本事和自己的目標來加盟的友軍，找另一半也是一樣。

很多人是因為對方對自己好而和對方在一起，也就是把對方當成自己的保姆，以此為出發點的家庭，往往容易被擊垮。彼此結成戰友的家庭是我眼中的理想家庭模式，兩個人都因為對方的存在而變得更好。

戰友模式既然明顯優於保姆模式，為什麼還很難實現？原因很簡單，在戰友模式裡，除了兩個人之外，還有一個第三者，那就是目標。這是最難的，畢竟不是每個人都有自己的目標。

獲勝規則

一個朋友告訴我，有一次他們部門在年會舉辦唱歌比賽，賽制很特別，部門所有人分成兩隊，每次各派一人，分主題競賽。

比如說，這一輪主題是少數民族，各唱一首少數民族歌曲，曲目自選。但是重點來了，要怎麼判定獲勝方呢？不是誰唱得好誰就能獲勝，獲勝的規則是事先另外定的，密封起來，唱完之後讓評審打開來看。

那這場少數民族主題的比賽誰獲勝呢？

誰唱的那個民族人口多誰就獲勝，跟唱歌水準一點關係也沒有。那大家會不會不認真唱了？不會，所有人仍然會認真唱，發揮自己的最高水準。

這個遊戲設計真有意思。這不就是真實人生嗎？**每個人獨自盡最大可能去努力，但是決定誰獲勝的規則，事先沒有人知道。**

機制

有一個小故事：老婆學完了管理學，想用管理學的方法改變老公晚回家的習慣，就定下了一個機制——老公晚上 11 點還沒回家就鎖門。

第一週，效果顯著，但是第二週時，老公的這個習慣又犯了，老婆按照事先約定把門上了鎖，結果老公索性就不回家了。

那怎麼辦？老婆就提出了一個新機制：老公晚上 11 點還沒回

家，就開著門睡覺。你能想到新規矩的效果，老公從此以後，11點之前準時回家。

這個小故事說明了什麼？說明了好機制和壞機制的區別。**壞機制是立於強制和懲罰之上，而好機制則著眼於觸動人內心深處的欲望和需要。**

舉個例子——我是從得到講師沈祖芸那邊聽來的，北京十一學校⁴原先和其他學校一樣，要定期檢查老師們的備課資料，後來就改了，改成定期收藏老師們優秀的備課資料。你看，這是不是就把壞機制變成了一個好機制？

積木式創新

這些年，我們對於社會的認知有了變化。

原先的傳統社會看起來像一個金字塔，上層控制下層，後來網路時代來臨，讓我們覺得金字塔倒了，社會變成了流沙，不同來路的人交織在一起，變動無常。再後來，我們終於明白，網路社會不是金字塔，但也絕不是流沙。

科技投資人王煜全老師貢獻了一個詞，叫「積木」。**每個人、每個組織不是隨機組合，而是各自找到自己的特色和專長，然後迅速聚合、創新，再聚合、再創新，這叫做「積木式創新」。**

觀察我們當前的社會，這才是一個更有解釋力的概念。

4　一所北京的優質高中以及教育改革實驗學校。

基本功

有一次，北京大學汪丁丁教授談起中國古人教育小孩子的三門基本功，分別是灑掃、應對、進退。

灑掃就是灑水掃地，是指做一些特別具體的事；應對就是和人溝通的能力；進退是指在不同場合下，自己進入和退出、參與和迴避的分寸感，這三種基本能力，比實際的知識重要得多。這是古人的兒童教育，對照現今的成人世界來看，其實差不多。

現今的知識隨時在更新，你有多少知識量都不夠用，**第一，做具體的事，心中才有真問題，求知得到的才是真知識；第二，和人的溝通能力、協作能力是一切能力的根本；第三，選擇關頭的分寸感是要終身進步的能力。**

回到根本，更重要的東西，其實還是這三樣。

基因修改

科普講師卓克老師在聊科技時，說到人類進化中一個有趣的問題：如果人類可以任意修改自己的基因，是一件好事嗎？不一定。

舉個例子，人類在進化史上有一次基因突變，導致人類咀嚼肌肉群退化，變得沒有力量。這次突變對於當時的人類來說，當然不是什麼好事情，因為可以吃的東西變少了，但因此也產生了一個意外的結果。它解除了肌肉對顱骨生長的限制，讓人類的大腦容量在短短 30 萬年中，從 400 毫升增加到了 1200 毫升，這是一個意外且

至關重要的收穫。

想像一下，如果是現在的人類醫生，打死也不會做這種基因修改，因為當下沒有任何好處。

這是人類理性的一個致命缺陷，看得到眼下的好處和壞處，但是看不到長期的收益和代價。

激發

我聽說過有一種論調是「讀書一定要讀經典」，比如讀美學著作就一定要從德國哲學家黑格爾的那幾本美學作品讀起，讀歷史就一定要從《史記》、《資治通鑑》讀起，這個說法我不完全同意。

對大多數人來說，讀書是培養自己性靈的方法，不是在研究學術，所以**讀書路上最有價值的地方是那些用人性力量激發了我們進一步探索興趣的書，而不是那些經典的書。**

比如說，讓我對美學產生興趣的是美學家李澤厚的《美的歷程》；讓我對晚清史興趣大增的是歷史小說家高陽的《慈禧全傳》。前者是通俗介紹，後者是小說，正是他們引領我登堂入室，是這兩個人用他們的人格魅力點亮了我進一步求知的路燈。

說得更直白一點，**獲取知識就是產生自我價值的一種方式，而這種生產和其他生產同樣是正道——低成本、高效率。**

即時回饋

弘一法師說過一段話：「人生最不幸處，是偶有一失言，而禍不及（我說錯的話，但是好像也沒什麼後果）；偶一失謀，而事幸成（我沒有精細籌劃，居然成功了）；偶一恣行，而獲小利（我偶爾胡作非為，居然還拿到了一點小利益）。後乃視為故常，而恬不為意，則莫大之患，由此生矣（我要是覺得本該如此的話，那就要倒大楣了）。」

這段話算是中國人的傳統智慧了，難得說得這麼精煉。人犯了錯，受到懲罰，其實不見得是什麼大災大難，也可能是老天爺給我們的重要提醒。提醒得越不及時，後面的禍害反而就越大。

要是這麼說的話，**什麼樣的環境對一個人最友好？從前我們總以為寬容的環境最友好，或許還要加上一個條件，那就是回饋及時。回饋及時，同時也是個寬容的環境，才是最友好的。**

即興劇

我們都知道即興劇的核心技術就是兩個詞，yes 和 and。

道理很簡單，即興劇是沒有排練也沒有劇本的，兩個人要想推進戲劇情節，當然就不能互相否定，否則就會把表演變成抬槓。那怎麼辦？就是前面提到的兩個詞：yes 就是肯定對方說的，and 就是添加自己想說的，如此一來這個表演才能持續進行下去。

得到高研院成都校區的羅丹同學對這兩個詞又加深瞭解釋。**什**

麼是 yes ？就是對現狀全然接納的包容心；什麼是 and ？就是支持他人的創造力。這個更加透澈的解釋揭示了兩個真相，第一，現狀是我們行動的前提和限制性條件，否定它是沒有用的；第二，獲取別人的創造力也添加自己的創造性，是我們行動價值所在。

你看，yes 和 and 不只是即興劇的核心，更是所有想建設性行動的人的基本言語模式。

計畫

得到高研院的一位同學在分享時，說了一句鄉村基層幹部[5]刷在牆上的口號，叫「**目標刻在鐵板上，計畫寫在沙灘上**」，這是我見過對計畫和目標之間關係最好的表達。

在傳統社會中，空談目標是沒有意義的，只有把目標轉換成大家都能嚴格執行的計畫，也就是大家真正能感受到的東西，才有可能發起有效協作，所以在傳統社會中，計畫比目標重要。

現在不同了，抵達一個目標的途徑其實有很多種。**一個有效的計畫往往不是得到堅決執行的計畫，而是在過程中不斷改變的計畫。**萬維鋼老師也說，「你有你的計畫，世界另有計畫」。

這個時候，能夠讓所有人看見、能夠發起有效協作的，反而是那個咬定不放的目標本身，所以才說「目標刻在鐵板上」，而計畫只能「寫在沙灘上」。

5　職責近似於村里長。

記憶力

科普影片作者安森垚老師講過一句話：人類的記憶力其實比我們所想的要好得多，我們的大腦能記住超多的訊息，問題在於我們往往沒辦法靈活「提取」。

我看過類似的理論，人其實是過目不忘的，但是為了減少大腦的負擔，這些訊息都被限制住了。所謂記憶力好的人不是儲存能力強，而是建立了一個「提取」記憶的最佳路徑。

這個道理，放在社會上就更是如此了。現今的網路和數位系統其實就是人類的外接大腦，記憶早就不是問題了。如何把已經存下來的知識提取出來，這個問題變得越來越重要。

這裡有兩個很重要的推論：**第一，記憶知識不如不斷整理和豐富自己的理解框架，讓資訊各歸其位，方便提取；第二，記憶知識不如編織自己的社會性知識網，說白了，就是認識各個方面有專門知識的人。**

紀律

據說，有人問英國著名小說家威廉·毛姆，他寫作是按照計畫寫，還是受靈感所驅動，什麼時候有靈感就什麼時候寫？

毛姆回答：「**我只在靈感來的時候才動手寫作。不過很幸運，這個靈感每天早上 9 點鐘都會準時到來。**」

這聽起來像是一句俏皮話，其實不是。這句話說出了靈感和紀

律之間的關係，有紀律就有靈感，而不是為了等靈感就可以破壞紀律。就像羅胖 60 秒，經常有人問我，你怎麼每天都能有話說？其實我心裡知道，如果沒有這個硬性的紀律約束，我不可能做到每天輸出 300 多字的感想。我的輸出品質當然不是每天都好，但是肯定比沒有紀律的情況下要好得多。

所以說，**靈感是遵守紀律的結果，而很多人把靈感當成破壞紀律的理由。**

技巧

在人際關係中，有一些小技巧，比如說，路上偶然遇到一個人，他有沒有耐心跟你說話，不要只看他的神態和語言，還要看他的腳，如果他的腳指方向不是你而是其他方向，那他就是隨時準備離開。再比如說，說話的時候做手勢一定要雙手，切忌單手，因為雙手暗示的是擁抱，單手容易被理解成指指點點。

最有意思的一個技巧是，如果你到了一群陌生人當中，完全不知道他們之間的關係，那你就一定要準備一個笑話。重要的不是講笑話逗樂他們、讓他們喜歡你，而是在他們發笑的一瞬間注意觀察，你會發現那些邊笑邊對望的人就是這群人之中關係最好的人。誰都不看，也沒人看他的人，就是人緣最差的人。

人在交往中，細節是最難控制的，也是最容易暴露真相的。

績效

浮墨筆記聯合創始人少楠發表一篇文章，說我們這一代的人可能正在失去創造力。為什麼？因為績效主義。

舉個例子，如果我在走路，我接收到的所有信號都是跟績效和目標有關的，那我只有一個選項，就是跑。跑的速度越快，越能展示能力，更容易贏得目光和掌聲。那麼我肯定不會學舞蹈，因為舞蹈不符合績效主義，沒有清晰的目標。

抽離出來一看，這就是悲劇了。跑步並不是新的行走方式，它只是加快了行走的速度，而舞蹈才是全新的運動方式，因為舞蹈要求我們要對身體韻律、外部音樂、環境感知能力做出創造性的動作。當環境全是績效主義的衡量指標時，我們不會跳舞，只會跑步。

這就是**績效的問題，它只會「讓我們一味地忙碌，而不會產生新的事物，它只會重複或加速已經存在的事物」**。

假象

有一個觀點說，現代社會造成了一個你的所有問題都有人負責解決的假象。

比如健康問題，古人說那是命，醫生治得了病卻治不了命；而現代社會的人會認為到醫院找醫生就行了。

再比如個人成長，古人說那得靠自己爭氣；現代社會的人覺得把孩子送到最貴的學校就行了。

只要深思一下就知道，醫學再發達也只是在有限的界線內解決問題；教育資源再好，也不能改變這個世界上神人和庸人的比例。

所以，**現代人類社會是把那些沒辦法解決的終極問題在社會內部強行封閉循環了——這當然是一個假象。**

從這個角度來說，你就可以理解為什麼在現代社會陰謀論這麼盛行了。陰謀論正如哲學家卡爾·波普爾說的，認為世界上無論發生了什麼事，都應該有人為此負責，這就是陰謀論。

價值鏈

有時候，一個企業的失敗不見得是自己做錯了什麼，而是它所在的價值鏈失敗，是上游、下游的合作夥伴出了問題。

比如，寶潔公司到今天做得還很好，但是它的上游廣告主要靠傳統電視，下游管道主要靠超市。這兩個價值鏈上的夥伴都在走下坡路，公司還能獨善其身嗎？想想這種失敗真是很要命，不容易覺察，甚至原先做得越好，就有可能會陷得越深。

所以，「抱大腿」是這個時代的一種生存策略。**只要是新的優質資源，先想方設法合作再說，不能被釘死在原先的價值鏈上。**

價值判斷

選擇權是一種非常有欺騙性的東西，它讓我們覺得自己有力量，其實剝奪了我們的主動性。比如，價值判斷是說什麼東西好還是不好，這就是一種選擇權。看起來我們張嘴就能斷人禍福，實際上只是在好和不好中間做一個非常狹窄的選擇。

作家王小波說過：「人類在一切智慧活動裡，沒有比價值判斷更簡單的事了。假如你是一隻公兔子，就有做出價值判斷的能力——大灰狼壞，母兔子好，然而兔子就不知道九九乘法表。此種事實說明，一些缺乏其他能力的人為什麼特別熱愛價值領域。倘若對自己做價值判斷還要付出一些代價，對別人做價值判斷那就太簡單、太舒服了。」

這段話看得真是讓人倒吸一口涼氣。

偏愛做價值判斷，其實也是一種缺乏能力的表現。

堅持

有一次，我在一家公司的牆上注意到一個詞——堅持。

堅持如何如何，這是一個典型的口號。為什麼要堅持？好像是因為很難或者眼下看不到的好處，所以堅持學習、堅持工作，好像拚的都是毅力。但是我這次看到堅持這個詞，腦袋裡蹦出來另一個想法，就是那些堅持做某件事的人，真的是因為毅力嗎？未必。

我們旁觀別人堅持鍛鍊、堅持早起、堅持讀書、堅持減肥會覺

得很難，那是我們作為旁觀者的感受，是因為我們自己感受不到那種當下的好處。對那些身在其中、堅持下去的人來說，他們因為自己的想像力，當然也可能因為自己的知識，看得見好處。所以對他們來說，堅持並不是毅力下的堅持，而只是正常地在「行動—收益」的正向回饋中生活。

所以，**如果我們佩服一個人的毅力，不如乾脆去找出他到底是怎麼感受到這項行動帶來了什麼好處的。**

見怪不怪

萬維鋼老師在他的訂閱專欄「精英日課」裡說了一個有意思的觀點。他說，什麼樣的人是成熟的？就是對小機率事件的接受程度比較高。

舉個例子，小學課本裡肯定只能寫冬天到，雪花飄，因為冬天下雪是高機率事件。如果寫春天到，雪花飄，肯定就不會出現在小學課本裡了。這可能是一本大人看的小說，因為春天下雪不太尋常，只有心智更成熟的人才會接受。

想來也是，**所謂成熟就是見多識廣、見怪不怪，對小機率事件的接受程度比較高。**如果這個概念成立，很多年歲大的人就不見得成熟度高了。他們可能至今還接受不了有人工作做得好好的就辭掉了，有人終生不結婚、不生孩子。

人類歷史上，成熟第一次和年齡無關。

建設性

我們來說說感受和事實的區別。

事實是會隨時發生的，當下發生之後也就過去了，而感受會留下來，成為既和事實脫離，但是又沉澱在我們腦袋裡的垃圾。

比如說，失敗一旦成為既定事實，它就已經過去了，但是沉澱在我們腦袋裡的感受會讓我們很長一段時間都沉浸在失敗情緒裡。所以什麼是建設性？**建設性不是一路向前，而是不斷清空感受，重新回到事實。**

若是團隊工作無法達成目標，會議室裡，會出現三種人：上進心強的人往往心情很沮喪，唉聲嘆氣；現實感強的人會說，就這樣退而求其次吧；**建設性強的人是這樣想的──既然事實已經如此，我們能不能基於這個事實找出另外一條比原本目標還要好的路。**職場裡的成功，幾乎無一例外，都是不斷重複第三種思路的結果。

江郎才盡

有記者問郭德綱：「你說相聲，萬一哪天江郎才盡怎麼辦？」

郭德綱說：「我們學的是技術、是手藝。一個炸油條的攤販會恐懼自己有江郎才盡的一天嗎？」

這讓我自問，我的技術是什麼？我天天在講知識、講書，並不是我自己有多少知識，那確實會江郎才盡。我的技能是迅速地理解別人生產的知識，然後用合適的方式表達出來，使用者覺得有價值

就會買單，其實跟炸油條沒什麼區別。

技能總是越練越好，越練門檻越高。一個人或者一家公司最重要的就是搞清楚自己一直在練的那個技能到底是什麼。

只有搞清楚了，才算看得清自己，看得見道路。

講故事

我看過一個影片，有位盲人在街上乞討，面前放著一張紙，上面寫：「我是盲人，請幫助我。」結果很少有路過的人給錢。

這時候有一個女孩路過，掏出筆來，在上面重新寫了一句話，神奇的事發生了，此後的路人紛紛慷慨解囊。

女孩重新寫的這句話是：「這是美好的一天，而我卻看不見。」

改得真好。

過去總有人以為講故事就是編一個稀奇古怪的情節，這是對故事最大的誤解。**一個好故事的本質是把聽眾或讀者帶入一個情境，讓他們自己在裡面尋找喜怒哀樂的人生體驗。**這個功夫不光是寫字的人用得到，講故事已經是現代人生存的基本功了。

交流

如果你特別想引起某個人的注意和好感，現在他發了一則有照片的動態，請問你該怎麼做？

按讚？沒什麼用，因為這件事已經結束，沒有下一步了。那發表「照片拍得真漂亮」的評論？也沒用，跟按讚的效果差不多。那再加一些文字：「照片拍得真漂亮，這是在哪裡啊？」他就算是回答你了，你也得不到分數。為什麼？因為這個問題增加了他的負擔，他即使回答也只是出於禮貌。

正確的做法是什麼？是在下面評論：「第三張最好看」，那你獲得他回覆的機率就很高很高了。為什麼？因為你在他的世界裡引起了一個分別、切下了一道鴻溝，造成了他的一個問題，他要麼能回答，要麼要向你求助。

和他人交流最好的方式不是討好他，而是幫他製造一個要解答的問題，而你恰好能給出好的答案。

驕傲

為什麼說「驕者必敗」？道理似乎很簡單，因為你驕傲就會容易得罪身邊的人，再做事就得不到身邊人的幫助，所以必敗。

其實，事情沒有這麼簡單。

驕者必敗的本質是因為你驕傲，所以自以為不是普通人，這樣就喪失了對普通人感受的理解力，也就是說，你再也做不出被其他人普遍接受的事了。

就像一位作家說的，「我在寫作的時候從來不考慮讀者。因為我堅信，我沒有什麼特別之處。我只是這個星球上幾十億人中的一員。如果某些事對我來說是真實的，那麼對於其他幾十億人來說，

這件事很可能也是真實的。」所以,在寫作的時候考慮自己就行了,不考慮讀者。

這是一件很有意思的事了。**驕傲的反面其實不是謙虛,謙虛是指向對方、是怕得罪對方。驕傲的反面是什麼?是承認自己並沒有什麼特別的地方。**

教練

有一篇文章說,找到好教練的方法之一就是看對方給的指令是不是簡短明確。如果不管說什麼,他都是講一套大道理,指引一個模糊的方向,那麼這個人可能是高手,但未必是個好教練。

什麼是簡短而明確的指令?比如,他不會說「手舉高一點」,而是會說「把手靠近耳朵」;他不會說「演奏的速度再快一點」,而是會說「跟上節拍器」;他不會說「請跟銷售團隊緊密合作」,而是會說「請每天早上與銷售團隊溝通 10 分鐘」。

你看,**好的教練就是能站在我們的角度,知道我們能透過什麼樣的拐杖精確地走到下一步。**

這就要說到「教練」這個詞了,英語中 Coach 的意思其實是馬車。找教練,不是在找站在我們對面的老師,而是在找一個值得信任,可以和我們一起去陌生地方的人。

教訓

梅特涅親王寫給妻子的一封信中，有一段話：「我們這一代的人經歷過法國大革命，打敗拿破崙，清楚地知道革命兩個字意味著混亂、暴戾和毀滅，但那些年輕人知道嗎？他們眼裡只能看到舊體制的腐朽和無能，將和平與安寧視為理所應當的饋贈，為了革命的浪漫隨時可以毫不珍惜地丟棄……我怎能對國家的未來不心存疑慮？」

梅特涅是兩百年前的人了，是奧地利帝國的第一任首相，歐洲列強聯合打敗拿破崙後，他成了當時非常重要的一位政治家。

隔了兩百多年，再來看這段話，別有一番滋味在心頭。

任何價值，包括對每個人來說都至關重要的和平與安定，只要擁有和平與安定就容易被低估，甚至要主動去否定它。所以黑格爾才說：「歷史給人們的唯一教訓，就是人類從來不吸取教訓。」

教育

社會學家趙鼎新老師說，他教育自己的小孩只有三個要求：能寫、會算、敢判斷。

「能寫」就是會表達，當然包括寫作和演講等各種形式的表達。「會算」不是指算數或者數學，而是指面對複雜的情況能夠做出理性的推理和安排，先做什麼、後做什麼，怎麼找到處理事情的最佳策略；最後一個「敢判斷」就是道德範疇的事了。

　　道德教育對孩子最大的用處就是節省他做判斷的成本。什麼事可以做、什麼事不可以做，什麼該支持、什麼該反對，心中有了堅定的道德觀念，做選擇的成本就很低。

　　想想也是，**不僅是教育孩子，即使是成年人，一生中最重要的也是這三個面向的能力：理性決策的能力、透過表達協同他人的能力，還有因為價值觀清晰而降低選擇成本的能力。**

接受

　　我有一個朋友很不幸地得了絕症，但後來又死裡逃生了。他在回顧那幾年的生活時，告訴我完整的心路歷程。

　　剛開始得知消息的時候，第一反應是無法接受，「這麼倒楣的事情怎麼落到我的頭上了？」所以，他很抓狂，極力否認。

　　第二階段是極度沮喪，甚至折磨自己身邊的人；第三個階段是麻木，覺得自己沒希望了；緊接著就是第四個階段，接受了這件事情，並把病當成身體的一個部分，甚至自己的一個夥伴。

　　最後，在和這種病共同舞蹈的過程中建立了一種新的平衡，他又可以開始新的生活了。

　　他後來總結說，**任何不好的事情，不管是事業挫折還是感情挫折，第一件要讓自己做到的事就是控制住自己排斥它的心態，先接受，然後才能放下。**

節奏

知名作家楊照寫了一本講音樂的書，第一頁劈頭就提出了一個問題：「為什麼音樂是有節奏的？」

這個問題我從沒想過。答案既在情理之中，又在意料之外——因為人的呼吸是有節奏的。

音樂不是客觀的，它就是我們呼吸節奏的外化、延伸、擴展。你看那種小型的室內樂演奏，沒有指揮，那幾個人怎麼配合？往往就是有一個主導的樂手刻意地、誇張地顯現自己的呼吸，其他樂手調整自己的呼吸跟上他的節奏，整個樂隊的音樂因此就協調了。為什麼音樂天然迷人？就是因為它是我們身體和宇宙聯結的紐帶。

在社會博弈上，其實也有類似的原理。**很多時候，人和人之間爭的並不是力量的大小輸贏，而是誰在跟隨誰的節奏。**

截然相反

財新傳媒總編輯王爍老師在一篇文章裡引用了美國作家法蘭西斯・費茲傑羅的一句話：「能同時擁有兩種截然相反的觀念，還能正常做事的人，才是有第一流智慧的人。」這話說得真好。

一般我們都喜歡把有智慧的人想像成那種價值觀清晰、邏輯一致的人。但實際上，高手境界恰恰是混沌而不是清晰的，是隨機應變而不是有框架的。

舉個例子，投資理財的高手絕對不會一味地謹慎，或者一味地

大膽。他最有價值的是在電光火石的一瞬間做出判斷，甚至跟他平時主張的邏輯完全相反，這才叫高手。

很多人都說，成長就是為了懂得更多道理，這句話其實應該改一下：**成長是讓自己的精神世界能夠容納更多相反的道理，並且知道在什麼時候使用什麼道理。**

解決

創業之後，我漸漸想通了一件事──有些問題是不必解決的。

我們這一代的人是在泡在講義裡長大的，長期被教育著遇到難題不能退縮。但事實上，人在真實生活中的很多煩心事，本質上不是自己的問題，而是身邊的關係結構出了問題。可能關係一調整，問題就不存在了。

舉個例子，有個朋友在軟體發展業創業，總是不滿意自己的產品，總是在調整，結果就出現了大量的管理問題。這種管理問題靠組織建設、健全制度能解決嗎？連加薪水都沒用！

最好的解決辦法就是忘掉這些亂糟糟的問題，迅速讓產品上線，讓團隊裡所有人的注意力放在使用者回饋上，放到裝機量每天的變化數字上。

團隊的關係結構改變了，原本是自己人互相博弈，現在是大家團結起來和環境博弈，原先的問題自然迎刃而解。

藉口

我的朋友，著名的創業者王雨豪，說過一段話：「大多數人努力的程度，還用不著談天賦；以大多數公司所處的階段，還用不著談第二曲線；以大多數團隊對項目完整度的理解，還用不著談化繁為簡；以大多數創業者的輸出效率，還用不著談聚焦。」

我覺得這段話有兩層潛臺詞。第一層是說，別人的抽象經驗沒有用。因為每個人的狀態、階段不同，面對的問題不同，解決問題的限制性條件不同。第二層潛臺詞是，要小心把別人的抽象經驗變成自己偷懶的藉口。像化繁為簡、聚焦，說這些詞的人說不定只是眼前的事做不下去了，找個藉口而已。

這是一個和自己作戰的時代，每冒出一個念頭，都得艱難地分辨一下，這是為了目標想出的辦法還是為了舒服找到的藉口。

斤斤計較

美術史上有一則趣聞，1957 年，畫家齊白石的朋友求他畫畫。齊白石本來就非常吝嗇，而他的這位朋友比他還吝嗇。這位朋友花多少錢來求齊白石畫畫呢？兩塊錢。齊白石認為太少了，畫活的動物都不夠，就替他畫了三個鹹鴨蛋，其中一個還只是個空蛋殼。

求畫的朋友一看，認為太寒酸了，就對齊白石說：「這麼著，我再掏五個銅板，你給我加一隻蟈蟈怎麼樣？」

齊白石說：「畫蟈蟈可貴了，一隻至少要十個銅板，這麼著，

我給你加隻蒼蠅吧。」

就在前幾年，這幅畫因為有了這隻蒼蠅多賣了 200 萬元。

看到這則趣聞，我有一個感慨：如果當時這位朋友掏了足夠多的錢讓齊白石畫了一隻大大的鴨子，也許還沒有現在這幅畫值錢呢。你看，**斤斤計較有時候會逼出一個小小的創新，再加上時間槓桿，說不定就能產生巨大的價值。**

金錢觀

有個朋友的孩子要去上大學了。他說，我想告訴孩子正確的金錢觀，但是該怎麼精簡地表達呢？我就把電腦科學家吳軍老師的一套說法推薦給他，很簡單，就五句話。

第一句，錢是老天爺存在你那裡的，不是給你的，回頭你還要還給他。

第二句，錢只有花出去才是你的。

第三句，錢和任何東西一樣都是為了讓你生活得更好，而不是帶給你麻煩的，帶來麻煩的錢，不能要。

第四句，錢是靠賺出來的，不是靠省出來的，而賺錢的效率取決於一個人的氣度和格局。

第五句，錢是花不光的，但是可以透過投資或者投機迅速花光。

這五句話總結真精彩。說白了，錢太顯眼了，往往會遮掩我們的目光，而吳軍老師的五句話都是在提醒我們**越過錢的本身，看到它的本質實際上是什麼，一不小心又能帶給我們什麼。**

經濟學

很多人對經濟學有個誤解，以為它是教你怎麼賺錢，其實上，經濟學只是一種把我們從日常直覺中拯救出來的看問題方法。

什麼是日常直覺？就是簡單地以自我為中心趨利避害。

比如說，我們總覺得婚姻美滿是好的，所以就勸夫妻不要離婚；我們總覺得失業是不好的，所以盡量不讓企業解雇員工。其實，離婚是因為兩個人過得不好，解雇員工是因為企業根本活不下去。僅僅阻止結果是沒有用的，**這就需要跳出個人的日常直覺，從一個更客觀的角度來看真實世界的運作規律。**正因如此，經濟學的結論經常毀了價值觀。

我的體會是，學一些經濟學知識不見得能讓你多賺錢，但肯定能讓你少受騙。

精確

項飆和吳琦的《把自己作為方法》書中提到，為什麼很多人對音樂和數學特別癡迷？因為它們超越了文化和語言，符合人類大腦的某種內在結構。

一首音樂好聽，一道數學題解法很精妙，全世界各個文化裡懂的人都欣賞得了那種美。更重要的是，音樂和數學都兼顧了精確性和創造性。

數學不用說，肯定是精確的，音樂也是一樣。彈鋼琴的時候，

半個音節錯了就是錯了，懂的人都聽得出來，是沒辦法蒙混過關的。但是，在這種精確性的基礎上，又有很大的創造性發揮空間。

你看，**過去我們認為，一個東西有魅力是因為它有創造性的空間，其實還有一個條件，就是需要精確。**

競爭

過去，教育的目標只有一個，就是把人類社會積累的經驗和知識傳遞下去，說白了就是智商教育。

過去的社會競爭主要取決於一個人的單體技能，你的智商越高、越厲害，競爭的優勢就越大；而教育扮演的角色是一個人的充電站和加油站。在未來，競爭的成敗主要看你所處的關係網絡以及你和這個網路配合的能力，所以未來的情商教育越來越重要。

阿里巴巴上市時，製造了無數的千萬富翁。很多人覺得阿里巴巴的員工是幸運兒，潛臺詞就是他們不過是運氣好，憑什麼這麼有錢？其實這沒什麼不公平的，因為人家所在的關係網絡是對的。單個人的能力，或者說聰明，漸漸的已經不是競爭的決定性因素了。

競爭策略

聽老人說，當年過集體生活的時候，物資匱乏，吃食堂有一個經驗：「一半，二平，三溜尖」。

什麼意思呢？第一碗飯只能盛半碗，因為剛上來的飯很燙，盛半碗散熱快，很快吃完就可以去盛第二碗。第二碗飯沒那麼燙了，就可以狼吞虎嚥，但也是平平一碗就可以了，目的是有機會搶盛第三碗。第三碗飯就要能盛多少是多少了，所以要溜尖。

這種生活經驗，我們以後的人再也用不到了，不過作為一種競爭策略，還是很有參考價值。

競爭的每一個階段裡，我們要盯著兩個變數，第一是環境本身的變化，就是飯燙不燙的問題。**第二是這一輪的行動能不能幫助我們在下一輪競爭中得到領先優勢**；和這兩個變數相比，當前這一局的輸贏其實並不重要。

競爭對手

在阿里巴巴前 CEO 衛哲的一篇文章裡，我看到一件有趣的事。有一次，馬雲帶隊去美國考察，見到了很多公司的一把手。通常他都會問一個問題：「誰是你們的競爭對手？」一路問下去，最後問到了 Google 的創始人賴利·佩吉，卻得到了奇怪的答案。

賴利·佩吉說，是 NASA 和歐巴馬政府。

這是為什麼？賴利·佩吉的解釋是：「**誰跟我搶人，誰就是我們的競爭對手。**」

其他公司搶我們的工程師，我們不怕，我們可以開更高的薪水搶回來。可是我們的工程師去 NASA 或者歐巴馬政府工作，他們可以忍受只有我們這裡五分之一甚至更低的薪水，我們還搶不過，這

就麻煩了。這說明，雖然 Google 描繪了一個很大的夢想，但是還有別的地方夢想更大，做的事更好玩，所以才說誰跟我們搶人，誰就是我們的競爭對手。

境界

清末的湖廣總督張之洞有一句名言：「我平生有三不爭，一不與俗人爭利，二不與文士爭名，三不與無謂人爭閒氣。」這話說得在當時就有人拍案叫絕。當然，他自己也不見得做到了。

這三個當中，最難的就是「不與無謂人爭閒氣」。爭名爭利都是為自己爭、為未來爭，爭的是增量，爭一爭倒也無妨。爭閒氣就不同了，因為它是為身外之物爭、為過去爭，爭的是存量。

有一位老前輩跟我說過，**人的境界是看他怎麼定義自己的尊嚴**。有的人被別人看一眼就覺得被觸犯到了尊嚴，這就是流氓的境界；有的人受胯下之辱也沒覺得怎麼樣，這就是韓信的境界。

境界越高的人，看似沒什麼尊嚴，但那往往是因為你看不到他真正看重的東西。

就事論事

有一個剛工作的年輕人問我，同事之間說話時，有什麼需要注意的。我覺得只有一個，就是**永遠保持建設性立場，就事論事，解**

決問題。這個原則看似簡單，要做到其實不容易。

有幾種類型的話是堅決不能說出口的，第一種是講資格，比如「你沒有孩子，你有什麼資格討論教育問題」。第二種是講動機，比如「我這是為你好」、「你說這句話到底是什麼意思」，這都是從動機角度討論問題。第三種是講道德，「你上個月不是這樣說的，你怎麼出爾反爾」。第四種是講責任，「這件事情不歸我管」。

你發現了沒有，這四種類型──**講資格、講動機、講道德、講責任本質都一樣，就是迴避就事論事地討論問題。這樣，不管說得多熱鬧，這場交流都毫無意義。**

拒絕

在工作中，跟別人學習，主要是在學習什麼？我的體會是，要學習別人的行動模型，而不是具體的做法。

我時常不得已得拒絕別人的請求，比如邀請我去參加活動，我卻沒辦法去。那怎麼拒絕呢？態度謙和、禮貌就夠了嗎？

最近我就看到了一個很好的行動模型，簡單說就是兩步。**第一步要說對不起、抱歉。這個我們都會，但是別忘了還有第二步叫「你可以」，也就是指出對方還可以從哪方向獲得幫助。**比如你請我，我沒辦法去，但是我建議你去請請誰，或者你換個什麼時間再來找我，或者你可以用什麼樣的替代方法等等。

只有在拒絕裡包含了這兩步，才能讓對方體會到真正的善意和建設性，並且不讓拒絕成為對交情的傷害。

具體

插座 App 創始人何川曾說，**過得幸福的前提是學會具體。**

比如，你說「我要多讀書」，這個目標是不對的，因為它不具體，具體的方式是本週讀完某本書的第二章。再比如，你說我要找一份好工作，但這還是不具體，具體的方式是：我必須進到某個行業，專注某個技能，做到什麼水準。你說，我下定決心要斷捨離，這還是不具體吧？具體的方式是：哪幾件東西今天一定要扔掉。

這段話說得有意思。很多人以為，人生的選擇要麼是眼前的苟且，要麼是詩和遠方，其實這個選擇沒那麼重要。真正重要的選擇是選擇抽象還是具體，如果選擇眼前，那請問你要用多長的時間達到眼前的目標？如果選擇遠方，去多遠？要怎麼去？

只要具體，在哪裡都不會是苟且，去哪裡都不會是不切實際的妄想。

決策

做決策之所以難，並不是因為搞不清楚選擇的利弊，而是有兩個干擾因素：第一個因素是大量的包袱，比如你的習慣、你的既得利益等等。第二個因素是各種情緒，比如焦慮、恐懼、厭惡等等。

所以，**做一個重大決策有一個很巧妙的心法，就是要想辦法啟動旁觀者心態。**比如，假設這件事發生在你朋友身上，你幫他出主意，你是支持還是反對。再比如，假設是十年後的你給現在的你建

議；再比如，不只是去想選擇哪一個好處大，也可以反過來想想放棄哪個你比較捨不得。

這些方法的目的，都是讓你**抽離出來，擺脫存量因素和情緒因素的影響**。

決策模型

最近我看到了一個非常簡潔的決策模型，叫「**小事抄作業，大事憑感覺**」。

所謂小事，就是今天穿哪一套衣服、中午叫什麼外送，做這類決策的方法就是「抄作業」，別人怎麼處理我們就怎麼處理，不值得費心。那大事呢？比如說選行業、選伴侶，怎麼決策？要相信感覺，問自己喜歡、不喜歡，而不是算計。

你可能會說，這裡面怎麼都沒有理性的空間？我看到的下一句話很精彩：「**人類的理性不是凌駕在感性之上，而是為感性買單的。**」什麼意思？

你根據自己的熱愛，也就是用感性做了選擇，一旦將來遇到挫折，理性就會第一時間跳出來解決問題。反過來，如果最初的選擇過於理性，一旦遇到問題，你的感性就會跳出來拖後腿。所以，**跟我們的直覺不一樣，人類有理性當然很珍貴，但是在決策的時候，感性比理性重要**。

開放

奧地利哲學家路德維希·維根斯坦是個富二代，年輕的時候為了研究哲學，他想找一個不受打擾的地方安靜思考，於是就去挪威的一個小木屋裡一個人待了一年多，結果收穫不大。

隨後第一次世界大戰爆發，他迫不及待地想上戰場，但仗沒打多久就被俘虜了。在戰俘營那種最混亂的環境中，他反倒靈感大爆發，完成了《邏輯哲學論》這本書。這本書在哲學界地位很高，被一些人認為是澈底解決哲學問題的書。

你看，在最封閉的狀態下想不通的問題，反而在亂糟糟的戰俘營裡想通了。

這件事給我們的啟發是，你要是想做一個創新工作，抱定任何原則封閉地去做，說不定效果最差。**創新往往是在一個開放格局下四處亂撞的偶然結果，而人類文明發展的基本方向是開放。**

開會

有一種開會方式，是替每個人準備一份備忘錄，備忘錄包含這個會議要討論的主題、會議的基本情況等等。會議開始時，所有人都別說話，先靜默讀完這份備忘錄。據說發明這個方法的人是亞馬遜創辦人傑夫·貝佐斯。有他參加的會議，這段靜默時間最長居然能長達半個小時。

你可能會說，開會難道不應該是大家先分頭做好準備，然後帶

著理解資料後的想法以及成熟的意見來開會嗎？對，但那是理想情況。在真實世界裡，太多人的日程是被排滿的，他們根本就沒時間準備。與其逼著他們在會議中表演熟悉情形、深思熟慮，還不如誠實一點，乾脆在開始的時候特地給大家一點時間，專注去瞭解情況、整理想法，這樣反而效率更高。

你看，**有時候增進效率的方法也很簡單，就是放棄想當然，正視現實。**

開卷考試

說到學習，我的朋友老喻有一個很有趣的角度。他說，未來的學習本質上都是作弊，都是「開外掛」。為什麼這麼說？過去學習的目的是要把知識裝進自己的腦袋裡，好來應對挑戰，但是未來呢？知識的量那麼大，你不可能都裝進自己的腦袋裡了。學習的目的是知道哪些知識在哪裡，以什麼形態存在，怎麼樣才能找到它們，用什麼代價能運用，這就行了。

他舉了一個例子，你學了一個學期的德語，現在要考試。老師說是開卷考試，你可以帶所有的參考資料，字典、參考書什麼都可以，那請問你該怎麼做？

你應該跟老師確認一下，真的什麼資料都可以帶嗎？老師說可以，那你就應該帶一個德國人。

你看，**未來世界比拚的，不再是你的腦袋裡有什麼，而是你能如何運用人事物來幫你「開外掛」。**

抗壓

有一次，我和一位心理學家聊天。他說，人是怎樣培養自己的抗壓能力呢？最好的辦法就是培養一門愛好，不管是養花、釣魚還是潛水、集郵都行，但是你的愛好要符合兩個條件：

第一、沒有任何功利動機。

第二、你得在這個愛好上花大量的心力和時間。

從前，我們對這種愛好的理解就是打發時間，甚至是玩物喪志。但是這位心理學家卻說不是，這種愛好對一個人來說，其實是一種內在的人格建設。這個**用心血澆灌出來的一個小世界**，平時看起來**沒有什麼用處，一旦人遇到了外部的重大衝擊，比如說遭遇事業挫折，因為有了這個內在小世界，人格就不至於崩潰，而從外在顯現出來的，就是這個人的抗壓能力特別強。**

說白了，一個人在這個世界上，總得有一些捨不得的東西，**我們擁有的其實不是我們自己，我們捨不得的才是我們自己。**

考場邏輯

一般來說，我們都覺得好學、上進這件事肯定是對的，可是你會發現，一個人如果已經大學畢業了，還整天把學習這件事掛在嘴邊，說不定反而是件壞事。

我就認識好幾個這樣的年輕人，表面上謙遜好學，但是和周遭的人相比，反而顯得能力比較差。為什麼？其實並不是真的能力有

問題，而是他們有錯誤的思維模式：「我還沒準備好，我要繼續學習，磨刀不誤砍柴工[6]」。可是你想，這個社會上哪件事情是準備好了才去做的？這樣的想法就等於是耽誤做事了。

所以大學畢業之後，在生活中就不能遵從學生時代的考場邏輯了。**考場邏輯指的是只要努力學習、認真準備，你就會取得好結果。實際上，社會生活中的贏家邏輯是先鎖定一個目標，先做再說，邊做邊學邊想辦法。**

學習從來不是一件單獨的事情。

考試

有一次，我在某公眾場合遇到一個年輕人，他說特別想加入我們公司，說了一堆嚮往的話。我就問他，那你說說你自己吧。他說，「我有對知識的好奇心」、「我能刻苦耐勞」、「我在團隊工作中和同事配合」、「我能按時完成工作目標」等等，反正就是面試時包裝自己的那些話。

我說：「好，那你把履歷寄到我們公司信箱吧，我同事會安排你的面試的。」

他問：「你們的公司信箱是？」

我說：「網路上有。」

他說：「我找了半天，也找不到你們的信箱。」

6　比喻事先做好準備，就能提高辦事效率。

　　這件小事讓我很感慨。其實，不是說這個年輕人能力不足，而是他的思維方式是被考場培養出來的。

　　他習慣了準備得很好的考場，他自己只需要在考試鈴聲開始之後，好好表現自己。他沒意識到，**出了學校之後，考試無處不在，考試隨時可以開始。**

　　在成人的世界裡，沒有考試鈴聲。

考研究所

　　很多大三學生要面對一個選擇：「到底是該找工作，還是該考研究所？」我發現，很多人是用存錢的心態對待考研究所這件事的：我要參加社會競爭了，那我的準備夠不夠？好像還不夠，那我再去考個研究所，多累積知識、資歷和準備時間。你看，這不就是存錢心態嗎？

　　還有一個看待這件事的模型，那就是投資模型。**我要把未來兩到三年的時間當作一個投資，那我要投資什麼？**如果選擇讀研究所，那就代表你已經充分瞭解了未來你要從事的那個職業，比如做學術研究，學歷高是一個核心競爭力，所以值得你投資兩、三年的時間提高學歷。如果直接去工作呢？這意味著你投資的方向變了，你未來從事的那個職業核心競爭力是經驗，所以要投資更多的時間去獲取從業經驗。

　　這麼一想，就不用那麼糾結到底要不要考研究所了。

可靠

　　一位人力資源業的資深人士說，自己辨別一個人可不可靠的方法很簡單，就三個：

　　第一，看這個人在面對一個突如其來的任務時，第一反應是什麼。是傾向於行動，還是傾向於反抗？有人的直覺是批判這個任務不合理，有人是馬上找解決方案，那當然後者比較可靠。

　　第二，看這個人用什麼態度對待地位明顯不如他的陌生人，比如餐廳服務人員。

　　第三，問我們自己，如果我和這個人一起出差遇到了飛機誤點，我願意和這個人在候機室一起待幾個小時嗎？

　　這三個問題說明什麼？**第一、這個人有上進心；第二、這個人有善意；第三、這個人有吸引力。**三點都符合，這人不會差不到哪裡去。

　　其實，每個人的自我修練也可以參考這三個方面來進行。

科學和技術

　　1931 年，愛因斯坦和他的妻子到美國加利福尼亞州的一個天文臺參觀，那裡有世界上最大的望遠鏡。

　　天文臺的人跟愛因斯坦夫婦介紹這個望遠鏡有多麼昂貴、多先進，天文學家是怎麼用它研究宇宙等等，愛因斯坦的妻子愛爾莎冷靜地說：「嗯，挺好，我老公只需要一個舊信封的背面就可以完成

這件事。」意思是哪需要什麼望遠鏡，我老公純粹靠思想和紙張推演就可以。

這個故事，可以幫助我們理解科學和技術兩者的區別。過去我們都說科技是把科學和技術混為一談，其實**科學更可以說是一種思維方式，而技術是一種實踐體系。**

科學發展靠的是一群不以實用為目的的聰明腦袋，而技術發展靠的是大量的實踐、混搭、跨界、試錯。

科學人

我個人認為，中國最好的科學脫口秀專欄是「卓老闆聊科技」。我特別喜歡卓克老師的開場詞，他說，知識這東西就得經常核實和訂正，尤其是那些從別人那裡聽來的知識。

有一次我問他：「從你那邊聽來的知識需要隨時訂正，那沒有訂正能力的人，不就在腦袋裡裝了許多錯誤嗎？」

他說：「對啊，這沒辦法，只能錯下去，保持學習，直到有機會發現那個錯誤。」

卓老闆的這句話其實說到了科學最深處的精神。**科學的神奇之處不是製造了一堆新知識，而是製造了一種新人類。其他人堅信自己知道的是對的，科學人則堅信自己知道的隨時有可能是錯的**，這中間有一道觀念鴻溝。我聽卓老闆的節目，不只是為了學知識，更是為了跨過這道鴻溝。

可持續

我們經常說，要做可持續的事，那什麼是可持續的事？

其實有一個簡單的標準，就是**想一下你現在做的事，將來萬一有一天你走了下坡路，它會有什麼樣的作用？**

比如，用收買和賄賂的方法獲得同盟軍，就是典型的不可持續的事。你想，純粹用金錢收買的同盟軍，他對你的忠誠度和你掌握的資源成正比。你在發展期的時候，當然沒問題，萬一哪天你走下坡路了呢？也就是說，在你最需要盟友的時候，盟友最有可能背叛你；在你遭遇危機的時候，危機恰恰會被加重。

你看，一件事的好壞不僅在於它在道德點上能否立足，還在於你可能親手埋下了一個嚴重的隱患。未來發生的危機看起來虛無縹緲，實際上非常有用。它不見得會真的發生，但它是眼下決策的一根最好的思考輔助線。

可信

作家馮唐講過獲取信任的三個要素：可靠、可信和可親，但是可靠和可信不是一樣的嗎？馮唐說不是。

可靠，是自己可靠，所謂「凡事有交代，件件有著落，事事有回音」；而可信是自己所處的社會網路對自己信任。以馮唐本人為例，他是協和醫院名醫郎景和的弟子，僅僅憑藉這個身分，他在醫學界就是可信的——還真是這樣。

　　有一次，我聽說一個朋友的公司徵司機。公司看重的不僅是司機的技術水準，還有以下三點：第一，這個人結婚了；第二，他和家人住在一起；第三，他有孩子，而且孩子是正在上學的年紀。你看，這三點都是一個人的外部社會條件，而符合這三點的人有很高機率是個勤懇工作、有責任心的人。

　　所以，**要想獲取他人的信任，不僅要自己的能力強，還要讓自己身處合適的社會網路之中。**

渴望

　　有一位教廣告學的老師說，你要是想創作一個賣水的廣告，待在雲南想是想不出來的，得先去新疆待三個月，回來就知道雲南的水好在哪了。同樣的道理，如果你要賣新疆的沙漠旅遊，先去雲南待三個月，然後就知道怎麼推銷新疆的沙漠了。這個例子講出了**過剩時代的商業核心難題──如何去製造渴望。**

　　在過去的匱乏時代，消費者的需求是很明確的，無非是食衣住行用，企業開足馬力滿足這些需求就可以了。但是在產能過剩時代，硬性的需求都被滿足了，遍地都是水和沙子，你要是不能製造出渴望，這生意就很難做了。

　　渴望這個東西難就難在它不出現的時候，消費者並不知道自己渴望什麼。

克制

趁早公司創始人、手帳設計師王瀟有一個說法,說應該「擺脫多巴胺,追逐內啡肽」。

簡單來說,你想要什麼,得到了想要的東西,身體就會分泌多巴胺讓你快樂,這是一種獎勵機制。而你做讓你感到非常痛苦的一件事,身體就會分泌內啡肽讓你不會那麼痛苦,這是一種補償機制。例如,打遊戲會分泌多巴胺,健身就會分泌內啡肽。

後來,我又看到了一個說法,「**低級的欲望透過放縱就能得到,而高級的欲望需要克制才能獲得**」。對啊,想大吃一頓,只要放縱就行了;而想要減肥獲得好身材,那就得克制才行。

你看,自己爽了,身體會分泌多巴胺;而透過克制和努力獲得了某個結果,不僅身體會分泌內啡肽補償你,整個社會也會補償你。從內到外的補償,克制還是很划算的。

刻意

近代著名書畫家吳昌碩有一句話:「不鼓努以為力,不逞姿以為媚。」這句話原本是針對篆刻藝術所說的,但是我第一次看到的時候,還是很有感觸。什麼意思呢?就是**你的力量,不能來自非常費勁的努力;你的魅力,不能來自刻意造作的姿勢**。

這番話聽起來讓人有些費解。不努力上進,哪來的力量?不刻意經營,哪來的魅力?但是當你仔細一品,會發現這番話反對的不

是努力的過程,而是我們對外界呈現自己時,過於用力、過於刻意。

　　舉個例子,我們平時練習寫作,可以極其認真、極其努力,但是在寫一篇文章時,就要按照自己謀篇布局、遣詞造句的日常水準去寫,不能一味地追求一鳴驚人。否則,不僅做不到一鳴驚人的效果,反而容易讓高手看出破綻,更重要的是,這會讓我們討厭寫作,以致最終放棄寫作。

客服

　　公司來了一個女孩面試,應徵的是客服主管。女孩各方面條件都很好,就是性格有些強勢。

　　我們就問:「你做客服不是應該性格溫和一點嗎?你這麼強勢,怎麼做客服呢?」

　　女孩說:「一個專業的客服,提供用戶最重要的價值不是態度,而是效率,也就是能迅速幫助用戶解決問題的能力。在生活中,性格溫和有優勢;但是在工作中,性格強勢的優勢更大。

　　為什麼呢?**因為工作效率的關鍵,是確認每件事的界線。**一個溫和的人被用戶罵了幾句就玻璃心,這是搞不清工作和生活的界線;一個溫和的人在該結束對話的時候很難把電話掛斷,這是搞不清自己和他人的界線。所以,性格不強勢一點,反而沒辦法勝任客服工作。」

　　不得不說,女孩說得很有道理。

客戶需求

我的社群動態裡，有一個餐廳老闆貼了一張外賣訂單，客人點了什麼呢？點了一份小份辣炒肉絲，備註卻寫著「不吃辣」，這不是難為人嗎？又過了一下子，他又貼出一張外賣訂單，客人點了水煮雞，但是備註上寫著「能多放一些豬肉嗎？」又是一個無厘頭的客戶要求。

以前我們一直認為，服務業的核心精神就是要滿足客戶的需求，但從前面兩個例子來看，客戶需求其實是非常模糊的東西。他在下訂單的時候，或許真的是想吃小炒肉絲，但是他又很怕吃辣，於是兩個自相矛盾的願望就被提出來了。

我們都當過客戶，可是我們真的知道自己的需求是什麼嗎？並不一定。很多情況下，我們更想讓一個值得信任的人或品牌提供我們一個需求。所以，**這個時代的服務核心精神，也許就是能創造出一個客戶需求，並且讓它被普遍接受。**

客體化

潤米諮詢創始人劉潤說過一種自我修養的方法：抽身來看自己，自己不住在自己的身體裡，也就是把自己「客體化」。

這麼說有點抽象，來看一個具體的例子。比如，你問自己一個問題：「如果我是老闆，會聘用我這樣的人嗎？」這是一個很神奇的問題，看起來很簡單，但是很多人一想這個問題，馬上就會嚇一

跳。對啊，我這麼懶、這麼小心眼，我要是老闆，肯定會開除這樣的人。

這個問題你還可以接續問：「如果我是老闆，會讓我這樣的人升職加薪或者獨當一面嗎？」答案放在自己心裡就好。你看，這就是客體化。**把自己當成另外一個人，馬上你就能獲得一個更冷靜客觀的思考。**

課程

中國教育家李希貴校長有一個洞察。他說，**學校是用來做什麼的？是把複雜的未來社會壓縮在一個小環境裡，讓學生在進入社會之前提前體驗一遍。**

你看，其實學校也是很複雜的，裡面有那麼多個性不同的人要相處，有那麼多挑戰要應對，但是學校和社會相比還是安全得多，在學校裡，學生不怕失敗，可以安心地試錯。

理解學校的這個本質，就可以重新定義什麼是「課程」了。課程不僅是把知識裝進學生的腦袋裡，課程的作用還體現在把社會的某些方面用非常濃縮的方式展現給學生，讓學生提前感受一下，摸爬滾打一番，發掘出自己的潛能。比如說，電腦課不是真的要讓學生把自己的電腦知識水準提高到一定程度，而是讓學生提前知道自己喜不喜歡電子計算機。

你看，**課程不僅是知識的「注射器」，還是學生自己的「體溫表」。**

恐懼

我曾和一位心理學家聊天，他說，人類最不好的情緒就是恐懼。富蘭克林・羅斯福不是說過嗎，我們唯一值得恐懼的，就是恐懼本身。

為什麼？因為人類的情緒是在進化過程中形成的，本來都有其作用。比如恐懼，一旦遇到危險情況，不管三七二十一，掉頭就跑，就可以避免被傷害。

進入現代社會之後，情況變了。遇到不好的事情，你跑，要往哪裡跑？每一個人都被財產和社會分工限定在某個位置上，遇到事情最好的辦法是硬著頭皮去解決問題，而不是跑。所以，幾百萬年進化來的恐懼本能反而成了我們的拖累。

每一次不由自主的恐懼，比如怕無法完成任務、怕丟臉、怕被老闆罵等等，回頭一看，**它所造成的傷害，比真正發生那個後果所造成的傷害還要大。**

恐懼清單

少楠寫了一張有趣的清單——恐懼清單。簡單來說，就是遇到一件恐懼的事情時，我們可以參考它去思考的七件事。

一、事情的定義。

二、我對它的恐懼程度。

三、我現在能想到的預防措施。

四、如果無法預防，那我的修復措施是什麼。

五、我嘗試修復它能帶來什麼好處。

六、如果不嘗試修復它，半年後的代價是什麼。

七、如果不這麼做，三年後的代價是什麼。

你可能會說，把這個清單列出來，把答案填上去，能有什麼好處呢？首先，把一個巨大的未知問題變成很多具體的小問題，本身就是邁向解決問題的一大步。其次，在恐懼面前，我們原本只能做應激反應，要麼戰鬥，要麼逃跑。而列出這張清單最大的好處就是，終於運用理性的力量，可以著手解決問題了。

控制力

美國有一家公司，在每次招聘員工並培訓之後、簽約之前，會給這些人一個選擇：如果你不喜歡我們公司的做事方式，現在就辭職，我們給你 1000 美元。如果選擇不辭職呢？那好，再加。這個辭職獎金後來居然加到了 4000 美元，但是大部分的人還是留下了，而且留下的人都做得很好。

這個制度有兩個用處。首先，是把真正喜歡這個公司的人篩選出來了，如果你只是為了錢，給你錢了，可以走人了啊。但更重要的是，讓每個人在心底權衡——我是損失了 4000 美元，自願付出了代價，才加入這家公司的——當然工作積極性就不一樣。

你看，**改變一個人的看法，最終的途徑不是說服，而是讓他覺得這件事是由他自己控制的。**

口頭表達

在微博上看到作家阿城的一段話：「二十年前，有一個小冊子叫《中國閑話閑說》，內容是中國世俗和中國小說。那本書是臺灣時報出版社的經理跟我約的一本書，我就把歷次關於這個話題的講演集合在一塊，反映了上個世紀 90 年代初聽眾的水準。」

你有沒有覺得奇怪？他說這本書「反映了上個世紀 90 年代初聽眾的水準」。一本書，反映的應該是作者的水準，怎麼反映的是聽眾的水準呢？事實上，你要是理解了阿城這句話，就理解了書面寫作和口頭表達之間的核心區別。

書面寫作是寫自己想寫的，對象感[7]**可以任意設定，甚至可以設定成不給人看；但是口頭表達不行，口頭表達必須有對象，而且必須能讓對象聽得懂。**所以，阿城才說，這本演講集反映的不是我的水準，而是 20 世紀 90 年代初聽眾的水準。

誇獎

我們都知道一句話：「好孩子是被誇獎出來的」，凱叔講故事的創始人王凱說，這句話沒錯，但是怎麼誇，這是有學問的。

比如，你不能誇獎孩子很聰明。為什麼？因為聰明是一種稟賦，你誇他聰明，其實把孩子鎖定在一個自我認知上：「哦，我是個聰

7　指人跟人之間一對一交談時應有的自然反應。

明人，我要不斷證明自己我很聰明，凡是看起來很傻的事情都不能做」，孩子對陌生事物的探索能力反而被限制住了。

那應該怎麼說呢？你想讓孩子往哪個方向發展，你就朝哪個方向誇獎他。比如「你現在彈鋼琴的姿勢非常優雅」、「你這次很努力，果然有進步」、「你居然這麼關心其他人」，這種誇獎方式就會給孩子一種推進自我的方向感。

不僅是孩子，成人也一樣，每個人都需要被肯定。如果被肯定的是現狀，他就會傾向於維持現狀；如果被肯定的是方向，他就會傾向於維持努力的方向。

框架

看了一本有趣的書，叫《別想那隻大象》，書中有一個觀點：有人對你說，請不要想像一隻大象，做什麼都行，就是不要想像一隻大象。你會發現，沒有人能夠做到。因為每一個詞語其實就是一個認知框架，一旦說出來，就是喚醒。不管你是肯定還是否定，你都已經在框架中了。

我們在日常生活中，最需要警惕的就是按照別人提供的框架想問題。雖然你覺得贊成和反對是你自己做主，但實際上當家的人不是你，而是給你這個框架的人。 比如說，有人說尼克森是個騙子，尼克森在電視節目上就反復解釋我不是個騙子，結果所有人都認為他是個騙子。

分辨不同的語言框架，是一種基本生存能力。

匱乏

《小王子》裡說，「真正重要的東西用眼睛是看不見的」、「沙漠之所以美麗，是因為它在某個地方隱藏著一口水井」。

我們通常覺得一件事物很重要，說到底是因為匱乏。比如我要是缺錢，錢就重要；我要是病了，健康就重要，但是當我們置身事外看一個對象——一個公司、一個城市時，我們通常都看不到真正的重點。為什麼？不是我們不瞭解資訊，而是我們不知道那些置身其中的人正在為匱乏什麼而焦慮。

《小王子》給我的一個啟發是，**我們不能輕率地說自己瞭解一個人，再熟悉也不行。除非我們真的明白了他內心匱乏的東西是什麼，以及他正在透過什麼樣的努力彌補這種匱乏。**瞭解一個人和瞭解一塊沙漠一樣，我們得知道隱藏的水井在哪裡。

垃圾筒

你有沒有想過一個問題：「人為什麼要把垃圾丟在地上？」

答案有三個選項：A. 人的素質太低、B. 地球的萬有引力大、C. 垃圾筒的魅力不夠。

我們的直覺是什麼？當然是 A 了， B 和 C 都太扯了，但是英國有一個組織選了 C——垃圾筒的魅力不夠。他們的理由很簡單，如果你選 A，那要解決這個問題，就要改變成千上萬的人，辦不到嘛；如果選 C，那只要改變為數不多的垃圾筒就可以了。站在做事

的人的角度，這才是正確的邏輯。

這個題目的三個答案，**其實是三種看待世界的角度：袖手旁觀的評論家選 A，一切都是別人的錯；沒有人文精神的人選 B，一切都是客觀規律；做事的人選 C，他們總是能找到一個改變世界、馬上去做的起點。**

辣椒

辣椒為什麼會辣？因為裡面含有辣椒素。那辣椒為什麼會演化出辣椒素呢？肯定是為了防止被動物吃啊 —— 這是辣椒的防身武器，但是這個策略，遇到人類就沒用了 —— 人類愛吃辣。

請注意，辣的感覺不是味覺，而是痛覺。說白了，愛吃辣，是人喜歡上了受傷害之後帶來的快感。

你看，人類這個奇葩物種被辣椒遇到了，算它倒楣。但問題是，辣椒真的很倒楣嗎？並沒有。人類愛吃辣，導致現在全球辣椒種植面積約 200 萬公頃，年產量約 4000 萬噸，辣椒因此成了植物界非常成功的物種。

發生在辣椒身上的這個故事真是「禍福難測」這個詞的最好注腳，它也順便告訴我們一個道理：**自己有什麼本事很重要，但跟什麼人配合進化更重要；自己能抵擋傷害很重要，但跟一個厲害的傢伙結成夥伴更重要。**

欄杆

股神巴菲特有一句名言：「在投資方面，我們之所以做得非常成功，是因為我們全神貫注於尋找我們可以輕鬆跨越的 1 英尺欄杆，而避開那些我們沒有能力跨越的 7 英尺欄杆。」

你看，這句話裡，有兩種做事的方法，一種是所謂跨越 7 英尺的欄杆，凡事找最難的去做，這只適合那些極有天賦的人，還有一種，就是尋找那些難度較低的 1 英尺欄杆。

這可不是避重就輕，首先，你得找到很多根這樣的欄杆；其次，你得找到跨越它們且可重複的簡單動作。**簡單、重複，就能取得超乎想像的回報，這種方法其實更適合我們普通人。**

懶螞蟻效應

我聽說有一個詞叫「懶螞蟻效應」，這是在說一個螞蟻群裡有 80% 左右的螞蟻在認真工作，整理蟻窩、找食物，非常忙碌；還有 20% 的螞蟻什麼工作都不用做，這 20% 就叫「懶螞蟻」。

螞蟻群中，是沒辦法缺少這些「懶鬼」的。牠們閒逛，實際上是在四處碰運氣，尋找額外的食物；牠們的行動沒有特定的目的，保持和群體的差異化。雖然**平時牠們沒什麼貢獻，一旦原先的食物源頭枯竭了，想要拯救螞蟻群，就得靠這批見多識廣的懶螞蟻了。**

這麼看來，人類當中那些愛發表奇談怪論的思想家，其實也是「懶螞蟻」。他們整天研究一些沒什麼用的問題，但是他們的作用

也很大。**一方面，他們是在探索人類未來的生存通道；另一方面，他們也在為現在的文明方式保留珍貴的差異化。**

勞力士

有一篇文章說，黑社會老大的手上要戴勞力士錶，背後有三個原因。

第一是因為勞力士很貴，如果這些黑社會老大要跑路，那變賣這塊隨身的錶還能謀生，或許還能藉此東山再起。但是，比勞力士貴的錶有很多，為什麼非得選擇勞力士呢？這就牽涉到第二個原因了。

勞力士的變現能力最強，在世界各地的賭場裡，勞力士都是強勢貨幣，隨時可以換成錢。其他的錶雖然貴，但是沒有這種便利性。

那第三個原因呢？所有黑社會老大都戴勞力士，某個老大如果變賣過勞力士，要在東山再起之後，按照 1.5 倍的價格把它贖回來，否則不吉利，這已經是黑道的一種文化。

一個東西想要流行起來，總是要經歷這三個階段：先提供價值，再讓價值具備通用性，最後讓價值昇華為一種文化，反過來還能強化價值本身。

老闆

有一位老闆跟我說了他的心得。他說，什麼叫管理好企業，就是老闆從「踩油門的人」變成「踩剎車的人」。

絕大多數老闆覺得自己相當了不起，是企業的「靈魂」、「舵手」、「發動機」，無所不能。其實這是因為他們根本就沒辦法讓每一個同事都有自我驅動的能力，所以只能累死自己。更重要的是，這樣的企業很容易發生意外，因為老闆是「踩油門的人」，那一旦方向錯了，或者速度加快了，就沒有任何給他「踩剎車」的力量了。

真正的好團隊，這個關係是倒過來的：人人都能自我驅動，每個層級都有活力，老闆只做一件事——「踩剎車」，透過調節資源，制止那些過激的做法。

那位老闆總結說，**管理，管什麼不重要，重要的是能夠激發活力；做正確的決定不重要，重要的是少犯錯誤。**

老年生活

日本國寶級醫師日野原重明寫了一本書，書名叫《獻給擁抱生命的你》。這位老先生一百歲的時候開始寫詩，一百〇二歲出版了自己的詩集和童話繪本，一百〇三歲的時候第一次挑戰騎馬，一百〇五歲寫了這本書。

這本書最讓我動容的，是這兩句話：**「如果壽命足夠長，我們**

就可以獲得足夠的時間來探索未知的自己。雖然一個人不可能澈底明白自己，可是越來越瞭解自己所帶來的喜悅，遠遠勝過年老體衰的痛苦。」

這句話真好，因為它回答了一個問題：當我們變老的時候，是不是一切都變得越來越糟糕？並不是，至少有一件事是變得越來越好，那就是我們對自己的瞭解。對啊，歲數越來越大，瞭解世界的能力肯定是下降了，但對自己的探索是可以漸入佳境的。

你看，**如果想要老年生活過得快樂，就得有探索自己的習慣和樂趣。**

樂觀主義者

越戰期間，有很多美國軍人當了俘虜，有的人活到了戰後，有的人則沒有。《基業長青》的作者詹姆・柯林斯拜訪其中一位活下來的軍人時，問道：「你是怎麼熬過來的？」這位軍人想了想說：「我從不懷疑我可以出來。我有這個信念。」

「那什麼樣的人沒能出來呢？」

這位軍人回答：「就是那些樂觀主義者。」

詹姆・柯林斯說：「你說堅信自己能出來，所以出來了，又說樂觀主義者死得快，這不是自相矛盾嗎？」

這位軍人說：「不矛盾啊，那些樂觀主義者並不是真正有信念，他們只是天天在想，今年耶誕節之前，我一定出得去；復活節之前，我一定出得去……然後反復失望，最終就憂鬱了。」

真正的樂觀主義者，不是對任何結果有所預期，而是有一種毫無來由的信念。

冷漠

我讀人物傳記時有一個心得，就是厲害的人性格當中都有點適度的冷漠。在一般的觀念裡，我們都會頌揚熱情的價值，貶低冷漠的價值。但**熱情是什麼？究其實質，它是一種總想和別人融為一體、獲得認可和安全感的情緒，而冷漠這種情緒正相反，它在隔絕和其他人的聯繫，專注於確立自己的存在價值**。比如，史帝夫・賈伯斯不做公益慈善，前 GE 執行長傑克・威爾許公然說「我不需要員工喜歡我」。

混沌大學創辦人李善友教授的一句話對我觸動也很大。他說：「我歲數越大就越不在乎別人的看法，在別人看來就是我越變越壞了。」表面上看，他是更「壞」了；實際上，他只是不想受外界干擾，更專注於自己了。從這個意義上講，冷漠也是一種正面的力量，只是長期被我們漠視和低估了。

李白

看到作家張大春對李白的一段評價，有一點莫名的感動。

他說，李白這一生，當官沒幾天，總是和那些底層官員交往，

什麼縣尉、參軍、別駕、司馬都是小官，比如那首「桃花潭水深千尺，不及汪倫送我情」，汪倫就是個縣官。

李白留下來的詩不到一千首，大部分是為這些小官寫的，最具才情的名作也是這部分。

張大春說，這些小官是士大夫階層的邊緣人，生活本來沒有什麼希望，只有李白願意把自己的才氣布施給他們，所以說李白「於無可救藥之地，療人寂寞，是菩薩行」，這是大慈大悲的菩薩行為。

在沒有什麼目的性的地方，專注而認真地為自己也幫別人找到意義，這是一個人最好的活法。

理想

我認識一個旅行品牌的老闆，他的品牌很「高大上⁸」，會讓你聯想到背包客、遠方、一次說走就走的旅行等等。可是做這些事的人畢竟是少數，只做這些人的生意，公司不就賠了嗎？

那位老闆跟我說，資深旅行者對他們業務的貢獻不到 10%，其他 90% 其實都是沒有什麼時間去旅行，但是有旅行理想的人所貢獻的。說白了，他們買這些產品不是為了旅行，而是為了買一個理想、買一個符號，但這不是沒有用。

就像我，每次買書都一大批、一大批地買，其實真正能讀的可能也就是 10%，剩下的只是翻翻而已。

8　為高端、大氣、上檔次（意近高品質、上得了檯面）的簡稱。

那些翻翻而已的書會成為我求知路上的路標，也許我永遠都不會走近它們，但它們讓我的求知欲有了方向感和位置感。

理想有時候不是用來實現的，而是讓我們現在做的事變得更有意義。

理想生活

有人問詩人余光中：「李敖天天找你麻煩，罵你，你卻從不回應，這是為什麼呢？」

余光中的回答很妙，他說：「李敖天天罵我，表示他的生活不能沒有我；而我不理他，證明我的生活可以沒有他。」

當然了，余光中和李敖的恩怨沒那麼簡單，但是這段話確實說得很好。

這段話其實說出了**我們一生努力的兩個方向，第一個方向是向外努力，目標是讓更多人的生活不能沒有我，讓社會協作網路中更多的點願意主動跟我連接，也就是所謂的成功。第二個方向是向內努力，目標是讓我的生活可以沒有什麼**，比如「斷捨離」就是脫離對物的依賴，「拿得起，放得下」就是脫離對人和事的依賴。

一個人的理想生活境界其實應該同時包括這兩個方面，別人對你「拿得起」，而你自己「放得下」。

理想主義者

大多數人是怎麼過一生的？日本作家中島敦說：「因為害怕自己並非明珠而不敢刻苦琢磨，又因為有幾分相信自己是明珠，而不能與瓦礫碌碌為伍。」你看，耽誤自己最重要的原因就是猶豫。

我所見過那些厲害的人都有一個特質，就是莫名其妙地堅信自己一定能把某件事做成，雖然細究起來，他也沒有什麼理由。

那怎麼判斷一個人是不是堅信自己的目標呢？看兩點就行：第一，他是不是有一個多年來一直在說的理想；第二，他是不是一直在做一些腳踏實地的事，也就是做著髒活、苦活、累活來實現這個理想，即所謂「在雲端裡寫詩，在泥土裡生活」。

理解了這個狀態，我們就可以讀懂作家木心的那句話了。他說，**「生活最佳狀態是冷冷清清地風風火火」**，這才是一個真正的理想主義者的樣子。

歷史

讀歷史的時候，你經常會發現，作者口口聲聲講人類如何如何，實際上，今天的人和工業化之前的人完全不是同一個物種。

英國歷史學家艾瑞克‧霍布斯邦在一本書提到，18世紀末期，義大利一個地方徵召士兵，身高不足150公分的人占了72%。可別覺得個子矮、營養差的人就一定體能弱，那個時候的歐洲士兵全副武裝，以每天50公里的速度連續行軍一週是家常便飯一樣的事情，

現今的特種部隊要經過訓練才能達到這個水準。

這確實對我們理解久遠的歷史造成了很大的困難。比如，現在的中國人要想理解春秋時期中國人的精神狀況，或者唐宋時代中國人的選擇，用簡單的推己及人的做法是沒有用的。

讀書的時候我就經常感慨，**現代化像一條河，把我們和過去的歷史永遠隔開了**。

兩難

愛因斯坦曾說過，如果你遇到一個兩難的問題，那從提出問題的角度來看，其實是沒辦法回答的，你必須換一個角度，才能得到答案。

我最初看到這個說法時，覺得很費解，後來創業了，對愛因斯坦這句話的體會就比較深了。一個階段覺得是天大難題的事，過了一陣有了一個新的視角，就覺得自己原先的糾結毫無必要。

打個比方，就像一個女孩面對兩個追求者，如果還在猶豫選哪個，那原因一定不是他不清楚這兩個人的優、缺點，而是他還不知道自己到底需要一個什麼樣的人。

所以後來我養成了一個習慣，**一旦碰到兩難問題，先不選，先等等。等找到觀察這個問題的更高角度，先前的兩難馬上就迎刃而解了**。可以說，解決一切的問題都不是找到答案的結果，而是自我突破的結果。

臨床

和一位醫藥專家聊天時,我問了他一個問題:一種藥上市之前,有所謂的「一期臨床、二期臨床、三期臨床」,這些都有什麼區別?這裡的「一、二、三」是怎麼分的?

他說,表面上來看,是試驗人數的規模不一樣,但這不是重點,重點是每一期藥物臨床試驗的核心目標不一樣。一期臨床主要是看危害性,對人會不會有很大的副作用;二期臨床,雖然也關注危害性,但重點是看療效;而三期臨床,主要是看它的穩定性。簡單來說,如果它對一部分的人有效,要看對其他人是不是也有效。

你看,醫藥行業長期積累下來的這套經驗對我們也有用。**做一件事最常見的思考角度就是它有沒有用,但實際上,只要你再多考慮兩個面向,也就是它的危害性和穩定性——有沒有害處、能不能長期使用,你就會發現,很多看起來很有用的東西,你不敢用了。**

靈感

做創造性的工作最頭疼的就是,看著電腦螢幕沒有靈感,摳著手指頭卻一個字也寫不出來。那怎麼辦呢?我的同事,作家賈行家說,他的辦法是想清楚明天第一行字該寫什麼,才停下今天的工作,這樣就能確保明天一開始就可以迅速投入工作。一開始就找到了投入的狀態,想法也就源源不斷來了。

後來,我看到海明威的故事,他也一樣。一個句子,海明威寫

到一半就停下來，明天再開始的時候，面對一個殘缺的句子，馬上就有補全它的衝動，馬上就能找到繼續寫下去的狀態了。

所以，靈感不是什麼身體之外的東西，它就是我們體內的一個連續狀態。找到靈感，其實很簡單，要麼不要讓它停，要麼不分三七二十一地開始。

美國畫家查克·克洛斯有一句話：「根本沒有靈感這回事，要捲起袖子，才有藝術。」

領導力

心理學家劉嘉老師跟我說了一個有趣的實驗，讓兩隻小老鼠過獨木橋，相向而行，那就只有一隻能過去。要知道，在老鼠的世界裡也是有分等級的，所以等級低的老鼠會讓路給等級高的老鼠。接下來，科學家對讓路的小老鼠大腦做了一點改造，讓牠有勇氣，第二次再上獨木橋，這隻小老鼠就不願意讓路了。

但是，這畢竟是外力作用的結果。撤掉了外力影響，牠還會這麼有勇氣嗎？實驗表明，只要改造六次，這隻老鼠不需要任何外力作用，也可以雄起起、氣昂昂地和其他老鼠對抗了。

劉嘉老師說，可見，**最好的領導力根本不是打雞血[9]、灌雞湯，什麼情緒撫慰、團隊活動，最好的領導力只有一種，就是持續帶領團隊打勝仗。勝仗打多了，團隊對領導的信心自然就建立起來了。**

9　意指激勵人對某些事物感到情緒亢奮。

留學

我的朋友老喻，是我很佩服的一個人。

他在做一個留學生出國服務的專案，我就問他一個問題：「美國那些好大學的入門標準為什麼是不確定的？你要分數，我們華人學生有分數；你要才藝，我們可以去學鋼琴、跳芭蕾、打曲棍球。但是到頭來，優秀的華人學生還是經常被美國名校拒之門外，這是為什麼？」

老喻說，**中國大學和美國大學同樣是考試，但考的實質不一樣。中國大學考的是准入，所以要有標準，著眼點是公平。美國著名大學的考試是招聘，著眼點是未來這個學生能不能成才**。你想，公司招聘當然看的是這個人進來能不能為公司貢獻，是目標導向的，會有它的標準，但是任何公司都不會死守這些標準。

一個看入門時公平與否，一個看出門時結果如何，這可能是東、西方教育思維最大的不同。

路怒症

為什麼有人在開車的時候特別容易生氣？有一個專有名詞叫「路怒症」——在路上容易發怒的病症。過去的解釋一般是說，塞車嚴重、大都市的白領上下班心理壓力大等等，聽起來很有道理，但還是沒說出真正的原因。

後來我聽到一種有意思的解釋：人在車裡，就相當於在一個殼

裡面，和世界的資訊交互就不對等了。你能輕易地看到周邊的一切，但是周圍的人卻看不到你的表現。這種情況就有點像一邊戴著耳機聽音樂一邊跟人說話，你會不自覺地放大聲音；坐在電腦前評論別人，你會不自覺地放大情緒，很容易成為鍵盤酸民。

你看，**一點點的資訊交互不對稱，哪怕只是隔著車窗玻璃也能讓我們的行為變形，讓我們變成另外一個人。**隔著手機螢幕和世界互動時，我們就更需要加強警惕自己。

輪作

有一個詞是我們經常聽說的，叫「all-in」，就是全情投入的意思，經常被人用來表達做某件事的決心。但是，浮墨筆記的一位創始人說了一個對應的概念，叫「輪作」。

有的事像堆疊積木，全身心投入就能快速完成，但是有些事像是種莊稼，不管你多忙碌，春耕、夏耘、秋收、冬藏都是有自然節律的，急不得。怎麼辦？揠苗助長自然是愚蠢的，但等待也是無趣的，那就去做一點別的事吧——這就叫輪作。**就像農民一樣忙忙這個、忙忙那個，然後等該發生的事自然發生。**

我們得到 App 請老師其實也是這樣，一位合適的老師，從達成共識到提案大綱再到開始寫作，反覆討論，一點都急不得。所以，我們經常有一門課要籌劃一年的情況。

你看，**關於做事，看似矛盾的兩邊其實都是對的，全情投入是對的，輪作也是對的。**

麻煩

　　曾經有一家美國公司蓋了一個新的公司總部，在搬進總部幾個星期之後，員工開始抱怨電梯太慢了，而且抱怨的聲音越來越多。公司不得不重視，趕緊聯絡大樓的建築師，問電梯能不能加快速度或者增加載運量。答案是可以，但是需要幾個月的時間，也需要花不少錢，而且這幾個月裡，整個總部還不能正常使用。

　　最後，公司決定，不重新安裝電梯了，而是在每層樓的電梯旁邊安裝一面很大的鏡子。這樣，大家可以用等電梯的時間整理自己的衣著，在鏡子裡觀察彼此。就像我們現在在進電梯之前看廣告，看著看著時間很快就過去了。

　　果然，裝了鏡子，就沒有關於電梯的抱怨了。

　　你看，**在觀念世界裡，我們太習慣把一個麻煩和一個解決方法緊緊捆綁在一起，而在現實世界裡，解決問題的方法遠遠比表面上來得還要多。**

罵人

　　民國時期有一對師生，熊十力和徐復觀。有一次，徐復觀請熊十力推薦一些書給他，再次見面的時候，該談談讀書心得了，徐復觀說，這些書中有哪些地方寫得有毛病。

　　熊老師當即破口大罵：「你這個東西，怎麼會讀得進書！任何書的內容，都是有好的地方，也有壞的地方，你為什麼就不先看它

好的地方,卻專去挑壞的;這樣讀書,就是讀了百部千部,你會受到書的什麼益處?讀書是要先看出它的好處,再批評它的壞處。你這樣讀書,真是太沒有出息!」

徐復觀後來說,這對他是起死回生的一罵。

這讓我想到很多年輕人熱衷於在微博上罵人,甚至「翻牆」跑到國外的網站上去罵人。我看了,罵得還真是花樣百出、聰明伶俐,智商是真不賴。不過,就像熊十力老師說的,就算你罵對了,對你又有什麼好處?

沒出息的人往往不是那些笨人,而是在自己的正確中難以自拔,沒辦法向前看的人。

麥當勞

麥當勞的老闆雷‧克洛克說過一句話:「大家都以為我是賣漢堡的,但我真正的生意是房地產。」

你還別說,事實上,麥當勞就是世界上最大的房地產地主,它擁有的房地產甚至超過了天主教會。

簡單說一下它的策略。麥當勞首先會調查哪個地段是這個城市將來人流最旺的地方,然後下手買地,或者用一個很低的價格簽長期的租賃合約。接著,蓋一間速食店,然後轉租給加盟商,再然後就是收加盟費和房租。加盟費是小頭,房租年年漲,那才是大頭。房租占麥當勞收入的90%。那你說它到底是賣漢堡的,還是做房地產的?

這就是觀察商業現象的有趣之處，**表面上的生意和實際上的生意經常是兩回事，而企業家做的，就是完成中間的這個轉換。**

盲區

有一天，我有個朋友的女兒問他，「趨勢」這個詞是什麼意思，他想半天也回答不出來。你看，這麼熟悉的一個詞，真的要解釋，還滿難說明白的。

再舉個例子。比如說「嘮叨」這個詞，每個人都理解，但它到底是什麼意思？是話多？不是，相聲演員也話多，可那不是嘮叨。是說小事？不是，很多閒聊也是說小事，也不是嘮叨。是說煩人的話？很多冒犯人的話也不見得是嘮叨。

吳伯凡老師有一次一語點醒夢中人。他說，「嘮叨」就是說沒有對象感的話，沒有選擇看見什麼就說什麼。我們從小就知道這個詞，會用，對它有精準的語感，但是如果沒有高人點醒，我們還是不能準確地描述它。

所以你看，**學習並不僅僅是指要學習陌生的東西，在熟悉的世界裡也有大量的盲區。**

媒體

跟一個做公司報導的記者聊天，我說，用媒體思維來理解企業，

其實有一個小陷阱。

舉個例子。一家企業主業發展得不錯時，公司領導人就會做一系列分散的投資和實驗，為下一階段的發展探路。當然，這些方向大多數都是不可靠的。在媒體看來，這是貨真價實的失敗，但其實這是企業發展必須付出的成本。

反過來，如果你問一個成功的企業家他是怎麼成功的，他會總結出一大堆的成功原因，比如用了什麼戰略、戰術，但其實這可能只是他一系列嘗試中偶然成功的一個。媒體如果相信了他的解釋，其實也是以偏概全。

你看，**媒體是替一切結果找到一個清晰的原因；而企業真實的運行過程，其實是一片混沌。**

魅力

我們經常會說一個人有魅力，那請問一個人到底做到了什麼才算有魅力？有一個解釋說，**如果一個人能夠涉及一個外人觸及不了但又能展開想像的領域，那他就有魅力。**

比如，一位老師要怎麼在學生面前展現魅力呢？長得好看？講課精彩？這些當然有幫助，除此之外，他還要儲備一些課堂之外的經歷。例如，暑假時參加過新疆的徒步活動、去攀登過某座高山、去參加過聯合國組織的某個公益專案，偶爾在課堂上講給學生聽，學生就會覺得他有魅力，這些學生一般不容易觸及的領域，但又可以想像。

你還可以再想像一個場景：一個人平時不善言談，但是他有一本厚厚的讀書筆記，還經常能從裡面引用一些有趣的話，你是不是也覺得這個人有魅力？因為他的閱讀世界，就是一個外人觸達不到，但是又能展開想像的全新領域。

夢想

有一次在得到 App 老師的微信群組裡，我們聊起各家孩子的夢想。有的孩子說要當醫生，有的說要當科學家，這時候教育專家沈祖芸老師說了一句話：「兒童的每一個夢想都不是用來實現的，而是用來讓每一個今天變得有意義的。」此言一出，大家都覺得說得好，有啟發。

我們經常覺得夢想就是志向，那志向的唯一價值就應該去實現，實現不了也得努力實現，即所謂的「常立志不如立長志」。

但是跳出來一想，不止是對孩子，對我們成年人來說不也是這樣嗎？**擁有一個夢想的價值是有了一個人生的坐標系，可以標定今天、此刻、手上正在做的那些事情的價值，讓今天有意義。**

至於夢想變了，變了就變了，這是常態。只要還是夢想，這一定意味著手上正在做的事情按照新的坐標系來說，價值又更大了。所以，夢想和志向變了，也不是什麼壞事。

描述

語言學發現，**我們在談到有好感的東西時，總是傾向於用具體且帶細節的方式去描述，但如果是負面的東西，就傾向於用抽象且概念的方式去描述。**

舉個例子，我們讚揚一個人慷慨，一般會說到這個人，比如張三真大方；但是提到有人摳門，大家就會用抽象概念，比如這個猶太人真小氣。

這個語言學上的發現很有用。比如，判斷一個人是不是在撒謊，就看他描述那個事物的方式，如果大多是用概念性的描述，撒謊的可能性就很大。再比如，你想判斷一個人是否對自己有意思，如果你們的談話充滿了他人的小八卦，恭喜你，他是喜歡你的；如果全是大概念，那他多半就是在敷衍你。

好東西總是不怕具體，而壞東西總是要把自己打扮得抽象。

模組化

多年前，我問一位前輩，什麼是工作能力強？

他回答：「**要看一個人的工作能力，就是看他能不能迅速地把大目標拆成小目標。**」這句話我一直記到了今天，而且越琢磨越覺得有道理。把大目標拆成小目標，也就是模組化，是人類現代化以來的一個偉大發明。

舉個例子，以前的汽車司機都得會修車，現在完全不用了，甚

至連修車工人都不會那麼仔細地修車了。哪個零件壞了,直接換一個新的,工人根本就不用把那個壞模組拆開來修。

那麼,模組化的好處是什麼?簡單來說有兩點:**第一,可以促進分工,把更多的人引入創新的體系裡面。**所以,工作能力強的人可以駕馭更多的屬下就是這個道理,就是因為他能把大事拆成小事。**第二,風險變小了,可以把壞事的風險控制在一個模組之內,從而減小對整個系統的影響。**

目標窄化

我們經常聽到一句批評人的話,說這個人「目的性太強」。

仔細想想,一個人目的性強也不是壞事。有目標,行動才有方法、才有約束,但是**為什麼我們本能上,就是討厭目的性強的人呢?其實,那些人不是目的性強,而是目標窄化。**比如,我如果只對賺錢感興趣,大家就會擔心我為賺錢而沒底線;如果我還有更多的目標,哪怕只是為了讓孩子以後能上好大學而賺錢,大家就知道了,我的行為是有一個校正器的。

這裡有**一個很重要的生存策略,就是把自己多層次的目標主動曝光**,就像迪士尼創始人華特‧迪士尼說的:「我們拍電影不是為了賺錢,我們拍電影是為了賺錢拍更多的電影。」你看,同樣是賺錢,多曝光一層目標,是不是馬上就顯得清新可喜、「高大上」了。

難易

聽人說，一個人做比較難的事情更容易成功，這其實符合我們傳統的經驗，所謂「吃得苦中苦，方為人上人」。

不過，這句話貌似聽起來是對的，但它不符合事實。有一句相反的話叫「順勢而為」，做正確的事，不僅容易成功，而且也不難。

我自己的經驗也是這樣，如果一件事做起來很順手，不覺得特別難，處處有人幫忙，反而是更有希望成功的標誌。這不是抬槓，我覺得，把難不難和成不成功放在一起，想找到因果關係，這個想法本身就有問題。那怎麼樣才是對的呢？把難不難和成不成長放在一起就對了。做一件有適當難度的事不一定會成功，但一定能讓我們成長。

所以，把上面兩種策略組合在一起，可能是這樣的：**找相對不難的事情做，與此同時，做事情中比較難的那個部分。前者追求的是成功機率，後者追求的是技能增長。**

能力模型

我們經常說到一個詞——個人能力。到底什麼是個人能力？有人架構了一個模組，說個人能力分成七個方面。

第一，**清楚自己要什麼**，這是目的。

第二，**清楚自己需要做得如何**，這是目標。這裡的目標和目的不一樣，比如我的目的是得到上級的賞識，但目標是把最近團隊的

經驗總結成一本手冊，所以定目標比較難。

第三，**清楚自己應該怎麼做**，也就是實現目標的實際方案。

第四，**清楚自己不能做什麼**，這是規避風險。

第五，**清楚自己做的事有什麼影響力**，這是對環境的洞察。

第六，**清楚遇到問題該怎麼調整**，這是靈活應變。

第七，**清楚自己沒有解決問題時，要怎麼處理**，這是承擔後果的預期準備和止損策略。

個人能力的成長，其實是要圍繞著這七點不斷提升。

逆向思考

經常聽人說要逆向思考，那逆向思考的好處是什麼？股神巴菲特的合夥人查理·蒙格說，如果你想幫助一個國家，那麼只需要問毀滅這個國家的方式有哪些，然後不去做這些事就好。

在正向思考下的幫助，不管是給錢還是給其他東西，可能有用也可能沒用，因為一個國家的興旺有很多條路。如果逆向思考呢？一個國家的毀滅方式無非就那幾種，幫助它遠離這幾種可能則是確切有用的幫助。所以，**逆向思考最大的好處是避免自以為是的創新，回到了事情的實質。**

就拿企業創新來說，要正向思考創新，很多人主張要把某件事做到極致。這當然是好事，但是把事情做到極致就意味著不可持續。那如果逆向思考呢？對一家企業來說，最重要的不過就是適當、緩慢、不可退轉的進步，這才是值得追求的創新目標。

年齡段現象

紅杉資本的調查研究團隊來我們公司報告，講「00 後[10]」一代的消費特點。我越聽越覺得心驚膽戰。為什麼？因為我對那個年輕人的世界完全陌生，他們用的手機 App，他們喜歡的動漫、遊戲，我聽都沒聽說過。

一名同事就對我說，我知道你在擔心什麼，你不就是擔心自己、公司，還有我們的產品被年輕人拋棄嗎？但你得分清楚兩件事，他們現在喜歡什麼，到底是一個年齡段現象還是一個代際[11]現象？如果是年齡段現象，等他們長大了，就不會再喜歡了；如果是代際現象，那才是真實的商業升級換代。年輕人代表未來，這句話只對了一半，他們身上有一部分東西永遠跟我們不一樣，但也有一部分東西遲早會和我們一樣。

所以，**未來的商業不是討好年輕人，而是在他們長大的路上耐心等待。**

神人

要怎麼樣才能認識一個陌生的神人？答案不是求助，而是提供他們幫助。你可能會說，神人不缺錢、不缺機會，我能提供什麼幫助啊？神人確實不缺這些，但是神人缺不同的視角，**神人之所以**

---

10 指 2000 年至 2009 年出生的人。
11 指兩代或多代人之間的關係，例如青年與老年人、父母與子女。

神，就是因為他們總是擔心世界的某個面向他們沒有看到。

那應該怎麼做呢？比如說，你想認識雷軍，就可以每天找一個前線手機店的老闆聊天，把他對市場和小米的看法歸納出來，每天在微博上 @ 雷軍，信不信總有一天，雷軍會主動跟你聯絡？

神人的錢和機會總是比我們多，但資訊和視角就不一定了。

農民工

有一位學者說：「我去過許多中國的城中村 [12]，也去過印度和巴西的貧民窟。雖然環境都很差，但在貧民窟裡至少一家人是團聚的，有其樂融融的一面；而中國的農民工 [13] 呢？一般都背井離鄉，骨肉分離。」這意思當然是說，中國農民工的生存狀態更悲慘。

另一位學者問：「你是否問過一個中國農民工，他是願意全家像印度、巴西的窮人那樣住在貧民窟裡，雖然一家人團聚，但是只有一塊塑膠布遮身，看不到希望，還是願意孤身一人在大都市裡賺錢，起碼在農村裡有個說得過去、可以回的家？」

這是一個很有意思的爭論。中國的農民工生存狀況當然不能說很好，但是**我們給他人想像一個更好的出路時，至少應該問一問他們自己的意願如何，否則就只是書齋裡的一廂情願罷了。**

---

12 指在都市區域內留下來的傳統鄉村。
13 指為了工作，從鄉下農村移民到都市生活的人。

拍馬屁

人們通常有一個看法，拍馬屁之所以有用，是因為上級聽得舒服，所以就給你機會提拔你。如果僅僅是這樣來看，那就是既小看了上級，也小看了拍馬屁。其實，拍馬屁的功能有三個層次：

第一，領導聽了很爽，這是人之常情。

第二，在現代社會裡，上、下級之間沒有表達忠誠的儀式，那拍馬屁就成了傳遞表忠心訊息的有效渠道，讓主管覺得你是一個可以差遣任用的人。

第三，公開拍馬屁是要承受一些周邊壓力的，這意味著你不僅願意效忠，而且願意為效忠付出代價。

你站在主管的角度想一想，**有一個共事起來舒服，可以差遣任用，又願意付出一定代價的人，即使這個人的能力並不特別突出，主管願不願意用他？**

配得上

我碰到一個老同事，他跟我說了很多現在工作不如意的地方，然後嘆了口氣說，要是有人給我年薪 100 萬元（人民幣），我就走了。很多老同事都跟我說過類似的話，其實這個想法並不對。

你在市場中的價格不是誰賞給你的，而是你自己賺到的，前提是你得在市場中找到這個估值。就算是有人願意給你 100 萬元的年薪又怎麼樣？如果你不值這個錢，你很快就會被發現，而這個錢和

這個職位很快就沒有了，此前任何的承諾都沒有用。如果你值這個錢，根本就不用等，下海一練，市場很快就會給你這個金額。

這讓我想起查理·蒙格講過的一句話：「你要是想得到某種東西，最可靠的辦法是讓你自己配得上它。」

體制內的準則是做好準備，等待時機；而市場中的準則是立即行動，準備糾正錯誤，先做再說。

朋友

當初，阿芙精油創始人雕爺為了勸網路作家和菜頭到北京發展，拿了 10 萬元和一臺筆記型電腦，扔在和菜頭住的小旅館床上說：「來北京吧，這點錢夠你第一年的房租和生活了。」

和菜頭知道，這不是錢的事，而是朋友把另外一種可能毫無風險地放在他面前。如果再不下決心，這輩子就再也不要提什麼理想了。於是，他就來了北京。

這個場景讓我重新理解了朋友的用處。**朋友不是幫忙，那個用錢可以買到；朋友也不是給你錢的，那個其實父母也可以做，朋友是在你人生的關鍵時刻替你扳道岔 [14] 的。**

很多人說，我沒有改變命運的勇氣。其實與勇氣無關，再神的人也不見得有勇氣改變自己現在的生活，我們只不過沒有在合適的時候遇到一個合適的朋友而已。

---

14 讓鐵路車輛從一個軌道轉向另一個軌道的裝置。

批評家

吳伯凡老師曾說過一個現象，他說英國的西敏寺裡面有很多英國名人的墓，例如牛頓、達爾文，但是請注意，裡面沒有一位是批評家。有名的文藝評論家、政治評論家也很多，為什麼他們不能享有這種殊榮？這其中有兩個原因：

第一，批評家總是根據觀念、原則去指點江山，所以它不是一個真正的職業，沒有專業技能也沒有職業操守。批評家只能破壞，不能建設。

第二，這點也是更要命的，批評家總是在迅速謀求顯而易見的優勢。他們一下子跟你講道德，一下子跟你講規則，但目的只有一個，就是拿別人當工具，讓自己獲得利益。所以，批評家天生和所有人處在對立面。

公開地、否定性地評價他人，一旦成為習慣，也就是成為了批評家，你會迅速收穫顯而易見的優勢，但是也註定一生一事無成。

偏好

據說楊振寧先生曾說過一句話：「教育就是發現偏好、培養偏好、發展偏好，幸運的話就把偏好變成飯碗。」

過去我們談教育，好像全面發展才是天經地義的，但是現在楊振寧強調偏好的價值。未來社會的競爭是建立在社會基礎設施高度發達的基礎上，**人的發展更多的不是向外、向上去攀登社會階梯，**

而是向內去發掘自身的個性優勢。

好的容貌、好的歌喉、好的舞姿、好的口才、好的理解力、好的動作準確度都能變成優勢,比如一個農民,要是能在田間地裡賣好自家水果,這就已經是贏家,不需要去做考大學、去都市發展這些攀登社會階層的行為。所以,發掘自己的偏好,然後把它轉換成突出的個人優勢,這是未來社會美好的一個面向。

騙子

有一次,我們辦公室聊起騙子這個話題。有人說:「現在的騙子的水準也太低了,用一口南方口音打電話給我說,『你明天早上到我辦公室來一趟』,一聽就知道是假的。」

我的同事李倩原先是在語言學領域工作的,他說:「這可不一定是水準低,這恰恰是水準高。這些騙子之所以做得這麼漏洞百出是有原因的,**很多跨國詐騙集團群發的郵件,裡頭就會塞進大量拼寫錯誤的語法。這樣做的好處是可以把在知識和智力上稍差的人或者粗心大意的人先篩選出來,然後再用人工跟進,進行下一步的詐騙。**」

你想,打一個電話或者發一封郵件的成本很低,但是後面跟進詐騙的成本就高了。專門針對知識水準低或者粗心大意的人,當然可以提高成功率。

品質管制

一個朋友問我：「你們得到 App 的課程品管也太嚴格了，一個字一個字地盯，就不能留一點給老師自由表達的空間嗎？你看其他開放平臺，有創作能力的人可以隨便寫。」

我的回答是，這是沒辦法的事。

得到 App 做的不是內容，而是課程，課程的靈魂是體驗。看書、看文章若是體驗到不好的段落，讀者可以跳過去，不影響他的總體評價，但是課程不行。用戶聽課的時候，如果有一句話沒說清楚，他困惑了一下，體驗就開始下降了；若覺得一節課的收獲不大，就對我們的信心下降了。用一個算術的比喻來說，文字內容的表達是「6-1=5」，但是音頻課程的表達是「6-1=0」。

所以，得到 App 嚴格實施品管不是因為我們有潔癖，而是因為**在體驗經濟時代，所有的消費品本質上都是氣球，不管看起來多大，一根針就能讓它報廢。**

平臺

很多人動不動就說要做「平臺」，我經常跟他們開玩笑說，你就是自己不想做苦活、累活，就想搭個基礎設施，召集別人來做事，然後分享他們的收益。你哪是想做平臺，你就是想偷懶。

那到底什麼才是真正的平臺？想像一個場景：爬山、攀岩的時候，一路上都很驚險，突然到了一塊平地，踏上去之後，就暫時安

全了，不會掉下去了，等於鞏固了階段性的成就，你就會稱呼這個地方為平臺。

再想像一個場景，動物一旦進化出了脊椎，那牠的生存能力就獲得了實質的提升，我們就會說牠們進化到了下一個平臺。

你看，**你要是做成了一個平臺，你的合作者會因為這個平臺而實質性地提高能力、地位和安全性，根本就成了新物種，這是在他的成長路上，別人無法提供的。**這時，你才可以說你做了一個平臺。

評價

我歲數越大，越不願意評價他人。這倒不是因為我變得更寬容了——寬容是知道對方有錯，忍了——而是因為我發現，我根本不知道一個表面上看到的行為，對他人內心到底意味著什麼。

舉個例子，有一個女孩喜歡買名牌包，你非要評價他虛榮淺薄，有意義嗎？買名牌包也許是他讓自己活得有心氣、有奔頭的一個簡便方法，他要是天天買地攤貨，旁觀者倒是覺得他樸素，但說不定他自己的內心一片灰暗。對他來說，哪種生活方式好，從長期看，還真的不一定。

我們從外面看到任何人的任何「缺陷」，可能都是他巨大精神世界的一小部分，也都是他做更好的自己的一個過程。只要不突破道德和法律底線，真的很難說什麼是對、什麼是錯。

企業規模

我和朋友老喻聊天時，說到了企業規模的話題。他說，**所有一定規模的企業，本質上都做到了三件事的統一。**哪三件事？

第一，**認知半徑要盡可能地放寬，**否則就會視野狹窄。這個好理解。

第二，**能力半徑要盡可能地明確，**這是巴菲特經常強調的，企業應該只做自己能力半徑之內的事。

第三，**行動半徑要盡可能地小。**什麼意思？這就牽涉到對規模本質的理解了。

規模本質上不是能力強的結果，而是一個簡單的動作大量重複的結果。所以，要想足具規模，做的動作就得少、就得簡單。比如，世界上所有一定規模的餐飲企業都是速食企業，為什麼？因為菜單上的菜品少，複製起來就容易。

企業文化

我看到一家企業的口號是九個字：**「會操心、敢著急、能解決。」**這是近年來我看到最好的企業文化口號，因為這九個字包含了一個職場人的三個基本素質。

「會操心」肯定不是指為分內的事操心，而是指適當跨越界線，全面考慮所有合作面上的事。不管事實上有沒有升職，先在思想上替自己升職。

「敢著急」，為什麼是用「敢」這個字呢？這不是說你敢跟任何人發脾氣，而是說，得成為整個合作網的硬性界線，觸碰界線的人都能感受到你的督促和約束，這是一個沒有權力的人對他人施加影響力最好的方式。

「能解決」，有一句話說得好，一個人的職場生涯不是從他上班的第一天開始的，而是從他解決第一個問題開始的。

強關係

李笑來說，他交朋友有一個心法，就是一定要想辦法共同做一件事。這句話越琢磨越有道理。

這個時代，人和人之間的關係有很多層次，有的弱關係只是你通訊錄裡的一行字，你根本不記得他是誰，而要結成強關係，從前那些喝酒、吃飯的招數都沒用了，在愉快的氛圍中結成的關係很快就會被愉快地忘掉。

這個時候，**一起做一件事，就很有用了。為什麼？因為一起做一件事意味著一起經歷過克服困難的痛苦，意味著他需要你的合作，必須將心比心地替你著想，這樣結成的關係才叫強關係。**

當然，共同做的事可深可淺，比如你遇到一個難題，請他來幫你開一個策劃會，這其實也算。

強制

看到一則很有反諷意味的問答，內容是「要怎麼樣才能讓孩子對電子遊戲失去興趣？」

答案是，很好辦啊，就像我們督促孩子讀書那樣就行了。每天逼著孩子早上 7 點開始玩遊戲，一輪玩 45 分鐘，中間休息 10 分鐘，一直玩到晚上 6 點，吃完晚飯繼續玩；沒有把固定任務玩完就不讓他睡覺，週末還得去上遊戲輔導班。每個月帶去打比賽，打不到好的名次就要被罵，天天在家裡絮叨「你看別人玩遊戲玩得那麼厲害，你怎麼就不行？」孩子只要去做別的事情，你就覺得他是在不務正業。

只要這麼做，你放心，孩子肯定對遊戲失去興趣。

這個角度能讓我們很好地反思**讀書、學習這件事到底出了什麼問題。經常有人說，學習是反人性的事。**怎麼可能？人肯定是整個生物界最愛學習、最擅長學習的物種。**違反人性的是另外一個東西，那就是強制。**

親子交流

有一篇文章說，家長和孩子交流，每天只要問四個問題就夠了：

第一、學校今天有什麼好事發生嗎？

第二、今天你有什麼表現好的地方？

第三、今天你有什麼收穫？

第四、你有什麼事需要爸媽的幫助嗎？

這四個問題很簡單，但背後的用意很深。

「學校有什麼好事發生」是探查孩子的價值觀，並指引他看到事情更積極的一面；「你有什麼表現好的地方」是增加孩子的自信心；「你有什麼收穫」是在幫助孩子形成點滴積累人生收穫的習慣；「有什麼需要幫忙的」是不斷提醒孩子，雖然自己的事情要自己負責，但要學會求助。

除了這四個問題，其他灌輸不僅可能無效，甚至有可能適得其反。**現代教育最重要的任務是讓孩子高品質、有效率地獲得多樣化的人生，而好的多樣化結果都強求不來，只能任其自然演化。**

勤奮

亞馬遜公司老闆貝佐斯是一個很嚴格的人，據說他發郵件給高階主管，經常只有一個問號。光是這個問號，就能嚇得人瑟瑟發抖。

那麼請問，這種風格的人一天工作多少個小時？

請注意，不是「996[15]」更不是「007[16]」。他說，一天要睡滿 8 個小時，上午 10 點前不開會；比較耗費腦力的會議要在中午之前開；比較困難的決定要在下午 5 點前決定，所以他基本上是個早睡早起的人。

跟我們印象中勤奮的創業者不太一樣吧？他的時間投入明顯不

---

15 指早上 9 點上班、晚上 9 點下班，每週工作 6 天。
16 指凌晨 12 點上班直到隔天凌晨 12 點下班，每週工作 7 天，全年無休。

夠啊。那為什麼他可以這樣呢？貝佐斯自己是這樣說的：「我每天主要的工作是做少而精的決策，要是每天能做出三個明智的決策，那就夠了。所以要休息好，睡得好。」

貝佐斯的做法其實重新定義了「勤奮」這件事。**勤奮，不再是無限開發自己的時間資源總量，而是將自己的時間使用品質無限提高。**

清零

1985 年，英特爾還是一家主要生產記憶體的公司，但是日本企業步步緊逼，公司業務已經快做不下去了。

某天，英特爾總裁安迪·葛洛夫問 CEO 高登·摩爾：「我們兩個要是被掃地出門，董事會找一個新 CEO，他會怎麼做？」

摩爾說：「新的 CEO 會放棄記憶體。」

葛洛夫說：「我們為什麼不自己動手？我們自己當那個新 CEO 好了。」

1986 年，英特爾果然放棄了記憶體，進入微處理器新時代。

每當我們感到難以選擇時，葛洛夫的做法就是一個很好的思維角度。

放下選擇和各種為難，假設自己是一個沒有任何歷史負擔的人，我會怎麼選？對過去的眷念總是會成為往前走的障礙。

情感帳戶

有一個概念叫「情感帳戶」，它能解釋很多現象，但是又經常被人忘記。舉個例子，如果家裡有青春期的孩子，父母嘮叨他的內容無非就是要用功讀書、不要熬夜、少打遊戲等等，那為什麼有的孩子願意聽，有的孩子不聽呢？

跟這些話本身的對錯沒什麼關係，關鍵是看父母平時存在孩子的「情感帳戶」裡，儲蓄到底有多少。只有情感帳戶裡的儲蓄足夠充裕時，孩子才有可能接受父母的建議。

同樣的道理，在公司裡經常有人說：「這件事我當時就說了應該那麼做，但是沒人聽我的，你看現在失敗了吧！」就算他說的是事實，但真相是這個人存在同事情感帳戶裡的儲蓄太少了，所以才沒人聽他的，這也和事情本身的是非對錯沒什麼關係。

你看，**這個世界的運行方式和我們的直覺不太一樣。是非對錯只是表面，人和人之間的信任和情感才是底層。**

情商

我們經常會說「情商」，那請問什麼是情商？定義有很多，我覺得最簡單透澈的解釋就是「能感知到別人的感受能力」。

說實話，這個定義還是讓人無法操作。

後來，我偶然間看到三個詞，分別是**「距離」、「分寸」和「進退」**──這不就是操縱情商的三個面向嗎？

　　和任何人交往，怎麼判斷和他的距離？透過什麼方法拉近或者疏遠和他的距離？這是一個本領。如果雙方距離很近，不同的事還需要掌握不同的分寸，一旦不足和過度，馬上就會引起別人的不適感。當然，這三個面向中，最重要的是進退，這不僅需要判斷力，還需要行動力。什麼時候加入跟別人的合作？什麼時候果斷退出？**如果覺得自己情商低，自我訓練的辦法，無非就是在和人交往的時候，在這三個面向上反復提醒自己。**

情緒

　　一個人一旦陷入某種情緒，基本上就可以判定，他正在犯錯誤。

　　為什麼？不是說有情緒顯得沒涵養，而是說有情緒會讓人搞錯目標。

　　舉個例子，工作部門主管壓任務給你讓你不高興，那情緒就是針對主管。其實搞錯了，你真正的目標是工作本身。

　　再比如說，你要做一場公開演講，你害怕，那情緒的針對就是演講，其實也搞錯了，你真正的目標是要透過演講形成大範圍的影響力。

　　你有發現嗎，**為什麼我們的情緒總是會讓我們偏離目標？因為情緒是進化過程中形成的，它只能指向我們看得見、摸得著且近在眼前的東西。在越來越複雜的現代社會，目標總是在遠處，甚至要靠想像力才能理解。**

情緒價值

經常聽見有人說，現在找另一半，關鍵要看對方能提供的情緒價值。說白了，也就是和這個人待在一起舒不舒服。

我看見一個說法，**情緒價值如果翻譯成一個人的素質，可以分成四類：**

第一，**智識**，也就是這個人的見識水準怎麼樣。

第二，**審美**，這不僅是說他能不能欣賞藝術品，也是說他一舉一動的每個細節有沒有美的意識。

第三，**私德**，也就是這個人對身邊的人好不好。

第四，**公德**，也就是這個人的社會擔當如何。

問題是，這是完全獨立的四種品格，換句話說，一個人可能是完美的智識高手，但在審美上卻一塌糊塗；一個人可能在私德上無懈可擊，但在公德上是一個魔鬼，比如希特勒。

所以，如果我們說要找一個能提供情緒價值的人，那到底是在找什麼樣的人呢？還是很難說清楚。

情緒控制

當朋友或者親人陷入激動情緒的時候，怎麼勸他呢？我聽到一個方法，這個方法要分成三步。

第一步，不是勸他控制情緒，而是讓他描述情緒狀態。你是不是有點難過或者生氣啊？最重要的一句話是，你試著描述一下你的

感受。一旦對方接受你這句話的引導，他馬上就會啟動大腦裡的理性機制。他要想、要判斷、要組織語言、要形成邏輯，這個時候主導情緒的大腦機制馬上就放鬆下來了。

第二步，幫他定位產生情緒的原因。

第三步，給他一個目標，引導他思考怎麼辦。

重複以上三個步驟，很快他就會覺得剛才的情緒很可笑。這個方法我自己試了一下，真的很有效。

窮人區

在德國有一個奇怪的現象：經濟形勢越是好轉，窮人區的人就越絕望。

為什麼呢？其實，德國窮人並不缺錢，因為德國有很好的社會福利，但是一旦經濟形勢改善，那些還願意工作的人就會找到工作。他們找到工作後的第一件事就是搬家，逃離又髒又亂的窮人區。

可別小瞧這些離開的人，這些還保持上進心的人是負責任的家長、是糾紛調解者、是孩子們的好榜樣、是社區公共生活最需要的人。他們一離開，剩下的可就是只想吃福利、完全不工作的人了，所以社區就會越來越糟糕。

過去我們其實有一種慣性思維，以為錢可以調節一切社會關係，但是歸根到底，人才是最重要的因素。

權力周邊

大家在談論權力的時候，總是喜歡從權力的擁有者出發，因為他們大權在握。我倒覺得，從權力的周邊著眼，會是一個更好的角度。

比如說，慈禧太后是不是毒殺了光緒皇帝？為慈禧辯護的人總是說虎毒不食子，像辜鴻銘就反復說，普天之下所有母親都可以作證，但是我倒傾向於就是慈禧做的。

理由是，**權力擁有者其實是被權力的周邊力量綁架的。**第一，如果慈禧不弄死光緒，他死後，他周邊所有的人都要遭殃，他所有的反對派都會聚集在光緒身邊對他留下的班底進行清算，這是不得已。第二，其實不需要慈禧真的動手，他周邊的人出於恐懼就會做，只需要他默許就可以了。

所以，慈禧殺光緒，不是人性的惡，而是政治格局的必然。

缺口

有位企業老總告訴我，他觀察到，如果一位企業家是理論大師，什麼都有一套解釋，邏輯特別自洽，那企業肯定要出問題。原因很簡單，沒有缺口了嘛。

所謂企業，就是一個共同合作的組織體，它的效能一定來自每一個創造性的個體。老闆要是能把一切都說得清清楚楚，那員工只需要執行就好，時間一長，企業組織的創造性就被摧毀了。

這位老總還告訴我，**老闆下指令時，有時候話不能說得太清楚。留出缺口，讓底下人去猜，猜不到你真實的意思，他就會用自己的創造性來彌補這個缺口。**對於好的創造性結果，老闆保留事後追認的權威。

老闆顯得笨的時候，未必是真的笨，也許不過是留個缺口。可是這個時候，員工的機會就來了。

群體思維

科幻小說家艾西莫夫曾經遇到一個猶太人，這個人見面就開始吹牛說，我們猶太人厲害啊，在諾貝爾獎得主中比例很高啊，如此這般，一通海聊。

艾西莫夫就問：「你是不是有種優越感？」

那人說：「是啊。」

艾西莫夫說：「那我要是告訴你，黃色小說的作者有 60% 是猶太人，華爾街的騙子有 80% 是猶太人，你會怎麼想呢？」

那人傻眼了，說：「真的假的？」

艾西莫夫說：「假的，我瞎說的。不過，如果是真的，你會有恥辱感嗎？」

你看，**其實每個人都多少在用群體思維想問題，用一些跟自己八竿子打不著的人的榮辱來確定自己的榮辱。**這沒什麼錯，但是能超越這種思維的人才是真正的神人。順便說一句，艾西莫夫自己就是一個猶太人。

人格

　　我的同事馮啟娜跟我講，人格分兩種，一種叫關係式人格，一種叫目標型人格。這個分類一下子就能讓我想明白為什麼有的人明明很聰明，但是很難有成就。

　　每個人除了基本生存，還要刷存在感。但問題是，**如果你是用調整關係的方法來刷存在感，那無論多努力，都很可能失敗，因為你僅僅是要比周圍的人好——這就叫關係型人格。**除了讓自己變得更好之外，還能在行為上陷害別人，在輿論上貶低別人，學阿Q在評價上瞧不起別人，一樣可以刷存在感。這種人雖然聰明，但容易把聰明用在壞地方，網路上很多酸民就是這樣活的。

　　目標型人格是透過確定一個目標來刷存在感，沒辦法取巧，只能努力，當然容易做出成就。

人格修習

　　為什麼狗和人那麼親近，而貓對人愛理不理？為什麼狗很忠誠，而貓經常背叛？我聽過兩個解釋，第一個解釋是，狗很早就被人類馴化了，那時候食物少，所以狗得跟人類緊密相伴才能存活。貓是在人類進入農業社會之後才被馴化的，食物相對充足，所以貓就沒那麼忠誠。

　　第二個解釋，狗和貓的安全感來源不一樣。狗是社交動物，狗的安全感建立在和人的聯繫上，去哪裡不重要，重要的是和主人在

一起。而貓是領地動物，貓的安全感建立在地盤意識上，重要的是對環境的熟悉，而不是人。

這讓我想起作家熊逸老師的一句話：**「所有人格修習的目標都是從一隻必須和人親近的『狗』，成長為一隻可以適當孤獨的『貓』。」從「狗」到「貓」，就意味著你的人格不僅不再依賴關係，而且有了自己的領地。**

人際關係

有剛上大學和剛上班的朋友問我，怎麼和同學、同事打交道呢？處理人際關係這件事永遠考驗智商和情商，但是說到原則，不過是簡單的幾個。

第一，**善良**，永遠向對方表達善意，永遠堅持不率先背叛對方。

第二，**可激怒**，當對方出現背叛行為時，立即報復回去，讓背叛者付出適當的代價。

第三，**寬容**，不會因為別人的一次背叛長時間懷恨在心或者沒完沒了地報復，只要對方改過自新、重新回到合作軌道上，就能既往不咎地恢復合作。

第四，**簡單透明**，要讓所有人清晰地知道自己的這個策略，不攪渾水，不隨意變動策略。

以上幾個並不是我發明的，而是現代博弈論透過實驗得出的重要發現。

人脈

　　你發現沒有，現在有一些人熱衷於跑各種會，認識各種人。你問他們為什麼要這麼做，他們會說，這是在結識人脈。

　　過去，我一直覺得這麼做沒什麼用，直到看了作家連岳的一篇文章，才想清楚了為什麼沒用。

　　在以前的熟人社會，你多認識人，哪怕是點頭之交也是有用的，等你有困難的時候去找人家幫忙，他肯定幫，他不是在幫你的忙，而是怕不幫你的忙被自己的社會關係非議——圈子就那麼大嘛。

　　在現在的陌生人社會裡，人際關係的底層結構已經變了。對於一個闖上門來求助的陌生人，一般人的第一反應是警惕，第二反應是看不起——你但凡有點智慧，有點誠意，也不會透過這種方式來認識人。拒絕幫助這樣的人，一點心理壓力也沒有。

　　社會底層結構改變了，再用老辦法，就成了刻舟求劍。

人性

　　在所有的人生忠告當中，有一條我覺得特別重要，那就是不要考驗人性。無論是故意拿利益去誘惑一個人看他是不是品德高潔，還是故意為難自己的伴侶看他是不是還愛自己，都不要。

　　問題是，為什麼不能考驗？是因為人性本來醜惡，經不起考驗嗎？不是。我看到一個觀點說，**之所以不要考驗人性，是因為我們自己不能作惡。**

　　你想，人性中本來就既有魔鬼，又有天使，那我們該做的事情，用李希貴校長的話說就是「讓魔鬼沉睡，讓天使起舞」——這是我們和他人合作時的基本原則。如果我們設置誘惑來考驗對方，就是主動把對方人性中的魔鬼叫醒。

　　這並不證明對方是魔鬼，而是**我們親手把對方人性中的魔鬼釋放了出來，那麼，作惡的豈不就是我們自己？**所以才說，千萬不要考驗人性。

人性配方

　　經濟學者薛兆豐老師在錄製《奇葩說》時，講了一段話。他說，西方有人統計，在幼稚園裡，孩子最愛說的三個詞是：more（**我還要**）、mine（**我的**）**和** no（**我不**）。在經濟學上，不就對應到需求、產權和自由三個概念嗎？這是人類與生俱來的三個要求。但是，有這三個要求就能在社會中存活嗎？不能。

　　孩子進了幼稚園接受老師的教育，老師經常說的三個詞是：wait（**等待**）、take turn（**輪流**）、share（**分享**），**也就是你要有耐心，你要守秩序，你要學會分享。**這都是在人與人的交往中才能學會，所謂進階、高級的智慧。

　　所以，你說人性有沒有配方？當然有。我們與生俱來的三個要求是：表達需求、維護產權、爭取自由，但加上社會對我們的三個要求：保持耐心、遵守秩序和善於分享，這才是完整的人性配方。

忍無可忍

有一句話叫「忍無可忍，則無須再忍」，這句話經常用來解釋自己某個行動的正當性。我忍不了了，所以就這麼做了。其實只要是在忍無可忍的狀態下所做的，無論這件事是成是敗、是對是錯，後果是好是壞，都是不應該做的。

為什麼？因為，**人一生努力的目標不就在於讓自己的選擇餘地越來越大嗎？換句話說，就是避免讓自己沒有選擇，而忍無可忍就等於承認自己陷入了沒有選擇的狀態。**

仔細想想，人怎麼會沒有選擇？就是被人拿刀頂著脖子，也有委曲求全和捨生取義兩個選項。

經常有人問：「到底是努力更重要，還是選擇更重要？」我看到一個答案是這樣的：當你有選擇時，選擇更重要；而當你沒有選擇時，努力才重要。這個答案其實可以延伸——努力是為了什麼？是為了讓自己更有選擇。

認了

有一次，我翻出一張以前辦的健身房會員卡。當時辦會員花了我好幾千塊，而實際上我只有在第一個月去了幾次，後來看到這張卡一次，我就羞愧一次。

時隔幾年，再看到這張會員卡時，我發現我的羞愧感沒了，說白了就是認了。很多辦了健身會員卡的人，根本原因就是不認——

憑什麼我就大肚子？憑什麼我就沒有胸肌、腹肌、小蠻腰？雖然不認，但是又懶，所以就糾結。

年輕的時候，我總以為克服這種糾結的方式是把自己變得勤快。後來發現，其實還有一個解決方式，就是乾脆認了。把有限的時間資源投到更符合自己稟賦的地方，去做自己更擅長的事。

人生不如意事常八九，補救的方法不是讓不如意變得如意，而是讓一個大大的如意沖淡那些不如意。

任人唯賢

有個創業者跟我講，他創業之後最大的體會就是，企業是一個效率型組織，不要在企業裡講人情，一定要講規則，講任人唯賢。

這話聽起來沒錯吧？不過我還是送了一本《秦謎》給他。這本書中說，秦朝之所以滅得那麼快，就跟任人唯賢有關。

在秦始皇之前，秦國的政治傳統是親賢並用，也就是既依靠王族親貴維繫穩定，也給平民出人頭地的空間。但秦始皇上臺後，一邊倒地任人唯賢，像趙高、李斯這樣的人，全部都是他認為的能人，王族子弟一個都不用。結果就是一旦出事，天下瓦解，一個可以信任的人都沒有，秦帝國十五年就這樣斷送了。

今天的企業組織也一樣，效率和穩定是同樣重要的東西，人情和規則是同樣重要的手段。

日記

有人勸別人寫日記，說寫日記有三個好處：

第一，**幫自己的生活留下一份記錄**。我們的大腦其實是非常不可靠的，大腦經常會欺騙我們過去發生事情的真實性，而有了日記，我們就會擁有真實的自我審視機會，這一點好理解。

第二個好處呢？雖然我們每天好像都在思考點什麼，但是如果不寫下來，這些思考只能算是思緒，飄來飄去的，非常容易丟失。**寫的過程，其實是探索自己到底怎麼想的過程。**

更重要的是第三個好處：**長期寫日記的人會非常清楚地知道一件事，就是自己對未來的判斷有多不可靠。**今天的興奮，第二天可能就會轉為沮喪；今年看好的事，明年看起來可能就像個笑話；現在崇拜的人，一旦持續觀察，會發現和自己想像的完全不一樣。

一個記日記的人，更容易學會不高估自己的判斷力。

曬被子

你可能聽說過，美國很多社區是有公約的——不允許曬被子，不僅在大馬路上不能曬，就是在自己家院子裡也不能曬。

為什麼會這樣？首先是因為美國中產階級幾乎家家都有烘乾機，確實沒有必要曬。其次是，大家都不曬被子，整個社區看起來美觀整潔了不少。

後來我看到一篇資料才恍然大悟，原來這不是審美問題，而是

經濟利益問題。你想，如果有人曬被子，在美國往往就會被理解為買不起烘乾機，那就是窮人。美國社會流動性很大，這個社區有一家被人懷疑是窮人，整個地方就有窮人區之嫌，那整個社區的房價就會跌。房價一跌，窮人住進來，惡性循環就來了，最後整個社區的人財產受損。

在很多情況下，**整潔與否看起來是審美問題，但深究下去，往往都是財富問題。**

善舉

印度的聖雄甘地有一次坐火車，火車上特別擠，他的一隻鞋被擠到了火車下面。火車已經開了，是沒辦法下去撿的，甘地就把另一隻鞋也扔了下去。旁邊人問他，這是為什麼？甘地說，如果有一個窮人撿到，就可以湊成一雙鞋了。

其實這個故事我很早就看到過，但是沒在意。這不就是說一個人品德高尚嗎？後來又看到，我才感覺這個故事有點不一般。

一般人的善舉都是在某種社會壓力下做出來的，比如想獲得周圍人的讚譽，或者只是單純地覺得眼前這個人很可憐。可是你發現沒有，甘地的善舉並沒有明確的對象，所以並不是在任何社會壓力下做出來的，這就真不容易了。

就像萬維鋼老師說的，**真正的慈善不是因為情感的推動——我想做這件事，而是因為某種正義的觀念——這件事應該做。**

奢侈品

有一位時尚行業的朋友告訴我，很多高檔奢侈品原先是為了歐洲上層階級的生活方式而產生的，這些東西很貴，但是未必好用，因為它需要人有強大的自律能力。

比如，國際頂級大牌的男裝襯衫都不會用免燙的面料，如果你坐沒坐相、站沒站相，總是把衣服弄得皺巴巴的，你就是穿得起也穿不出樣子。

高檔奢侈品不是炫耀的工具，而是約束自己的工具。

我們總聽人說，懂多少道理也過不好這一生。

如果沒有自律能力，光是懂道理沒用，有多少錢也是過不好這一生的。

社會網路

有個朋友在猶豫要不要來北京工作。為什麼猶豫呢？擔心混不好。我就跟他講，到哪裡都不能保證你混得好，但是如果你對現狀太不滿意了，那切斷自己原本的社會網路，換個大城市，替自己的社會網路升級，可能也挺不錯的。

《學做工：勞工子弟何以接繼父業？》是一本社會學的經典著作，書中說，在調查英國工人的過程中發現，工人的孩子往往還當工人，正所謂「龍生龍，鳳生鳳，老鼠的孩子會打洞」。為什麼會這樣？並不是因為當工人光榮，或者被資本家迫害，而是因為家庭

對一個人的影響實在是太大了。

　　阻礙底層人民向上層流動的根本原因不是社會不公正，而是家庭生活把那種所謂的窮人思維又傳到了孩子身上。每個人都是自己社會網路的囚徒，切換網路往往比個人努力還要重要。

社會資本

　　一個小孩和他媽媽吵架，他媽說：「你得學這些，長大才有競爭力！」

　　小孩說：「沒本事就求人唄。」

　　小孩的想法看似很沒出息，但他說的話是有一定道理的。

　　過去，我們總是重視人力資本、貨幣資本這些資本形態，而在網際網路時代，促進人際關係的方法越來越豐富，所以社會關係網絡帶來的價值，也就是社會資本，越來越受學術界重視。

　　社會資本和其他資本最大的不同是兩點。**第一是無法占有，它只存在於相互的關係之中；第二，社會資本既不像人力資本那樣增值很慢，也不像貨幣資本那樣越用越少。它可以快速增值，而且越用越多。**

　　在未來社會，說不定小孩說的那句話反而成真了，**經營自己的本事還不如經營社會關係，自己會做還不如會求人。**

社交

有一本書叫《如何讓你愛的人愛上你[17]》，從書名來看，這本書好像沒什麼，但其實書裡的內容非常精彩。本質上，這不是一本教你如何談戀愛的書，而是一本教你如何社交的書。

舉個例子，當有人誇你好看或帥氣時，你應該如何回答？中國人一般的反應是「哪裡哪裡」，這樣回答，謙虛是謙虛，但就是把天聊死了。美國人一般是怎麼回答呢？是「謝謝」。這樣回答雖然也算是接招了，但最終效果差不多，還是把天聊死了。

《如何讓你愛的人愛上你》說，法國人有一個說話習慣，但凡遇到有人誇自己好看，就會回答：「謝謝，你真是太好了」，或者更進一步說：「你能注意到這一點，真是太可愛了」。

這樣一來，就把讚美的陽光反射到了讚美者的身上，這個話題就被打開了，也可以進一步往下聊了。**社交其實沒有什麼特別的訣竅，就是不斷設法開啟雙方交往的可能。**

社交貨幣

有一個做了很多年公關傳播的朋友跟我說：「現在這一行真不好做，不管怎麼花錢都做不出什麼成效，原本那些請媒體、做廣告的方法都不靈了。」

我說：「要依我說，你們還是缺錢。不過缺的不是人民幣，而

17　繁體中文版書名為《跟任何人都可以聊得來3：學會愛的語言，追愛得愛，人見人愛就是你》。

是另一種貨幣——社交貨幣。」

什麼是社交貨幣呢？它其實和貨幣一樣，承載著一種價值，能夠為人所用，可以把價值傳遞給其他人。比如 Google 公司的電腦擊敗了專業的圍棋選手，這就是 Google 公司發行的社交貨幣。大家看到這個新聞之後，出於自己的社交目的會分享、會討論，而客觀上，Google 公司的品牌也傳播出去了。現在很多企業，不缺錢，但是發行這種社交貨幣的能力卻不怎麼樣。

涉獵

提到「涉獵」，一般我們對這個詞的理解是，涉獵是一種不求甚解、粗略的學習方法。那這是一種什麼樣的學習方法呢？

有一個說法是說，「涉」就是著水去對岸，目的不在於水，而在於那個目標——去對岸；而「獵」就是打獵，過程不重要，重要的是那個目標，是那個捕獲獵物的結果。

所以，這兩個字組合起來——**涉獵，是指一種帶著清晰的目標在大量的資料中尋找自己想要的答案的學習方法。**比如，你為了安排旅行行程四處去查相關的資料與攻略，這就是涉獵。

涉獵的本質不是不求甚解，而是有清晰的目標。當我們說一個人涉獵甚廣時，我們是在說什麼呢？不是說這個人裝了一肚子雜七雜八的東西，而是說這個人的腦袋裡有好多要求解的問題。

深刻

當年在央視工作，一位臺長在做業務輔導的時候，他說什麼叫節目的深刻？不知為深。

這句話我一直記到了現在——**不是說結論精彩叫深刻，而是給你看了你不知道的事實，你自己得出來的那個感受才是深刻。**比方說，作為一個結論，你肯定知道饑餓的滋味是不好受的，但是看過電影《1942》，你才能深刻地知道什麼叫饑餓，這也是為什麼年長一些的人自然會深刻一點。不是他們腦袋裡裝的結論和觀點比較多，而是他們見過的事情比較多。

反過來說，**一個真正深刻的人，不見得是一個可以說出一堆新奇觀點的人。真的要問他的觀點，你往往只能聽到他的一聲長嘆**——因為經歷的事情太多，反而不能輕易下結論了。

審美能力

你有沒有想過，要怎麼樣才能獲得幸福？童年時，幸福非常具體，比如拿到一顆糖果、一個玩具。長大了，達成目標就是幸福，比如考上理想的大學、升職加薪、和意中人結婚等等。再長大一些，心態平和就是幸福。

得到高研院上海校友任嵐有一個說法：「**幸福就是提高審美能力。**」為什麼這麼說？他說，**有審美能力的人，就是能把注意力從目標轉移到過程上的人。**

比如「今天這個茶很好」、「這個房間布置得很舒服」、「這首詩和眼前的景色真是絕配」等等。如果你也有這樣的能力，那麼即使你擁有的資源和其他人是一樣的，你體會到的幸福感也是不同的。

這個說法有道理。幸福的公式很複雜，但其中自己最能說了算、對結果能產生最大影響的變數，的確就是審美能力。

生存空間

有一句話說，一個人的悲催命運，就是始終在「得不到」和「不得不」之間反復徘徊。

想想也是，「得不到」封住了一個人行動的上限；「不得不」又封住了一個人自由的底線，這個空間實在是太狹窄，太憋悶了。

把這句話反過來理解，**一個人如果想擴展自己的生存空間，無非就是要做兩件事：第一，經常審視那些自己還沒有的東西，問自己能力和欲望之間的距離，以免陷入得不到的境地；第二，經常審視那些自己已經有的東西，問自己失去它們又能如何，以免陷入不得不的境地。這樣人的生存空間就大了。**

有人說，一個人什麼時候適合結婚？答案是兩個：第一，找到自己配得上的人的時候；第二，即使結婚也不怕離婚的時候。你看，這就是同時擺脫了「得不到」和「不得不」。

生態擴張主義

有一個概念,叫生態擴張主義。什麼意思呢?有人提出一個問題,為什麼歐洲人的居住地區可以大範圍地分布在世界各地,比如大洋洲、美洲、南非等地。你可能會說,這不是廢話嗎?因為歐洲人當年到全世界開發殖民地啊。

可是你想過沒有,還有一個原因就是生態。歐洲人的船上不僅有人和槍炮,還有植物、動物和病菌。歐洲人到了什麼地方,就有可能把當地的生態改造成歐洲人熟悉的樣子,讓當地有他們可以吃的東西,有合適的病菌環境,這些歐洲外來人口就可以比當地人更舒適地享用這片土地了。這就能夠解釋,為什麼殖民時代結束了,歐洲人還是可以留在當地。

所有的征服都是由兩個階段構成的。第一個階段,是你的力量打敗了對方的力量;第二個階段,是你的環境替代了他的環境。

生意網路

假如你是一個生意人。我問你,現在有兩個促銷方案,一個是打五折,一個是買一送一,請問你選哪一個?

你可能會說,一樣的啊,都是只拿到原銷售額的 50%,這有什麼區別嗎?有差。如果你選擇買一送一,用戶會拿走你更多的商品,他在消費的時候,有更多的時間是在注意你的品牌。你的供應商會多銷售一點點,你在他的體系中,價值會多上一點點,比如物

流、倉儲等等。所有你的合作夥伴，生意都會多一點點，他們對你的依賴也都會強一點點，你在生意網路裡的地位，就是這麼一點點積累起來的。

很多人都以為，衡量生意的唯一尺度是錢。錯了，衡量生意的最好尺度是流動性。**財富是由流動創造的，你推動的流動性越高，你周邊的生意網路就越活躍，你在網路中的位置就越穩固。**

失敗

我聽 Facebook 母公司 Meta 的一位高階主管說，他們公司對於什麼是成功的產品，有一個奇怪的定義。**有兩種產品都算是成功的，一種是上線之後快速增長的產品，還有一種是上線之後快速死掉的產品。那什麼才算是失敗的產品呢？就是那種成又無法成功、死又不甘心，透過各種努力勉強活下來的產品。**

這背後的道理不難理解。先天不足，靠後天資源餵養，最終還是沒辦法在殘酷的競爭中取勝，不如早點死掉，節約資源做點別的。

我聽完他的這套說法，內心還是挺震撼的。為什麼？因為傳統社會通常是按照成敗論英雄，敗了就很難翻盤。但是在一個快速變動的社會裡，為失敗付出的代價變得越來越小，再來一局的可能性大大提高。所以，**猶豫、拖延才是最大的劣勢，而失敗本身反倒不值得恐懼了。**

師父

有人質疑，郭德綱拜侯耀文為師，能學到什麼呢？我看到一則神評論：「孫悟空拜唐僧為師，能學到什麼呢？至少，從此江湖上再沒人隨便叫他潑猴了。」可見世俗中對於師徒關係是有誤解的。

師徒之間，不僅有知識和技能傳授的關係，更有認同的連結。拜名家為師，更重要的意義是被整個共同體認可，因為人類的某些才能，往往來自天分而不是學習。

就拿學相聲來說，我就聽老先生講過，過去學相聲就是在相聲園子裡掃地、擦桌子，順便在一邊旁聽。一、兩年後，師父就讓你上去自己說。會說的，就直接開始說；不會的，師父就說你吃不了這一行的飯，請你另謀高就。

站在師父的角度看，他的責任可不只是對徒弟負責，傳道授業解惑；他更多的是要對行業傳統負責，識別好苗子，然後把他領進共同體。

時間

我在網路上看到一個思路，說時間管理這件事，其實搞錯了時間的本質。

一般我們都把時間當成資源，而且是一種非常有限、稀缺、珍貴的資源，但是你想過沒有，**時間是一個網路**。

簡單來說，**時間的價值主要取決於兩點。第一，我可以使用多**

少別人的時間。比如說，如果我生活在有小時達服務的城市，我花一點錢找人提供服務，很多事就不用自己跑一趟了。第二，**我能和多少人的時間產生合作**。比如說，我做直播，有 10 個人來看還是有 10,000 個人來看，我的時間價值當然就不一樣。

這麼分析下來，時間管理的目標就變了，不是如何高效利用自己的時間，而是怎麼讓自己的時間和他人的時間更有連通性。

時間槓桿

要怎樣節省時間？本能的辦法就是擠掉娛樂休閒的時間去工作，這其實忽略了時間槓桿的巨大作用。

什麼是時間槓桿呢？我的體會有兩種，一種是「可積累槓桿」。比如在職場上，我每件事情都自己做，那就遠不如和周邊的人合作，這樣一份努力就可以變成很多人的能力。你放心，不會出現什麼教會徒弟、餓死師父的事，反而會積累出一種可以重複使用的資源。時間一長，很多事就就不用自己做了，時間就省下來了。

還有一種時間槓桿可以稱之為「自動化槓桿」。簡單地說，就是把一些經常要做的事自動化。比如，每天在固定時間瀏覽固定的訊息，或者在固定時間、固定運動量地健身。你可能會說，這怎麼會是省時間呢？當然啊，單獨啟動一件事所耗費的時間和心力是巨大的，而把它們自動化了之後，就節省了一大塊啟動決策的時間。

真正能節省大塊時間的方法，都是在時間槓桿上想辦法。

時間管理

有一個觀點說，一般人對於時間管理這件事，切入的方法可能是錯的。為什麼？因為它們都想站在自己和時間的外面去規範如何使用時間，一旦管理得越嚴謹，就越是分秒必爭，自己的生活就會越緊繃，最後往往會受不了。

真正的時間管理祕訣是什麼？其實就是四個字。前兩個字是「沉浸」，即沉浸在自己做的事裡。你可能會說，不對啊，我就是沉浸在玩手機、打遊戲，所以才浪費時間，才需要時間管理。

但光有前兩個字是不行的，還得有後兩個字——「**尊重**」。也就是說，**沉浸的是你尊重的事情**，比如讀書、健身、向佩服的人請教等。只要你能說服自己沉浸在這些你尊重的事情裡，就不必約束自己的時間，能沉浸在這些事情中，其實就是在最大限度地利用好時間了，而這本身就是最好的時間管理。

實力

哈佛大學教授史蒂芬・華特有一篇評論美國實力的文章，他說，一個國家的力量其實是由三根支柱構成的。

第一根支柱，是經濟和軍事實力。奶油和大炮，這個大家都懂。

第二根支柱，是一系列盟友的支持。盟友是什麼？不見得是你做什麼他們都同意，但是他們明白，跟著你混，他們會受益。所以，關鍵時刻，他們願意和你保持一致。

第三根支柱，就是對你的能力有信心。你辦什麼能成什麼，別的國家辦不到的事你能辦到，那別的國家即使不知道所以然，也會服從你的領導。

這篇文章說的是國家這個層面的問題，個人其實也一樣。

過去，我們對實力總有一種誤解，以為實力總是用於對比和壓制別人。其實，實力更高級的體現方式是為別人創造利益。那比這更高級的體現方式呢？是把自己的事做好。

史特金定律

文化領域經常會有鄙視的問題，比如高雅的看不起世俗的，但這種分類方法，被一個人打破了。是誰呢？是一位美國的科幻作家——西奧多·史特金。

20 世紀 50 年代，經常有人對史特金說：「你們寫科幻通俗文學的不行，粗製濫造的太多。」史特金就說了一句話：「任何事物，90% 都是垃圾。」這句話後來被稱作「史特金定律」。

對啊，中國古代認為寫詩的比寫詞曲的要高級。但是仔細一看呢？90% 以上的詩也是垃圾。而詞曲呢？垃圾當然也多，但也有流芳千古的精品。這雖然是常識，但是經常念叨一下這個史特金定律還是有好處的，它會幫助我們破除那些簡單的判斷。

無論你宣稱自己讚賞什麼、討厭什麼，只要你用的是一個簡單的抽象概念，結果就是你錯過了 10% 的精品，而對 90% 的垃圾照單全收。

試錯

很多網路公司看起來一片混亂，實際上業務狀況增長得還不錯。一般來說，在一個不確定的市場，公司要不斷試錯，混亂是必須付出的成本。當然，這種說法還是顯得有些無奈。

後來我聽到一個新的解釋：這不是試錯，而是密封。什麼意思？網路公司的創業團隊面對的是一個新市場，所有方向看起來都通，但這就沒辦法聚集起共識和力量。所以，往不同的方向嘗試，證明了錯的方向，就等於告訴團隊所有人此路不通，然後資源、心思和士氣就能團結成一股結實的繩，往能通的方向出力。這就像一部蒸汽機，要想運轉就必須得有橡膠做的密封圈，這樣才能把產生的能量約束、集中起來，用到對的地方。

所以，**雖然從外面看，試錯是白白付出的成本，但從內部來看，它凝聚了團隊共識，其實產生了巨大的收益。**

是非

有一句臺詞很多人引用過，「小孩子才分是非，成年人只看利弊」。這句話說得很神啊，可以套用到各種情境裡，比如失敗者才分是非，成功者只看利弊；下屬才分是非，領導只看利弊。而它之所以厲害，是因為**是非、利弊這兩個不同的行為標準清晰地劃分出兩種人：站在一邊看事情的人和實際做事情的人，中國人說的中庸其實就是這個意思。**

中庸不是指和稀泥，而是指實際做事情的人的心法。**實際去做事情，講是非對錯是沒有用的，一定要找到一個恰到好處的尺度，事情才能做對。**

舉個例子，開車的關鍵是在每時每刻根據當時的情況做出判斷。你去看開車的人握方向盤的手，只有他不斷地左右調節，車才能開成一直線。旁邊的人指導向左還是向右，即使都是對的，也沒有任何意義。

適度

作家木心說過一段話：「**輕輕判斷是一種快樂，隱隱預見是一種快樂。如果不能歆享這兩種快樂，知識便是愁苦。然而只宜輕輕、隱隱，逾度就滑於武斷流於偏見，不配快樂了。**」

知識能夠讓我們判斷和預測，但這並不是快樂的來源。**快樂來自適度，是所謂的「輕輕」和「隱隱」，是留有餘地和缺口的。**

有一次，我在一個微信群組裡接觸了幾個被傳銷洗腦的人，他們都不缺知識和文化，卻陷在那種畸形的世界觀裡無法自拔。他們的信念非常堅定，當時我心裡的感受很複雜，一方面對他們很悲憫，另一方面也自我警惕。

我自己不是也有一些堅信不疑的判斷和預測嗎？真的就是對的嗎？如果暫時不改變這些判斷和預測，那我能不能把它們變得「輕輕」和「隱隱」呢？一方面，替自己留出改錯的空間；另一方面能享受木心所說的那種快樂。

適合

有一位書畫鑑定家，如果有朋友找他鑑定書畫，他在看東西之前，一定要問，你買了沒有？如果你還沒買，他就實話實說，是真是假。如果你已經買了，他就推脫說對於這類作品自己拿不准，你最好另請高明。因為如果說是假的，就肯定得罪人了。

總之，他的原則就是，**假話絕不說，真話看情況再決定說多少**，反正他是既不能做沒水準的事，也不能做得罪人的事。

可能你會認為這位老先生太滑頭，我倒是覺得，他的原則符合起碼的處事策略。我們自小受的教育，關於什麼是是非，太多了；關於什麼是適合，反而太少了。

什麼是適合？**適合不僅僅是講抽象的道理，還要講究具體的處境和目的。**人生的絕大部分問題，脫離了具體處境和目的，是沒有答案的。

收益措辭

理論上來說，**任何一個意思都可以用兩種措辭來表達，一個是收益措辭，強調對方會得到什麼；另一個是損失措辭，強調對方會失去什麼。**人天生都害怕損失，所以一個人會不會說話，關鍵看他經常用哪種措辭。

舉個例子，「你玩的時候，還會有時間想到其他家人朋友嗎？」這叫收益措辭；「你想到其他人的時候，還能玩得盡興嗎？」這叫

損失措辭。感覺到區別了吧？

「你的作品，我有三個修改意見」，這叫損失措辭；「這作品要是能增加三個東西，肯定更受歡迎」，這叫收益措辭。

我試了一下，把損失措辭改成收益措辭，顯得情商高很多。

手機

有位朋友對我說，他想發起一個公益活動，號召大家不把手機帶進臥室。

他的道理很清楚，現在太多人每天睡覺前的最後一個動作是放下手機，早上起來第一個動作是拿起手機。這樣的話，夫妻之間的交流會減少，閱讀的時間會減少。總而言之，過去發生在臥室裡的各種美好的事情都會減少。

他說：「羅胖，你能不能幫我一起發起這個活動？」

我說：「我不！」

我的道理也很簡單。

第一，你覺得這樣不好，你可以自己這樣做。生活怎樣才會更好，這往往是個偏好，而偏好這種東西，自己做就可以了，不必號召別人。

第二，人和手機之間的關係將會越來越緊密，**手機會成為人類的一個器官。這是大勢所趨，我們沒辦法和一個趨勢鬥爭，與其抗拒，不如去適應它。**

手藝

曾鳴教授講過一句話：「一個創業者最終形成的戰略，其實包含三個部分，既有科學的部分，就是有規律；也有藝術的部分，就是創造的部分；但是還有第三個部分，就是手藝。」

手藝是什麼？就是天天做，重複做，然後積累出來的認知。這樣的認知無法言傳，只有功夫到了才有。正如心理諮商師武志紅說的，這叫**穿過身體的知識**。

我創業以來，體會最深的就是這一點。朝著具體的目標，做具體的事，找具體的解決方法，把做的事變成自己的手藝。

書店

去深圳的時候，我順便逛了一下那裡的一家書店，規模巨大。奇怪，不是說書店快沒落了嗎？怎麼這裡人潮還不少？

同行的當地朋友告訴我，書店還是不賺錢，但是**書店可以彙聚客流**。書店可以把周邊餐飲、服裝的生意帶起來，都因為有這家書店變成了人氣店家。

你想，週末兩個人一起逛街，老婆要去買衣服，老公沒什麼興趣，於是一個帶書店的商業中心就成了最佳選擇。老婆安心去逛，把老公寄放在書店裡打發幾個小時，這反而成了書店最佳的應用場景。所以，如果不單獨看書店，而是把整個商業中心當作一個產業，書店反而成了一個重要的價值源頭。

　　跨界混搭，從橫向整合的角度重新觀察商業世界，會看到完全不同的景象。

書名

　　早年文人取書名，想要怎麼取都行，那個時候他們站在社會舞臺的中心，起取越隨意，反而越有模樣。

　　現今卻不行了，資訊太多，不好好取書名，書真不好賣。那怎麼取呢？書也是一個產品，**是產品，就必須解決社會問題。**

　　比如，馮唐的書《成事》，內容其實並不多，是馮唐對曾國藩一些言論的點評，但這書名取得真的很好。成事，多少人奮鬥不就是想成事？這個書名就是在解決一個問題，**把一種空泛且大家說不清、道不明的社會情緒用一個詞說了出來，這就是一個好書名。**

　　用一個詞，把一種普遍的情緒精確地表達出來，也是一種本事。

數據陷阱

　　第二次世界大戰時，數學家沃德・亞伯拉罕在美國軍隊的統計部門工作。有一次，軍隊讓他根據飛機上的彈孔統計數據，來看看在飛機上的哪個部位加裝裝甲比較合適。那肯定是哪裡彈孔比較多，就在哪裡裝裝甲啊。但是沃德說，不對，飛機上最應該加裝裝甲的地方不是彈孔多的地方，而是彈孔少，甚至沒有彈孔的地方。

　為什麼？沃德的邏輯很簡單，飛機各部位中彈的機率應該是一樣的，因為敵人並不是瞄準掃射。為什麼有的地方會很少？因為那些地方中彈的飛機都墜落了，根本就沒飛回來。

　有一位資料科學家反復跟我講這個故事。他說，**世界有無窮多的維度和變數，這些變數在你沒看到的地方埋伏了太多陷阱。所以，越是在這個數據發達的時代，數據只能是一個驗證猜想的工具，而不是指揮棒。**

數量

　矽谷投資人王川老師寫過一篇講數量和品質關係的文章。他的觀點很簡單，**品質問題其實就是數量問題。**

　比如說，人工智慧這些年大爆發，其實並不是因為演算法有什麼大突破，而是因為算力有所突破。再比如，有人哀嘆「世態炎涼，遇人不淑」，其實本質上還是接觸的人太少了，因此沒得選。再比如，有人說新媒體、新電商不好做，其實本質是下的功夫太少了。

　那奇怪了，既然品質就是數量，為什麼還會有人強調這個分別呢？王川說，**很多人強調品質問題、方法問題，其實是在幻想不增加數量的前提下，用某種奇技淫巧、偷工減料的方式達到目的。**這時候什麼玄學、迷信，以及各種無病呻吟就出現了。在數量不夠多、底子不夠厚的時候，很多事就是做不到。即使有時候看似有捷徑，但是因為缺乏數量和後勁，欠的帳也是要還的。

衰老

人是從什麼時候開始衰老的？是歲數大的時候嗎？不一定。蔡鈺老師說，是從人生的輝煌時刻開始的。這一輩子，什麼時候你最光彩，什麼時候就要開始衰老了。

為什麼？因為人是靠成就獎賞的回饋活著的。最輝煌的時刻就是成就獎賞最強的時刻，後面如果沒有什麼事可以加大獎賞的劑量，那一個人就會開始衰老了。

從這個角度看，**防止衰老最好的辦法是讓自己一生都處在上升期，讓後面都有更好的輝煌時刻。**

你可能會說，這怎麼可能？當然可能。

有兩個辦法：第一，做一個巨大的工程，要用一輩子去做的工程，把人生最輝煌的成就拖到最後才交卷；**第二，做持續積累價值的事**，比如當老師，歲數越大，培養的學生越多，人生的獎賞越到後面越大。這樣的人生，其實就是不衰老的人生。

水流

有人說，創業就好像一個人在森林裡迷了路。

那怎麼走出去呢？方法無外乎兩種，一種是試圖找到一張準確的宏觀地圖，另一種是不要地圖，只要找到一個可靠的依據。

吳伯凡老師說，在森林裡，這個可靠的依據就是水流。跟著水流走，壞處是會走彎路，但好處是不走回頭路，總能走出去。跟著

水流走，你還會遇到那些也來找水流的聰明人，大家一起走就更安全。直到走出森林，這些人其實也不知道這片森林的地圖是什麼樣子的。

如果你想做好一件事，重要的不是認準一個道理，而是有發現新的事實的能力。一方面根據事實來修正自己的道理，另一方面不斷遇到那些同樣尊重事實的人，一起往前走。

說服

有一個小故事說，有一對老倆口經常吵架，一吵架，老太太就不理老頭，一句話也不說，老頭就著急難受。

後來老頭摸索出一個辦法，他把家裡所有有蓋子的瓶罐，不管是醬油瓶還是泡菜罐子，都轉得緊緊的。老太太打不開，就只能找老頭：「幫我擰開！」這種話只要說了第一句，後面的事不就好辦了嗎？

你看，**說服一個人最好的辦法，不是用道理、用誠意、用行動，而是製造一種情勢。**

從這個小故事裡，你會發現，人為什麼會主動說服自己？因為每個人都很難擺脫自己的慣性。一個老太太自己平時打得開的瓶瓶罐罐忽然打不開了，也就是慣性被阻斷了，他太難受了。說話也一樣，一旦開口說話，讓他開啟了慣性，他也就回不去了。一切套路的背後，都有一個慣性在作用。

說服工具

請問，怎麼說服人做一件事呢？你可能會說，這還不簡單，曉之以理，動之以情。但是在實際生活中，這兩招都用處不大。

為什麼？雖然人是理性動物和情感動物，可以拿道理和情感當說服的武器，但別忘了，人還是一種惰性動物，對過去的生活方式、思維模型、行動路徑都有強烈的慣性。說服人，本質上就是讓人擺脫舊的，接受新的，其實遠比我們想像的要難。

那最好用的說服工具是什麼呢？是「第一級臺階」。

舉個例子，有兩家餐館，一家的廣告是：「吃飯就到我這裡來」；另一家的廣告是：「晚餐就到我這裡來」。那請問，哪個廣告的效果好？當然是後者。表面上，好像晚餐比吃飯要少一半的生意，但是晚餐比吃飯要更加具體。

具體的東西，更容易引導你說服的對象踏上那關鍵的第一級臺階。

說話

有人說，羅胖，你真能說。其實，我不覺得這句話是在誇獎我。

首先，能說對身體特別不好，日出千言，其氣自傷。其次，特別勤於表達的人，其實很少能有退路。很多事情沒想清楚、想成熟就脫口而出，會讓自己陷入一張用自己的話布起的大網中，人生往往疲於奔命。

最後，也是最大的一個壞處，就是**勤於說話的人會把一個念頭放大為一套完整的表達**，這套語言一旦說出口，就已經是一個和自己無關的客觀存在了。

它會自己長大，反過來作用你自己。

比如，原本只是對一個人有點看不慣，一旦和別人閒聊的時候把這個念頭說出來，這個看不慣會被加強，你對這個人的厭惡感就會倍增。

說謊

有個朋友歡天喜地地告訴我，他兩歲多的兒子會說謊了。我說你兒子會說謊了，你還高興成這個樣子？你還是他的親生老爸嗎？他說，你可別小看說謊這件事，在兒童時代，說謊不是什麼道德問題。**孩子開始說謊，說明他開始了人生中最重要的智力訓練。**人的智商、情商發育都是靠說謊來鍛鍊的。

你想，說謊可不是一個單向行為，撒了一個謊出去，就啟動了一條漫長的連結。你得斟酌這個謊話的可信度吧？你得判斷對方的反應吧？然後，你還得準備新的謊話來應付這個反應吧？這個謊話又會引發新的反應，你還得再應付吧？所以，這是孩子人生中第一次應對如此複雜的情況。他的智力成長第一次有如此堅實的階梯，這不值得高興嗎？

思維方式

有一種思維方式叫**聚合思維，也叫求同思維，就是把看到的所有新東西，都歸類到自己熟悉的東西裡**。比如看到壽司，這不就是飯加生魚片嗎？看到比薩，就說這不就是把肉放到燒餅上面嗎？網路思維的那些東西，工業化時代不是就有了嗎？有什麼新鮮的？用這種思維方式想問題，歸納性強，也比較容易獲得安全感，因為世界上沒有新東西。

可是，還有一種和聚合思維相反的思維方式，叫發散思維，就是總會注意到事物新奇、不同的特點。飯加生魚片就是壽司？這個沒吃過，一定要嘗嘗。

世界上絕大部分辯論都是由這兩種思維方式的矛盾引起的。

思想家

以前看書，尤其是思想方面的理論書，經常會被那些晦澀的用詞困擾，比如「能指」、「所指」、「後現代」、「解構」、「複調理論」等等。看多了之後，就會覺得那些寫書的人故弄玄虛。心想，你們就不能說人話嗎？

後來我看到法國哲學家吉爾·德勒茲的一個說法，他說，理論和哲學之所以要發明這些晦澀的概念，不是因為思想家們願意這麼做，而是因為**這個世界本來就有一些部分是晦暗不明、是很難表達的。而思想家的工作，就是透過發明概念和詞語，把這些部分指出**

來，讓世人看到。

這個工作當然相當艱難，難免要生造詞彙。剛開始，大家不適應，覺得晦澀，但是時間長了，有不同的人都看到了這個晦暗的角落，這個角落就會被照亮。

你看，很多我們怪罪到他人身上的事，其實都是世界本來就有的困難。

死磕

網路時代的死磕[18]和傳統的死磕作用是不一樣的。以前的死磕是為了得到更好的結果，所以有的人就會懷疑，風險這麼大，萬一得不到那個結果怎麼辦？

在**網路時代，死磕一件事，不只是可以讓你走在通向結果的路上，還可以讓你向周圍的人傳播自己的品牌，讓周邊所有的人知道你是一個可靠、認真、不獲全勝決不收兵的人。**

就算你原先要的那個結果沒得到也沒關係，一個可靠的人是人人都希望合作的人。所以，眾目睽睽之下的生活策略，**就是專心做好自己的事，用作那件事情該有的樣子去做自己的事。**

---

18 指和某人、某事做對到底，不輕易善罷甘休的意思。

素養

我們經常說的「素養」到底是什麼意思呢？原本我是望文生義，「素」就是元素的素，是基本的意思，那「素養」就是基本修養。

後來我偶然看到了這個詞的來歷，原來這個詞出自《漢書·李尋傳》中的一句話：「馬不伏曆，不可以趨道；士不素養，不可以重國。」

意思是說，這馬啊，得讓牠晚上趴在馬槽上吃飽，這樣牠白天才能馱著東西趕路；國家平常就得重視培養人才，否則這個國家就無法順利發展。所以，這個「素」不是元素的素，而是平素的素，日常的意思。**素養這個詞的意思，就是日積月累出來的修養。**

從這個解釋來看，**我們說一個人有沒有素養，不是這個人水準高不高，而是在他的身上能不能看到那種水滴石穿的痕跡。**所以，想知道自己在別人眼裡有沒有素養，只要反思一下自己有沒有每天都在重複地積累就行了。

算法

有一位老師發微博說，他在深圳遇到一位計程車司機，這位司機說，現在他們主要得和各種行車平臺的演算法鬥爭。

怎麼鬥呢？如果你只用一個平臺，平臺上的演算法發現你這輛車派什麼單就接什麼單，很穩定，所以就會派各種小單給你。精明的司機會在幾個平臺之間切換使用，這樣演算法就會判斷，你是一

個隨時要跑掉的司機，得留住你，所以就會把好的趟次派給你。演算法越這麼想，司機就會越頻繁換著用。

站在平臺的角度想，給新來的、不穩定的合作者嘗點甜頭，留住他們，這好像沒什麼不對。他們沒有意識到，這其實是在欺負原先那些穩定的合作者，所謂的大數據殺熟就是這麼來的。

一次沒道理的獎勵，其實就是很多次對其他人不公平的懲罰。

算帳

我和人討論電子書的問題。我問，同樣內容的書，電子書的價格應該是紙質書價格的多少？很多人都說應該是十分之一、三分之一。我就問，為什麼不能價格一樣呢？

他們說，那不合理啊。電子書的成本低多了，又不用印刷也不花費紙張，憑什麼那麼貴啊？

我說，購買電子書可以終生隨身攜帶，搬家不用花力氣搬書，做筆記更方便。如果是我，同樣一本書，即使電子書比紙質書貴我都會買電子書。

這樣的爭論永遠不會有答案。不過你看出來沒有，**這個世界上有兩種算帳的方式：一種是從別人的角度算帳，看別人占了多少便宜；一種是從自己的角度算帳，看自己占了多少便宜。**這兩種算帳方式的為人處世方式也會有所不同。哪種好，我們得自己琢磨。

損人不利己

對於損人利己的人，我從來不抱怨，因為這是人之常情。**社會合作從來不會因為人人利己而崩潰，真正因為社會互助合作而產生困擾的是那些損人不利己的人。他們的最大問題是搞不清楚自己的利益所在**，通常情況有三種可能。

第一，利益眼界太狹窄，也就是只看得到眼前利益，看不到更長遠、更多元的利益格局。比方說，對自以為可以信任的人說其他人的壞話。

第二，利益被各種情感因素綁架。比如，在生意場上因為看對方不爽，而寧可毀掉一椿原本可以雙贏的合作，所謂「打翻狗食盆，大家吃不成」。

第三，只看到自己的利益計算，不會從他人的角度想一想，自己單方面的圖謀有沒有可能實現。

所以，如果說壞人的問題是道德問題，那這些損人不利己的人的問題就是智力問題。

損失厭惡

有一個心理學上的詞，叫「損失厭惡」。

一個人在路上白白撿到 100 元所帶來的快樂是完全補償不了丟了 100 元的痛苦，這種心理在經濟學家看來完全不可理喻，因為太不理性了，畢竟都是 100 元，效能是一樣的。但是如果從進化心理

學的角度來看這個問題，結論就不一樣了。

　　你想想，一個上頓不接下頓的原始人丟了一頓飯，說不定就因此丟了一條命。而多了一頓飯，他沒冰箱也沒辦法儲存，價值就沒那麼大。你看，在現代人看來等價的東西，在原始人看來價值完全沒辦法相比。

　　我們帶著一個石器時代水準的腦袋去過現代的豐裕生活，當然有時候就顯得很傻，不理性了。

討好

　　有一位企業家跟我感慨，現在的消費者也太不可理喻了，面對討好他們的人，他們不領情；面對高貴冷豔的人，他們反而忠心跟隨，癡心不改。你說這是什麼現象呢？我說，這其實就是工業時代轉型的一個現象。

　　原本，人們生活在相對固定的社會關係中，人和人之間要想充分協作，減少摩擦，就得相互討好，以鞏固那些關係。可是網路帶來的橫向連接可能性趨向於無限大，人不再局限於一些固定的社會關係中。這個時候，**人類協作的黏合劑就不再是彼此討好，而是彼此吸引了。**

　　那些高貴冷豔的人，你可能看不慣，但是在喜歡的人看來，他們就是「有性格，有情懷」。一句話，討好的時代過去了，吸引的時代開始了。

提拔

你有沒有想過，在工作崗位上，一個人為什麼會被提拔？答案似乎非常明顯，無非兩個原因：**第一，能力強；第二，被上級或者公司信任。但在現實中，另外一個原因也非常重要，就是有人能接替他現在的位置。**

很多人既能幹又被信任，但之所以遲遲沒有被提拔，就是因為他要是升官了，他現在的工作就沒人做了，只好等等再說。你可能會說，這對他不公平啊。但是，組織行為從來不是以公平為第一目標的，而是以組織自身的利益為指針。

看清這個事實，所有職場裡的人就可以重新整理一下自己的優先順序。達成當前的工作目標固然重要，不斷充實提升自己也很重要，但是為自己的崗位找到一個能接替自己的人，培養他，給他機會，更重要。

利他就是利己，聽起來是雞湯，在現實中，這就是事實。

提醒

有人做過一項實驗，如果你想讓自己多喝水，很簡單的辦法就是在自己的桌上放半杯水。

做實驗的同學說，把水放在左手邊大概每天能多喝 8 ～ 10 杯水，放在右手邊大概每天能多喝 4 杯水。

這個實驗至少說明了一點：想讓一個成年人做一件事，最重要

的不是讓他懂這個道理——多喝水這個道理誰不懂呢，或者讓他擁有某種能力——但是誰不會喝水呢，而是提醒，而且是那種貼身、把大目標切成小行動的提醒。

舉個例子，好多人都想抽空把英文撿起來好好複習，不缺動機也不缺能力，但為什麼不做呢？沒有人提醒啊。你想像一下，如果你有個祕書，每天把十個不一樣的單字貼在你的電腦螢幕或者座位上，你是不是不知不覺就記住了？

想要推動一個成年人做一件事，別跟他講道理也別怪能力，不斷提醒他就好。

體驗經濟

在一個會議上遇到了一位朋友，他說，某個瞬間，他突然明白了什麼是體驗經濟。

他給我看他腳上穿的鞋，說這雙鞋他買了 8 雙。為什麼？因為這雙鞋有 5 公分的增高鞋墊。其實這位朋友並不矮，而且已經功成名就，也不用靠身高去博取什麼社會競爭力了，那他為什麼還要穿這種內增高的鞋？

他說，在一次偶然的機會下，他穿上了這種鞋，發現自己的視野一下子高出了 5 公分。這 5 公分的視野真是美妙，一旦體驗到了，就絕不捨得再失去了。所以他乾脆買了 8 雙同樣的鞋，這樣他就可以隨時享受高 5 公分的視野了。

他說，從這個例子中，他悟出了**體驗經濟最核心的特徵**，就是

沒辦法下降。

人一旦體驗到更美好的東西,就沒辦法再退回原本的體驗層級了。體驗經濟有前途,原因就在此。

天才

浙江大學江弱水教授的書《詩的八堂課》中提到天賦和天才的區別:「**有天賦的人能夠射中別人射不中的靶子,而天才能射中別人看不見的靶子。**」

他拿杜甫和李白比較,杜甫寫詩是有中生有,所以是有天賦的人,但李白更高一籌,李白的詩無論是對象還是意境,很多都是無中生有,所以李白是天才。

這讓我想起很多公司都在推行的 OKR,也就是目標與關鍵成果方法。OKR 的其中一個要點就是要找到公司目標和個人目標的結合點,但是難點也在這裡。

很多公司在推行 OKR 的時候,會發現大多數人能執行別人定下的目標,卻沒有自己的目標,也就是沒有「別人看不見的靶子」。

你看,**在未來高度不確定的環境中,有天賦是不夠的,每個人都必須成為某種意義上的天才。**

天人交戰

友鄰優課創始人夏鵬老師講過一段話，我深有同感。他說，**什麼是奮鬥？加班是一種奮鬥嗎？拚命往外面跑是奮鬥嗎？都算。但最有價值的奮鬥是我們內心的掙扎，就是所謂的「天人交戰」。**

我應該怎麼做，但我現在做不了，我該怎麼去調和？我必須怎麼怎麼做，但我不會做，我應該怎麼辦？別人讓我做什麼，但我就是不情願，我應該怎麼辦？我現在就想做這件事情，但我未來可能會因為這件事情而受損，我應該怎麼辦？經歷這樣的「天人交戰」多了，一個人才能成熟，才知道在各種微妙的情形下怎麼找到內心的平衡。

弗里德里克‧邁特蘭德講過一句話：「簡單是長期努力工作的結果，而不是起點。」

對，當我們看到一個人做某件事顯得很輕鬆，講出來的道理很簡單，那是因為他已經把最艱難的平衡和內心的衝突都消化掉了，而那些東西是永遠也講不出來的。

跳槽

好幾個人跟我商量跳槽的事。我的建議當中，有一個共同的點就是千萬不要有毀掉重來的心態。

人一輩子就這麼短，是承受不了幾次毀掉重來的。**跳槽和離婚可不同，它是踩著已有的東西去搆那些自己還沒有的東西，它不能**

是嫌棄現狀的，而應該是想更好地利用現在的資源。如果你發現現在的資源沒什麼好的，那問題來了，這說明你沒有建設性地經營自己的習慣，跳到一個新的地方，結果還是一樣不滿意。

有一個坐了三年牢的人，出來之後身體特別好。他說，坐牢也能向不同階層的人學習，順便調理飲食，高血壓都好了。每天再做幾十個仰臥起坐，身體變得超好。

你看，會經營自己的人，連坐牢都不會覺得一無所得，現在的工作，再壞也壞不過坐牢吧。

跳船力

王爍老師提到一個有趣的概念，叫「跳船力」。

什麼意思呢？很多衰落的組織往往會陷入「作死循環」，根本止不住下滑的趨勢。請注意，這不是因為這個組織裡的人蠢，他們可能都是理性的，而是因為這個系統運行到作死循環的邏輯裡出不來了。

怎麼辦？組織裡的人就得學會及時跳船下海，保證自己不和它一起沉沒，這種能力就叫跳船力。那怎樣才能有跳船力呢？王爍老師一言以蔽之：「**不要只做局部環境中的最佳選擇。**」

比如，你在一家公司工作，在這個局部環境裡的最佳選擇當然就是全力以赴地工作。如果從跳船力的角度看，你就不能把所有的時間、精力都投入工作，你總要留有餘地，做點看起來沒用的事，讀點沒用的書，為你隨時隨地保有一定的跳船力做準備。

通感

有一位做音樂教育的老師跟我講,培養小孩子聽音樂,千萬不能用大人那一套,講解什麼音樂主題、創作背景、思想內涵,比如貝多芬的〈第五交響曲〉就是命運在敲門,這些東西都是概念,小孩子很難有接受概念的能力。

那該怎麼辦呢?你可以放一段音樂給孩子聽,然後問他,這段音樂是什麼顏色的?是藍色的還是白色的?是什麼味道的?是鹹的還是甜的?當孩子接納了這段音樂,然後運用通感能力將它表達成另外一種感受的時候,這段音樂就真的在幫助他塑造審美能力了。這對他將來寫作、表達都會有巨大的幫助。

學習有兩種模式,一種是從資訊到概念,然後儲存;另一種是從一種感受到另一種感受,然後輸出,後者的學習方式就是我們經常說的讓知識穿過身體,這樣知識也會成為我們的財富。

同場經爭

在商業領域,人們經常談行業競爭,但是在未來,競爭其實不是行業內部的事,即使贏得了行業內的競爭,也有可能輸掉公司的未來。為什麼?因為未來的商業競爭,本質上是爭奪消費者的時間。

隨著科技發展,**未來一切可能都是充裕的,唯獨消費者的時間和注意力是稀缺的。電影院、咖啡館、出版社、培訓機構、旅遊公**

司實際上都是在爭奪同一批消費者的時間，是同場競爭，沒有行業之分，大家的著眼點都是占用了消費者多少時間。

《連線》雜誌的資深撰稿人凱文‧凱利把這個說法又推進了一步，他說，**未來很多行業其實都是過濾器——在大量對象中，把無效選擇過濾掉，讓人更好地利用時間。**

童工

讀歷史很有意思的一點是，你經常會碰到不同時代的人，發現他們在價值觀上的重大差異。

比如說，僅僅在一個世紀之前，歐美還流行童工制度。到了 1880 年，一個美國的愛爾蘭移民家庭裡，孩子賺的薪水還要占全家收入的近一半。

現今我們都知道這是萬惡的童工制度，但是在那個時代，包括一些知識份子在內的很多人都在為童工制度唱讚歌，直到 20 世紀初才有人開始反對童工。

當時還有一位作家義正詞嚴地反駁，如果一個體制不許兒童在艱苦生活中磨練自己，而是鼓勵他們去街上踢球，那麼林肯就根本不會出現，這簡直就是對人類犯罪。

人類文明中，很多的進步在當時僅僅是一個觀念爭議，但時隔幾十年再回頭一看，簡直恍如隔世。

童年

當了幾年爸爸，我最大的收穫就是重新理解了童年。都說快樂的童年，其實不然，童年其實是一段很苦的日子。

你想，一個孩子，他的世界就那麼大，控制世界的能力也就那麼一點。就像「世界的一粒灰，落到他們頭上就是一座山」所說的，一個玩具壞了或者遭遇到一點點不公平，大人看來也許不算什麼，但在他們看來，那就是天塌了一樣的災難。

從這個角度看我們自己，也是一樣。如果我們覺得一件事有天大，帶來了天大的悲哀，原因也只有一個，那就是我們看到的世界太小了。

所以，**目標不是提供孩子知識，幫助他們看到更大的世界，從艱苦的童年狀態解脫出來，才是目標。童年沒有什麼值得羨慕的，成長才值得羨慕。**

投資

張泉靈曾在中國傳媒大學講過一次課，他從央視主持人轉做投資人，這個身分轉換還是很大的。

那怎麼做投資人呢？他說了一個簡單的心法，就是想像一下，如果自己求職，會到什麼樣的公司；如果這家公司邀請自己加入，自己會不會動心。

背後的道理很簡單，**投資人是用錢來投資一家公司，而員工是**

用生命和時間來投資一家公司，都要用非常負責的精神去判斷這家公司和這個行業是否有未來，是否正處在上升階段。

對大多數人來說，張泉靈的這個心法可以反過來用。如果你要考慮加入一家公司，那你就想，我願不願意用一大筆錢投資這家公司。如果願意，那就加入。因為對於真正明智的人來說，生命是比錢貴得多的東西。

透明度

西漢的丞相——劉邦的重要謀士——陳平有一次逃亡時，要坐船渡過一條河。擺渡的船夫看見陳平相貌堂堂，又是一個人趕路，就懷疑他是一位逃亡的將領——反正是個大人物，所以身上肯定有錢，於是船夫就起了歹意，看著陳平，眼露凶光。

陳平意識到情況不妙，但是已經上了賊船，能怎麼辦呢？求饒？認？鬥狠？都沒用。

陳平靈機一動，二話不說就脫掉上衣，光著上身開始幫船夫劃槳。船夫一看，上衣都脫光了，也沒看到什麼金銀財寶，還是算了吧。

這個故事告訴我們，**在複雜的環境中生存，有時需要你保持透明度，而且是提前保持透明度，不要事到臨頭再解釋。**

突變

何帆老師在他的年度報告裡提到一個概念叫「演化算法」，這既是對中國發展模式的一個解釋，對個人發展也很有啟發。何帆老師說，演化演算法包含五個「絕招」，分別是：試錯、突變、適應、協作和混搭。

有個同事就問我：「羅胖，你如果要嘗試一下其中的突變，你會做什麼呢？」

我想了想說：「我可以發個大願，把《資治通鑑》再讀一遍，或者是再學習一門外語。」

那個同事就說：「你這叫什麼突變？你這不還是在原有的路上前進嗎？你這種只願意使用理性來處理事情的人，如果突變，應該是突然喜歡養一些花花草草，或者是突然嘗試去畫畫，開始用感性去體驗這個世界啊。」

這個批評說得對。**我們經常覺得自己在做巨大的改變，但跳出來一看，往往還是在原地畫圈。**

土地

有一天忙裡偷閒，去北京大學聽了半天周其仁教授的課。

他有一個觀點很有意思。在現代化之前，人類的財富，例如糧食、資源都體現在土地上，所以人類的主要矛盾是爭奪土地，戰爭的主要目的，其實也是搶別人的土地。

現代經濟不一樣。一方面，每平方公里的土地出產的財富大大增加了，比如紐約市，這個數字達到了十幾億美元。而另一方面，現代經濟又衍生出一種自我保護機制。**你占領這麼昂貴的土地是有用嗎？沒用。因為你一動手攻打，財富就自動消失了**。你要是武裝占領紐約，華爾街就無法運作，這個城市就完了。

你看，人類的戰爭越來越少，過去我們總是將其歸功於核武的威懾，但是現在看來，現代經濟的演化也是一個重要的原因。

暴力，正在成為一個越來越沒用的東西。

推己及人

你要是想瞭解其他人的想法，方法很簡單，就是推己及人、將心比心。我不知道這件事別人怎麼想，但是反過來想想我自己在這個處境下會怎麼想，基本上也就可以推斷出別人的想法了。這個方法，我用了很多年，一直很好用。

這幾年，我卻發現這個方法不靈了，原因有兩個：第一，社會在多元化，人和人的差異變得越來越大；第二，自己在一個領域扎得越深，就越不知道不在這個領域裡的人怎麼想。

有一個詞叫「知識的詛咒」，你沒有專業的知識就沒有競爭力，一旦有了某種專業知識，你就為自己打造了一個認知牢籠。

這麼說來，**人一生的學習歷程可以分成兩個階段：第一個階段是學習知識，建立競爭力；第二個階段是走出知識的牢籠，重建同理心**。

退休

　　矽谷投資人納瓦爾·拉維肯對「退休」這個詞有一個很有趣的定義。**什麼是退休？不是不工作，而是不再為了想像中的明天而犧牲今天。**

　　按照這個定義，**一個人的退休方法有很多種。第一種方法當然是存夠了錢，想幹什麼就幹什麼，**不為明天焦慮，這個人的狀態是退休了。**第二種方法是把開銷降到幾乎為零，**比如說出家修行，那也不用為明天焦慮，也算退休了。其實還有**第三種方法，就是做自己熱愛的事，**能不能賺到錢無所謂。

　　我覺得第三種方法最好。為什麼？通常做自己熱愛的事就是找到了最獨特的價值。在這個時代，獨特價值通常都能賺到錢。比如你學過畫畫，你真的非常熱愛畫畫，就在社交平臺上直播畫畫，畫一張、賣一張。只要你不想著怎麼擴大規模，不為明天焦慮，你信不信，真的就能有不錯的收入，這可能是我們這代人最理想的退休生活了。

蛻殼

　　有一個說法，說龍蝦其實是一種生存能力和免疫能力都非常強的物種，通常不會衰老而死。那龍蝦一般都是怎麼死的呢？被我們吃掉不算，龍蝦最主要的死法是來不及蛻殼，也就是說，牠的身體長大了，但是堅硬的外殼來不及同步長大，龍蝦被活活憋死了。

這個說法的科學性如何我不知道，但是我知道很多國家和公司確實就是這樣憋死的。很多帝國實力強大，不斷擴張，但是它們的殼，也就是宗教、文化、制度、社會結構跟不上這種增長，結果帝國就垮了，這不也是一種「憋死」嗎？公司也是一樣，每時每刻都在追求變大，這沒錯，但是它的作業系統真的能支援它變大嗎？

有句話說得好，當你看見一家公司很混亂的時候，有兩種情況，一種是真混亂，還有一種是它在蛻殼。

妥協

德國哲學家格奧爾格・齊美爾說過一句很有意思的話：「最高境界的處世藝術是不妥協卻能適應現實，極端不幸的個人素質是不斷妥協卻還不能適應現實。」

你看，這樣就區分出高人和普通人了。為什麼會這樣？答案是兩種妥協和適應的本質不一樣。**高人的不妥協是行動上的不妥協，適應是態度上的適應**。有領導力的人都這樣，我心裡有的行動目標是不能變的，但是面對不同人的不同情緒，我可以自如地變通。

普通人正好反過來，他們不能妥協的是態度，行動上倒是可以隨意地變。你一定聽過很多人說這樣的話：「我搗亂不是為什麼利益，我就是咽不下這口氣。」或者「這件事我之所以不做，是因為沒必要非得把關係搞僵。」

你看，他時刻在意態度和情緒，因此不堅持任何行動，這就是為什麼老是妥協卻很不幸的根源。

挖人

參加領教工坊的特訓營活動時，有人問雕爺，**要怎麼樣才能留住關鍵崗位上的員工？**雕爺舉了一個例子。

他公司的設計師，在行業內公認水準比較高，但是沒有被挖走過。為什麼？核心原因有兩點，**第一是給盼頭，小幅度但高頻率地加薪**，而且不是按年，是按月小幅度加薪。外面挖人，靠的無非就是加薪。被挖的人一算，在這裡只要好好做，過段時間也會加到這個水準，那就一動不如一靜了。

第二是給寬鬆。雕爺說，用關鍵崗位上的能人最重要的心法就是不能往死裡用，最多要求他一半時間在工作，要給他涵養心智的時間。外面高薪挖去的人，一定是往死裡用，那被挖的人也知道，那樣的話，過不了多長時間自己就會廢了，自然不會走。

完整意圖

樓上的住戶問樓下的人：「你好，我住你家樓上。我們是同樣的戶型，我家準備裝修了。請問，你家刷油漆的時候，買了幾桶油漆啊？」

樓下說：「13 桶。」

樓上說：「好，謝謝。」

過了好多天，樓上又問：「我買了 13 桶油漆，刷完之後怎麼剩了 5 桶呢？你是不是記錯了？」

樓下說：「沒錯，我家也是剩了 5 桶啊。」

人家問的是買幾桶，而完整意圖是在問需要用幾桶。這雖然是個小故事，但是在工作中，這種情況其實很常見，**執行任務的人經常無法理解給予任務的人的完整意圖。**主管說，客戶提出的會議，他們怎麼還遲到呢？其實主管關心的不是遲到問題，而是客戶關係是不是出問題了。

你看，**透過自己的經驗完整定義他人的意圖，這是人工智慧可能永遠也做不到的，也是人永遠不能放棄的溝通優勢。**

玩具

愛因斯坦解釋相對論，有一次他是這麼說的：一個男人如果是在和一個美女聊天，那一小時就是一分鐘；而如果是在熱火爐上坐著，那一分鐘就是一小時，這就是相對論。

其實說到底，這不是相對論，而是人的一種心理機制，不過它也告訴我們一個道理：**活著的品質是和面對的對象是有關的。說白了，提升生活品質的一個重要方法，就是替自己找一個新對象、一個新玩具。**

能夠把一個人的生命照亮的玩具有三個特徵：第一要簡單，不至於複雜到像網路遊戲那樣讓人沉迷；**第二要精緻，**以至於雖然簡單，但是裡面有無窮的細節和無盡的變化；**第三要美麗，**以至於雖然長久面對，但不會生厭。比如一把口琴、一支畫筆，就符合這幾個標準。

玩遊戲

孩子該不該玩電子遊戲？第一反應當然是不應該。因為電子遊戲背後那一大群專家，研究的就是怎樣讓使用者沉迷，孩子很容易就不能自拔。但有人反駁說，不，應該要讓孩子玩，你不能只看遊戲本身，還要看到它背後的社會結構。現在遊戲的普及率這麼高，別人的孩子都能玩，你家孩子不能玩，他就會被孤立。

又有人反駁說，不，還是不應該玩，孩子沉迷遊戲事小，更重要的是，周圍的人都說玩遊戲不好，他知道的，他容易陷入對自己的負面評價，覺得自己就是一個沒出息的人，這種自我負面評價比沉迷遊戲害處更大。

上面說了三個答案，我不知道你認同哪個，但這三個答案有一個共同點，就是**一個事物無所謂好壞，關鍵在於它周邊的社會結構是什麼樣的，以及我們以何種方式受這些社會結構的影響**。

網路效應

有一句話說：「**思考的時候，將好事打五折，壞事翻一倍；行動的時候，將好事翻一倍，壞事打五折。**」聽起來有道理，問題是為什麼要這樣呢？這牽涉到思考和行動不同的網路效應。

思考的時候，你想到的好事，會激發你找證據證明這是一件好事，也就是所謂的自我合理化。所以，好事是被邏輯網路強化了的，必須打五折。

行動的時候不一樣，做了一件好事，被周邊的網路感受到，不管是被感召了來幫助你還是趕來占便宜，總之，這件好事因為被看到了，就會被網路強化，所以就要翻一倍。

很多能幹的人經常講，想那麼清楚幹嘛？先做再說！他們不是胡來。他們是想避免那些好事在想像中被打折，他們更是想追求那些好事在行動中被翻倍。

忘他

從小我們就聽過一個詞叫「忘我」，在王建碩的文章裡，我又看到一個詞叫「忘他」。

忘他不是指這個人自私，而是指這個人進入了一種忘掉他人、獨自創造的精神狀態。

比如，同樣是寫文字的，記者必須忘我地投入採訪，而作家則必須忘他地投入創作；同樣是寫程式碼，程式設計師和工程師是不一樣的。通常，程式設計師是把別人，比如說產品經理的想法翻譯成程式碼；而程式工程師不一樣，他必須忘他，他的腦袋裡得先有一個完整的、邏輯清晰的世界，然後透過程式碼展示給別人看。

我第一次看到「忘他」這個詞，精神一振。過去，我們以為做事只需要忘我，因為這樣才能理解客戶、利用演算法、洞察痛點。跳出來一看，**這個世界上大多數真正有價值的事，其實是忘他的結果，比如說寫一部偉大的小說或者創辦一家偉大的公司。**

威脅

有一次，我和一位創業者聊天，他在他那個行業裡已經做到第一名了。我就問他：「你覺得你這個行業裡的第二和第三名對你有威脅嗎？」

他說：「沒有，我最害怕的是剛進入這個行業的小企業。」

我問：「為什麼呢？」

他說：「第二、第三名的企業擁有的資源類型和我差不多，打法差不多。說白了，他們的資源和思路都鎖定在我這條路上，但是什麼都不如我，那還有什麼可怕的？那些剛剛入行的小公司就不一樣了，他們沒有什麼資源，所以他們一定在逼著自己想別的辦法，用其他類型的資源超過我們。萬一他們想出來了，形成了競爭力，到時候，船大難掉頭，難受的反而是我們。」

他還說了一句話：「**要小心那些滿手都是壞牌的人，因為當手裡的每一張牌都是壞牌時，他們想要贏一把，唯一的辦法就是打破遊戲規則。**」

微粒社會

我在羅輯思維節目裡聊過一個概念，叫「微粒社會」。

什麼意思呢？**社會不再能被劃分成那種粗顆粒的人群和階層了，因為數據技術的發展，現在每一個人都不一樣，每一個人都只是他自己，很難歸類，這就叫微粒社會——顆粒很小的社會。**

在微粒社會裡，人生經驗的價值變得越來越小，不只是年長者的經驗對年輕人來說借鑑的價值變小了，即使是同輩人當中，成功者的經驗也沒什麼可複製性。從這個角度我們才能解釋，為什麼心靈雞湯這種東西開始被嫌棄。

本質上，這不是因為心靈雞湯的品質下降了，而是因為我們每一個人都在孤獨地面對自己的機會和挑戰。

偽裝

觀察黑猩猩的科學家發現，一個黑猩猩群裡的老大，也就是猩猩王，看起來要比那群第二大成年雄黑猩猩強壯得多，但實際上，這是一個假象。

為了造成這個假象，猩猩王有兩種方法。第一，平時牠就把自己的毛髮微微地豎起來，那看起來肯定要比其他猩猩大一圈。第二，牠在走路的時候，總是邁著一種緩慢而穩重的步伐，那意思是我的身軀很龐大、很沉重，你們都給我小心點。

動物學家們還發現，如果這隻猩猩王被鬥敗了，被從王位上趕下來，牠微微豎起的毛髮、緩慢穩重的步伐，這些臭毛病就全沒了，要是還那麼囂張，牠肯定得挨揍。

瞭解這個知識，我立即就理解了那些裝深沉、裝文藝、不懂裝懂、不行裝行的人，他們不過是要把毛微微豎起來一點而已。

為己

我經常講一個有點犯忌諱的道理：「**人做什麼，應該都是為了自己。**」

我和同事講，你千萬別想著犧牲自己，為公司貢獻，你做什麼都應該是為了你自己的成長。我們的責任，是找到方法讓你和公司共贏。做慈善也不是因為可憐窮人，是你要對自己更滿意，讓自己對社會問題有判斷、有擔當。去聽音樂會時，注重穿著不是對演奏者的尊重，本質上，你是在尊重你自己和這段音樂的緣分，尊重自己所花的時間，讓自己變得更完美。

未來

在總結自己過去一年的認知變化時，我說了特別重要的一句話：「**現在就是未來。**」

什麼意思呢？以前我總覺得未來是未來，現在是現在。未來之所以有價值，是因為我們可以透過努力讓它變得和現在不一樣，所以未來是想像和規劃出來的。後來，我有個新的感受，**未來是什麼樣子的跟規劃的關係不大，它更多是透過做好手頭的事來實現的。**

一位導演拍好手頭這一部電影，有了票房，有了業界口碑，下一部的片約和機會也就來了；你在公司做好一件小事，哪怕只是接待一位客人，流程嚴謹，禮貌周到，也會被看成工作能力強的表現，下一個機會也就隨之來了。

所以，**未來是什麼？**

未來只是我們現在做的事情中某個因素的展現。

未完成的人

我翻了我自己的讀書筆記，翻完之後，眼睛一閉，腦袋裡蹦出來的第一個詞是「未完成的人」，這是我看問題一個很大的視角轉換。過去，我會把所有努力都當作是自己變強大的過程 —— 我這個人就這樣了，所以我需要更多的武器讓自己變得更厲害。如果從「未完成的人」這個角度來看，應該是我還遠遠沒有達到我想要成為的那個人，那個人有更多的智慧、更好的感受力、更多處理問題的工具，所以我現在的努力不過是要更接近那個目標。

這樣看問題的好處是，你不會貿然說什麼有用，什麼沒用。有用、沒用，那是相對於我當前的目標而言的，而對於**那個未完成的自己來說，我現在多讀一首詩、多站在那裡看一眼風景、多認識一個人聽他講自己的故事，都是我完整人格裡不該缺少的一個片段。**

溫和專制主義

我提過一個詞：「溫和專制主義」。什麼意思呢？簡單來說就是**我不強制你，但是我設定一個因素，利用你人性的缺點，讓你主動去做我希望你做的事。**

　　這讓我想起一種病，叫疥瘡，這是一種傳染性皮膚病。疥瘡的病因是一種微生物疥蟲，它進入人類皮膚之後，只做一件事，就是讓人奇癢難忍。這是疥蟲布下的陷阱，就等你的指甲幫它擴充地盤，可以說這種病是由疥蟲設計，然後由你自己施工的——這就是疥蟲的溫和專制主義。

　　現代社會中，大到賭場，小到電子遊戲，溫和專制主義的東西越來越多，但是讓人自我提升的東西，自古以來就那麼幾種。現在很多人在談階層固化，這可能也是原因之一。自我提升的人還是會不斷自我提升；自我沉迷的人有的是東西讓他繼續沉迷。

文盲

　　有一位老闆，幾十年來，生意都做得很好，但他其實是個文盲。這好像不太符合我們講的——做生意、創業，都要不斷地升級認知。那他為什麼還能把生意做得好呢？

　　事實上，他雖是文盲，可智力並不低，數學能力非常好。他做生意，對財務特別敏感。任何生意上的決策——你不用跟他講道理，他反正也不太聽得懂——他都能用投資回報率這一把尺來衡量。划算就做，不划算就不做，除此之外，他做決策沒有別的面向。

　　你可能看出來了，他的方法和巴菲特是類似的，就是**長期堅持用一種價值尺度來衡量自己的投資，盡量不受其他因素影響。對於有知識的人來說，這需要極高的認知水準才能做到**，而這位老闆因為文盲這個因素，讓他排除掉了那些干擾因素，他同樣也做到了。

文質彬彬

我們都知道落後就會挨打，其實這只是科技文明發展後的現象。此前正好相反，都是先進才挨打，像古羅馬和中國的宋朝，不都是死在落後文明的手裡了嗎？

不守規矩，甚至有點耍流氓的打法往往最容易贏。無論在歷史上，還是在現實的商業中，這都是一個常見的現象。

有一個詞叫「文質彬彬」，現在我們都以為是形容一個人很文雅的意思，其實不然。文，就是文雅；質，是指一個人身上那種原始的野蠻特質。孔子說**「文質彬彬，然後君子」就是指一個人必須既有文明的一面又有野蠻的一面，這樣才能是個君子。**

嚮往文明，同時容忍並且能夠適度地欣賞野蠻，才是一個社會或一個公司生機勃勃的狀態。

文字

偶然讀到周曉楓散文集的《有如候鳥》，這麼多年，我是第一次被純粹的文字力量震撼。書中有一篇專門寫老年癡呆症的文章，文章裡沒有故事、知識和道理，文字通常會給我們的東西，它都沒有。它就是描述一個人因為患了老年癡呆症，逐漸人格解體的過程，看得我驚心動魄，甚至痛哭一場。

這本散文集看下來，我居然有一種被修復的感覺。被磨得非常粗糙的感受系統，突然被啟動了。

很多人說，文字的時代要過去了，將來是影片的天下，看來不會。**文字的表意作用、抒情作用可能會被部分替代，但文字本身作為一種藝術創造工具，恐怕永遠是獨特的。**

問題陷阱

日本有一位著名的老演員叫樹木希林。在他去世之前的一次採訪裡，記者問他：「您對現在的年輕人有什麼忠告？」

樹木希林說：「請不要問我這麼難的問題。如果我是年輕人，老年人說什麼我都不會聽的。」

這個回答本身對不對，見仁見智。但它給我的觸動是，我們得有勇氣突破問題本身。**我們這些被考試訓練出來的人，面對任何問題最本能的反應都是無論對不對，先答再說——多少得點分嘛。問題在於，問題本身可能就是一個陷阱。**

比如，企業家經常被記者追問：「您對創業者有什麼忠告嗎？」企業家其實未必真的仔細想過這個問題，這時與其輕率作答，還不如像樹木希林那樣說：「請不要問我這麼難的問題。」

無關

李翔老師跟我講了一個媒體圈的小故事。

一名年輕記者剛去《紐約時報》工作，在辦公室裡也不認識什

麼人，每天挺落寞。但是沒幾天，他發現報社一位特別大牌的記者很喜歡來找他聊天。他還挺高興的，覺得自己被前輩賞識。直到有一天，主編把他叫到辦公室：「你不知道我們這裡的規矩嗎？那個大牌記者來找你的時候，不准跟他聊天！否則他的稿子永遠都寫不完！現在全辦公室就只有你還膽敢跟他聊天！」

所有的內容團隊，拖稿都是一個大難題。不過，我聽到這個小故事，最大的感觸倒不是拖稿，而是**我們每個人都習慣從自己的角度來理解別人對待我們的態度。**

其實這個世界還有另外一面，別人對待我們的態度跟我們無關，我們只是他自己問題的一個解決方案。

無用之學

有一次我和一位學者聊天，他是那種特別謙虛的人，說觀點之前總是要說：「我這說的都是無用之學，就是博大家一樂。」

那次我忍不住說，您以後再別說什麼無用之學了。過去可能是這樣，但是未來，這種虛偽的知識價值會越來越被重視。

就像有一個小故事說，面對同樣的美景，別人可以吟誦「大漠孤煙直，長河落日圓」，你只能說「真好看」；面對同樣一道茶，別人能說出這個品種的源流和典故，你只能說「真好喝」。你花的旅行費用和買茶葉的錢是不是就貶值了？

未來市場中，體驗本身就是價值，而創造體驗的除了商家，就是你自己的知識，這就是知識價值的顯性化。

誤導

李翔老師提到巴菲特曾說過的一個比喻：假設有兩個受精卵正在準備投胎為人，這時候有一個神靈對他們說，有兩個國家，你們都可以去，一個是美國，一個是孟加拉，你選擇哪裡？兩個受精卵就問，這兩個國家有什麼區別？神靈就說，美國要收所得稅，孟加拉不收。

你說這兩個受精卵會怎麼選？要是我，高機率會選孟加拉，因為只有這一個決策資訊。結果我們當然知道，即使是同樣聰明的兩個人，分別出生在這兩個國家，後來生活品質的區別有很高的機率也會很大。但是在他們選擇的那個關頭只得到了那個片面資訊，即使這個資訊是真實的，也會強烈地引導他們做出錯誤的選擇。

所以你看，**誤導我們的不是虛假資訊，而是那些我們以為很重要的片面資訊。**

希望

吳軍老師在寫給讀者的一封信中講到一個有趣的邏輯。

亞馬遜一直是美國資本市場的明星，雖然過去它並不賺錢，但是業務一直迅猛發展，所以每次公布財務報告，股價都大漲，可是在 2016 年第二季度時，卻出現了一樁怪事。分析師認為亞馬遜的利潤應該是 9000 萬美元，實際公布出來卻是 8 億多美元，遠遠超過了預期。

那股價應該暴漲對不對？實際上，股價反而跌了。為什麼？因為資本市場的邏輯是你之所以有這麼多錢花不出去，是因為你已經找不到繼續投資的方向了，接下來你的發展就會停滯，所以我們不看好你。

這個例子告訴我們，**企業和人一樣，都是靠希望活著的。**

沒有未來，就沒有現在。

喜劇

為什麼現在喜劇特別受歡迎？普遍原因是現在人的壓力太大了，看看喜劇，笑一笑，放鬆一下。這個道理聽起來是對的，但我們也可以反問一句，看悲劇就不會放鬆了嗎？

你想，年輕人放鬆往往是打幾局激烈對抗的遊戲，那可一點也不好笑，但是也很放鬆。

後來我看到另外一個解釋，說現在的環境太嘈雜了，讓人沉浸到另外一個場景變得非常困難，而正劇、悲劇都是需要人沉浸其中才能欣賞的，但喜劇不用，喜劇是天然且不需要觀眾沉浸的劇種。

你想，看一個胖子跌倒了，大家會笑；看一個小人物被老闆虐，大家笑，這是因為我們帶著一種旁觀而非沉浸的心態。如果沉浸了、入戲了、有同理心了，別人跌倒或者被虐，我們是笑不出來的。

所以，**喜劇未必代表歡樂，喜劇代表的，也許是現在正盛行旁觀心態。**

下屬

有一位很有水準的上級跟我講，他的領導風格是從來不否定下屬。他說，**想要完成任何事，先決條件是團隊裡所有的人都有內在動力，想把事做好。**一個打工的人職位又不高，賺的錢也不多，是經不起你的否定和打擊的。

那他怎麼做呢？如果和下屬意見不同，他就會假裝聽不懂：「你再說一遍」、「哦？你再仔細說說你的想法」、「你是不是這個意思」，然後把自己的想法說一遍。

你放心，甭管這兩個意思差別有多大，下屬馬上就會把意思統一到上級的意思上，而且對其中的差別渾然不覺，或者暗自慶幸，幸虧上級沒聽懂我的意思，然後就當真把上級的意思當成了自己的意思。

先發者

有一本書叫《消失的地域》，裡面寫了一個有趣的片段。當年羅斯福和杜威競選美國總統，那個時候效率最高的競選工具是廣播電臺。兩個人都買了全國的廣播時段發表競選演說，羅斯福在哪裡買 15 分鐘，杜威的競選團隊就也在哪裡買 15 分鐘。跟在你後面，你前面說什麼，我就跟著反駁，你還沒有機會還嘴，多麼巧妙的安排！

但是羅斯福的演講通常到第 14 分鐘就結束了，剩下的 1 分鐘

時間就沉默，什麼聲音都沒有。聽眾一聽，哦，沒了，就換電臺了，然後杜威才開講，面對已經跑光的聽眾開講。

　　這個故事告訴我們，很多人都以為**跟著別人的步伐行動就能掌握更大的主動權，而實際況是，誰先行動，誰才有更大的戰略空間。**先發者對付後來者的手段，比想像的要多得多。

相親

　　我們總編室的宣明棟老師寫了一篇文章，主題是「如何提高相親的成功率」。相親成功需要很多條件，比如學歷、收入、家境等等，這些都可以透過發問得到答案，但是如果你還在意對方的人品、價值觀，光靠問問題就不行了，**語言是沒辦法描述價值觀的，那靠什麼？靠一起經歷事件。**

　　請注意，什麼叫「事件」？一起吃個飯能稱之為事件嗎？一起看個電影能稱之為事件嗎？不是，因為這些不能夠呈現一個人社會性的過程。那什麼是事件呢？比如，吃飯結帳的時候發現老闆算錯了帳，他怎麼處理；看電影的時候，旁邊一直有人大聲說話，他怎麼處理，這些才是事件。

　　當我們面對一個處境時，這個處境跟我們要一個反應，這是事件。看在旁觀者的眼裡，每一個事件都在暴露我們的人品和價值觀。

想法

據說很多作家都有這樣的經歷。有人找到一個作家並且跟他說：「我有一個非常棒的創意，我現在告訴你，你能把它寫成小說嗎？如果有收益的話，我們五五分成。」

這些人覺得這個要求很合理，創意是我的，這很艱難；而你這個作家只不過是出點勞力把它寫成小說而已，這很簡單。

這件事我們當然知道很荒誕——寫成一篇小說，肯定不只是靠一個創意那麼簡單，但是在現實中，這樣想的人很多。有的創業者堅信自己的某個主意非常值錢，只需要找一個寫程式的人幫他實現就好。有的領導覺得自己苦口婆心講的戰略方針很重要，手下的人怎麼就是不會呢？有人掏心掏肺地給別人建議，覺得自己想得很明白，對方怎麼就是不按正確的方式做呢？

其實，想法不值錢，真正的難題只在於怎麼實現。

消費

艾倫·狄波頓在《我愛身分地位》這本書裡面寫了一段話：「要想停止注意某件事物，最快的方法就是將它購買到手——就如同要想停止欣賞某個人，最快的方法可能就是與其結婚。」

後半句話當然有玩笑的成分，但是前半句還是透露了一個真相：一樣東西的絕大部分價值在我們決定買它、下單支付、收貨完成的那一刻，就已經消失了。

就像作家許知遠所說的，我們現在這個社會其實不是物質匱乏，而是意義匱乏。**絕大部分的消費，其實是意義消費和身分消費，**很多人買書不看，其實也是這個原因。比如注意到一本書，好喜歡這個書名，於是買了；拿到了，就滿足了自己占有這個書名的意義感，對這本書的關注也就結束了。

占有本身就是意義的實現，這可能是消費時代的最大祕密。

消費主義

在微博上看到有位老師提了一個問題：「請問，抵禦消費主義的最佳手段是什麼？」

他的答案是兩個字——創作。聽起來是很突兀的一個答案，但是很有道理。先搞清楚，**什麼是消費主義？不是好吃懶做、奢侈浪費，而是用消費來解決意義缺失的問題。**比如，我買了一支蘋果手機或者一個包包就證明我怎樣怎樣。這哪是買東西啊？這是買一個意義。反過來也就證明，我沒有能力自己去創造意義，我需要買一個現有的，這才叫消費主義。

那該怎麼辦呢？創作解決的就是這個問題。有一張白紙，我就能畫一幅畫；有一些小花小草，我就能拍一幅攝影作品。這是在點石成金，是在一片意義的空白中，橫空創造出了意義。這樣的人，怎麼可能被消費主義綁架？

所以才說，**抵禦消費主義的最佳手段不是節省，而是創作。**

消費投資者

有一句話說：「我們有幸生活在一個消費和投資可以隨時轉換的時代。」什麼意思？就是說同樣一個行為，看起來是消費，但是做得好就是投資。

舉個例子，玩遊戲是一種消費，但是你認真玩，最後玩成了職業選手，那玩遊戲對你來說就是投資。買化妝品是一種消費，但是你一邊買、一邊用，還一邊研究、一邊表達，最後成了美妝版主，那買化妝品對你來說就是投資。

美國未來學家艾文‧托佛勒說過，生產和消費的界線已經模糊了。他還創造了一個新詞叫 Prosumer（生產性消費者），今天我們也可以照貓畫虎創造一個詞叫「消費投資者」。

以前劃分人群是不同的人做不同的事，從「消費投資者」這個角度看，未來的人群劃分則是不同的人完全可以做相同的事，只不過背後的演算法完全不同而已。同一件事，有的人是消費，有的人是投資。

小步快跑

過去對於網路軟體產品的觀念是，一款軟體要設計得盡善盡美才能投放市場，比如微軟的 Windows。可是後來大家發現沒這個必要了，於是騰訊提出「小步快跑，快速迭代」的做法，即盡快上線，不要怕有缺陷，在和用戶的互動中快速改進。

我又聽到一位創業者在講課時說，還有一種更快的做法是，一旦有初步的想法，立即讓設計師做一張圖。它根本還不是一個軟體，只是一張圖，上面的功能都是畫上去的，然後發到自己的網路社群，如果在熟人圈裡有不錯的反應，那再進一步去做。

你看，**網際網路大大提升了社會的回饋速度，好處是不需要做那種完整規劃了，有一個大致的方向，就可以從最實際的地方做起**，行動的重要性將會漸漸地超過計畫的重要性。

小人

有一句話說，**人生需要遇見四種人，分別是名師（指路）、貴人（相助）、親人（支持）。還有第四種呢？那就是小人（刺激）。**這不符合我們傳統的價值觀啊。

照理說，你遇到小人搞鬼，要麼是快意恩仇報復回去，要麼就是雲淡風輕，他強由他強，清風拂山岡，他橫由他橫，明月照大江。其實，大部分的人既沒有能力及時報復小人，也沒有胸懷真的把這件事放下。**如果機緣好的話，這份小人給予的刺激，反而是前進的動力。**

就像一位創業者跟我說的，創業的動機哪有那麼單純？我們當然是心懷理想的，但是絕大部分創業者除了理想之外，還有三樣東西：第一是賺錢的欲望，就是說單純的物質占有欲；第二是出人頭地的欲望，這其中有很多虛榮心的成分；第三是幹得好、氣死那幫小人的欲望。你看，這就是小人刺激的功勞了。

小說

讀好的小說有什麼作用？普遍的說法是提供娛樂，好像小說是從外往內提供了新鮮的體驗給你。但是法國作家普魯斯特說，**每個讀者能夠讀到的，其實是已經存在於他內心的東西。**

確實，如果是你內心原先沒有的東西，即使讀到了，你也沒什麼感覺。那小說的作用體現在哪裡？**第一，它就像是一種光學儀器，說明讀者發現那些自己發現不了的東西**，透過你癡迷的小說，你可以更深入地瞭解自己，比如恨什麼、愛什麼⋯⋯

第二，有些是我們自己心裡早就有的感受，但是模模糊糊，一直不能精確地表達出來。 好的小說和隨筆作品甚至比我們自己還要瞭解自己，能做出精準和有創造力的表達。

這是我所聽過的，對於為什麼要讀小說最好的解釋。

小說家

作家米蘭・昆德拉寫過一段話：「讀者經常問我，您究竟在想什麼？您要說什麼？您的世界觀是什麼？這些問題對於一個小說家來說是很尷尬的。小說家的智慧不在於像科學家那樣給出確定性，恰恰相反，小說家要把確定性還原為不確定。他們滿腦袋想的，就是要把一切肯定變換成疑問。小說家應該描繪世界的本來面目，即謎和悖論。」

這段話提醒得真好。中國人一向有「文以載道」的傳統：一切

文字,都得表達一個道理才行。比如我們小時候,讀任何一篇文章都得分析出一段中心思想,要不然就算沒讀懂。

但是,**世界上真的有一種類型的文字和作品不是指向結論,而是指向這個世界的本來面目的。看完後,我們不會信心滿滿,而會若有所思;不會豁然開朗,而會一聲長嘆。**

笑話

我們都曾有過一個經歷,聽到一個自己覺得很好笑的笑話,但是下次跟別人講的時候,往往沒辦法講出相同的效果。這是怎麼回事?答案是,這個笑話還不是你的。

科技作家塗子沛老師的一篇文章裡有一段話說得好,要想讓一個笑話變成自己的,要分三步走。第一,你得記下來;第二,你要會複習,要能回想起自己第一次聽到時的那種感受;第三,你要把這個笑話講給別人聽,感受聽的人的不同反應,然後調整自己的說法。這三步都走完了,才能說這個笑話是你的了。

其實,不僅是講笑話,所有的學習也都要走這三步。第一,經營這個知識,記錄它或者記住它;第二,經營知識和自己的關係,想清楚它為什麼打動我,對我有什麼用;第三,經營知識、他人和我的三角關係,我能用這個知識為他人做什麼。這三步都走了,才能說這個知識是我的了。

協作

我送孩子去上幼稚園時，看見教室門口有家長留給老師的字條，上面寫著「讓孩子多喝水、多吃菜」。父母的心情，我們都能理解，不過我覺得這個字條還是寫得不好。

第一，多是多少？沒有一個明確的標準，老師也無法執行。陌生人之間，界線不清的囑咐是沒有辦法合作、沒有效果的。

第二，不僅沒有效果，還傳達了對老師的不信任。多這一句話，客觀上就會讓老師有受挫感。別覺得我言過其實，如果你會開車，旁邊總是坐著一個人一直提醒你注意安全，雖然是好意，你也會抓狂的。

這張紙條如果要寫，要麼就寫得界線清楚，比如「我在孩子帶去的水瓶裡準備了適量的水，請老師督促他喝光，謝謝！」要麼就只寫五個字，「老師辛苦了」。

和陌生人協作，要點就這兩個：界線清晰、足夠信任。

寫作

作家和菜頭寫過一篇文章叫〈開始寫作吧〉。我剛開始覺得這不是扯嗎？勸人寫作，這件事太困難了。即使中文是母語，即使受過高等教育，真的能把文章寫明白的人其實也不多，但是我覺得文章中有一句話很有道理。

和菜頭說，寫作讓你「用最小的代價體驗了一件事是如何完成

的。文章的好壞根本不重要，重要的是你完整地經歷了創造，而且是在沉重的心理壓力和干擾下完成了這次創造」。

這讓我聯想起著名的泰勒斯三問。有學生問古希臘哲學家泰勒斯，**人生最難的事是什麼？答案是瞭解自己。最簡單的事是什麼？答案是給別人意見。最快樂的事又是什麼？答案是擁有自己的目標並將它完成。和菜頭說的寫作，就是這最快樂的事。**

寫作的基本原則

王爍老師有一篇文章是專門講怎麼寫作的，其中引述了史蒂芬・平克的一句話：「所謂寫作，就是要『透過樹狀的句法，將網狀的思想，用線性的文字展開』。」

聽到這句話的時候，我心中一震。

對啊，我們腦袋裡的想法是千頭萬緒的，每一個念頭的背後像是一張網，都有無數的條件。要把這個念頭寫出來，就必須把它實體化變成紙上的一條線，所以寫作的難度就相當於用一根線來畫出一部電影。

明白了這一點，就知道了寫作的基本原則。從讀者的角度來看，追求文采和技巧或者用生僻、含義不清的詞語都是大大增加理解成本的糟糕寫作。

好的寫作只有一種，就是簡潔、直白，能夠準確傳達作者所想。這跟所有好產品的本質相通，重要的不是表現它的創造者，而是尊重它的使用者。

寫作焦慮

寫作是一件挺讓人焦慮的事情，我們都想寫得好，但就是沒辦法順利地寫出第一行字，怎麼辦？

其實，所有的焦慮都是因為我們活在一個想像的目標裡，而不是活在當下。解決的辦法就是把那個想像的目標拆成一個個當下可執行的臺階或者步驟，比如五天後要交一篇五千字的文章，那我一天寫一千字行不行？不好意思，那不是一個好臺階，因為第一天的一千字就不好寫。

有效的辦法是先寫一篇「爛稿子」，有想法就一股腦兒的寫出來，也不需要講究措辭，反正也不給人看。雖然詞不達意，但畢竟可以下筆千言，等「爛稿子」寫完了，踏上了這一級臺階，你會發現把它改成一篇能用的稿子就簡單多了。

焦慮的本質是因為缺乏可控制的當下行動，一旦行動開始，逃避模式就轉化成了戰鬥模式，自然也就不會焦慮了。

心法

我經常提到一個詞叫「心法」，我本來的意思是指那些必須心領神會才能掌握的方法。後來，我看到一個進一步的解釋，說「心法」是和「演算法」相對立的。

所謂演算法，就是用理性實現對外操控，輸入訊息，輸出結果，追求的是達成目標的效率；而**「心法」要求的是用對內的自我反省**

以促進自己成長，然後透過成長後的自己來達成目標，追求的是自我改變。

舉個例子，市面上有很多教人怎麼追女孩的書，有的就是演算法派，教你一大堆話術技巧，看似很實用，但是說實話，人家女孩是一個活生生的人，眼裡看到的也是你這個活生生的人，就算你最後成功了，真正發揮作用的怎麼會只是一、兩句話呢？一定是那個整體、散發魅力的你。

未來的世界可能就這樣一分為二了。演算法，屬於機器，而心法，才屬於人類。

心理醫生

領教工坊聯合創始人肖知興老師跟我說，他一直很奇怪，為什麼美國人在俚語中把心理醫生稱為 shrink。Shrink 這個單字的本意是「收縮」，奇怪，治療心理疾病和收縮是有關連的嗎？

有一次，肖知興老師遇到一位美國的精神病醫生，就提出了這個問題。醫生是這麼回答的：「其實所有的精神疾患都是因為自我太大了，以至於和本我、超我有點不協調。」自我、本我和超我是佛洛伊德提出的心理學理論。

什麼叫自我太大？簡單來說就是太自負、太自卑或者太在意自己，而醫生的職責就是幫你把自我縮小，所以美國人就把心理醫生稱為 shrink 了。

心靈事件

很多人說，「詩」就是抒發情感，其實不完全如此。詩歌創作的難點在於，我們得有本事把虛無縹緲的感受和情感轉化成語言的具體形式，然後還能在讀者的心裡再次還原成感受和情感。

所以，德語詩人里爾克有一句話：「詩並不像一般人所說的是情感（情感人們早就很夠了），──詩是經驗。」還有另一位詩人T.S. 艾略特也說：「詩不是放縱情感，而是逃避情感；不是表現個性，而是逃避個性。」

我在《閱讀的方法：找到文明世界中，本該如此的我》書中提出一個詞叫「心靈事件」，也是這個意思。**外在事物觸發了心靈感受並不是一件不稀奇的事情，但是如果它被作者寫了下來，而讀者讀了還能再現這個感受，這就是心靈事件。**一本書裡如果包含這樣的段落，高機率就是好書。

心流

我們經常聽到一句話：「過程比結果重要」。那什麼時候最常聽到這句話呢？是不盡如人意的時候，或者對結果沒什麼把握的時候，所以通常這是一句安慰人的話。

但是，我又聽到了一個新的理解：**如果你處於「心流」的狀態，也就是全身心投入地去創造，感知系統和外界隔絕，忘卻了時間的流逝，那麼過程確實就比結果重要，因為這已經是人類迄今為止能**

夠找到的最幸福的狀態了。更進一步地想，不是結果不重要，而是因為有了這個情緒飽滿的過程，你的精神本來就已經達到了一種什麼結果都能坦然接受的狀態。

如果我們覺得「結果比過程重要」這句話有點胡扯，其實反過來證明了可能我們還沒有全身心地投入創造。

新東西

所有的策略調整，都應該以事情原本應該有的樣子為基準線。

有朋友問，什麼叫原本應該有的樣子？難道什麼事都有應該有的樣子嗎？是誰規定了這個「應該」？答案是凡事都有，它們應該有的樣子叫傳統。

我們生活的這個時代經常會給我們一個假象，就是世界是全新的。其實，這不是真相。**真相是，這個世界的絕大部分都是早就定下來的**，從宇宙常數、日升月落、文化慣性、社會網路、生活節序、人類需求，這些東西都是早就定下來的。**一個新東西出現，表面上看是橫空出世，但如果仔細研究，它一定是某個老東西在新的技術條件下的展現，它的底層邏輯不是新的。**

如果你覺得自己做了一件新的事情，先別高興，你還要再追問一件事，就是它的傳統到底跟什麼連接。等到這個問題有了答案，你才有把握，這是一個真正的新東西。

新技術

諾貝爾經濟學獎得主赫伯特・賽門（司馬賀）說，我們看待技術，其實有兩種方式。

第一種方式是：這個新穎的新技術能幫我們做什麼？我們一般人都是這麼思考技術的，但是，還有第二種方式：**這個新技術可以幫助人做這些事，那我們人類能做什麼來讓這個技術對人類產生更好的影響好呢？**

我舉個例子，你就能明白這個區別了。比如說，一般人對於人工智慧輔助教學的想法普遍是人工智慧了不起，可以監控學生是不是分心、恍神了，可以擴大推播習題給學習者了，這是在想技術能幫我們做什麼。還有一種思考方式是在純粹灌輸知識的方面，人工智慧已經做得很好了，那節省下來的課堂教學時間，我們這些老師可以為學生多做點什麼事呢？

真正能把握新技術所帶來的新機會的，往往是後一種人。

新目標

說說在家帶孩子的發現。

當孩子沉迷在一樣東西裡的時候，你要想轉移他的注意真的太難了。比如他在玩他的小兔兔，你要是提醒他該出門了，現在去換衣服，他根本就不理你。如果上去強行打斷，就會馬上哭鬧，根本就是一場災難。

那最有效的方式是什麼呢？是給他一個新目標。比如跟他說我們要出門了，你把小兔兔放到門口的板凳上，哄它睡覺，讓它乖乖的，在門口等你回來，好不好？孩子一聽到有新的玩法，馬上照辦，在這個過程中，也把馬上就要出門這個新目標植入了，等於提前做好了出門的心理準備，後面就沒那麼困難了。

其實對成人來說不也一樣嗎？**強行糾正一個人的行為，永遠都不如順著這個行為的方向給他植入一個新目標。**你看，孩子並不是不成熟的成人，他們只是成年人本來的樣子。

新聞

我們每天都看新聞，從一件小事感受整個世界，但是艾倫‧狄波頓有一個嘲諷的說法。他說，我們透過看新聞，任由全人類的咆哮把自己淹沒。這和我們把一枚海螺貼在耳邊，感覺聽到了大海的聲音，有什麼區別？我們為什麼要看新聞？其實是想藉由那些更沉重的事，把自己從日常瑣事中抽離，忘掉自身的憂慮和疑惑。哪裡又鬧蝗災了，誰又說什麼話了，這樣的外界騷動也許正是我們所需要的，好以此換取內心的平靜。

狄波頓的說法難免是刻薄了一點，不過他的提醒還是有價值的。**當代人也許都應該修練一個本事，就是同時做到一隻眼睛看到全人類，一隻眼睛盯著自己的獨特命運這兩件事。**

信任

有個年輕人跟我抱怨說,他曾在團隊裡犯了一個錯,他道歉也當眾反省了,毛病也改了,其他人也表示原諒了,但他就是覺得大家還在排斥他。他很感慨,這個時代的人怎麼這麼不寬容?

我說,可能是你自己沒有搞清楚狀況。我們這代人受的教育是錯了沒關係,改了就是好同事。沒錯,在是非對錯上,世界確實變得越來越寬容,大家不會揪住你的小辮子不放,但是,別忘了,這個世界還有另一個面向叫信任。

信任跟對錯沒什麼關係,它存在於每一個人的心裡,無法衡量,難以描述。你犯了一次錯,可能很容易獲得大家的原諒,但如果你在犯錯的過程中還傷害了大家對你的信任,想要再次獲得信任則比登天還難。

在理念世界裡,對錯似乎很重要;但在現實世界裡,信任比對錯重要多了。

信商

有一個詞叫「信商」,**是指一個人辨別資訊來源真實性的能力。**在這個時代,信商可能比智商更重要,智商不夠可以透過尋找可信任的人合作來彌補,而信商不夠,連誰可信任都不知道。

想要信商高,我覺得做到三個條件也就夠了。

第一,相信權威大機構。一說到權威,很多人會本能地感到反

感，但我的常識還是告訴我，一件傳得很熱鬧的事，如果主流權威媒體始終沒有報導，那它高機率是假的。

第二，不要相信令人震驚的事實。一般我們震驚的事就是反常識的事，這個世界上反常識的事情沒有那麼多。多等一下，說不定就反轉就來了。

第三，當消息來源紊亂的時候，更傾向於相信說得不精彩、不亢奮的那一方。用亢奮的情緒容易把一個故事說好，但一個好故事，總是會扭曲一部分事實。

資訊

梁寧老師有一個洞察：**在一個組織裡，一個人有沒有權力的關鍵不是看他的職位，而是看他在資訊流裡面的位置。**

比如一位創業二十多年企業家，在五十五歲就選擇了退休。為什麼？原來這位企業家為了保持企業的活力，在退休前 2 年讓自己這一輩的老兄弟都退休了，換了一批二十多歲的年輕人。

邏輯上，他當然還有權力，但是這個時候，公司主力幹部是一批二十多歲的年輕人，他們跟五十五歲的董事長溝通是有困難的。遇到事情，他們更願意和同齡的同事商量，覺得沒問題了才會去和老闆說。這個時候，老闆聽到的資訊其實已經是所有人串通後的共識了。本質上，老闆只是被通知發生了什麼，所以不管他退不退，都已經在實質上喪失了權力。

你看，**失去權力是從失去資訊開始的。**

信息繭房

美國學者凱斯‧桑思汀在《網路共和國》這本書裡提出了一個詞：「信息繭房（Information Cocoons）」。它的意思是，**在網路時代，每個人都可以根據自己的喜好設定訊息，看自己愛看的東西。結果時間一長，每個人就像蠶吐絲一樣，都把自己禁錮在了一個自己造就的牢房裡。**

這個前景看起來很可怕，但是我要說，這並不是網路時代的獨有現象。古代的君王和當代的企業家也一樣，擁有權力的時間一長，你會發現你只能聽到你愛聽的話了，權力變身為牢房。所以中國古代的皇帝才要發明御史臺制度，清代皇帝還進一步發明了密折制度，用來打破這個危險的牢房。

在未來的網際網路時代，打破自己信息繭房的能力將成為一個人競爭力的來源之一。

資訊流

凱文‧凱利有一個觀點說，未來社會將進入一個「流」的狀態。此話怎講？

舉個例子。前不久我的手機出了點問題，重裝了一下微信。剛開始覺得很痛心，因為很多訊息沒有保存下來，可是後來靜下心想想，好像又沒有什麼真正的損失。那些想要的訊息肯定還找得到，那些只是存在那裡的訊息，其實也不會再去看。

　　這說明什麼？**說明我們現在越來越像是河流中的一塊礁石，資訊的洪流從我們身邊呼嘯而過。**

　　過去的學習是先占有資訊，然後再去反復學習，而未來的學習是和資訊流共舞，你得像是一個暗器高手，能隨時隨地避讓那些該避讓的，抓住那些該抓住的。一旦此時抓不住，以後也就沒機會抓了，或者抓了也沒用了，這對未來的學習方式是一個巨大挑戰。

資訊文明

　　2001 年的「911」事件中，大約有 2,500 人死在了被飛機撞塌的世貿中心大樓裡，而遇難者家庭得到了各種機構和慈善團體的捐贈。但人們沒有想到，「911」還導致了另外一撥受害者，那就是因為害怕坐飛機轉而開車的人。開車遭遇車禍的機率比坐飛機遇難的機率高多了，「911」發生後的三個月裡，在美國公路上新增的喪命者將近 1,000 人。可以說，他們也是「911」事件的間接受害者，但是這些家庭卻沒有得到捐助。

　　這是紐約大學教授納納西姆·尼可拉斯·塔雷伯在《黑天鵝效應》這本書裡舉的一個例子，這個事件指出了當代資訊社會的一個困境。**當我們根據資訊來決定我們投入資源的方向時，會造就新的不公平。誰構建了資訊上的吸引力，誰就擁有財富，而不會吸引注意力的人，就會是這個新文明裡的新窮人。**

資訊優勢

我們經常說「資訊就是權力」，但很多人覺得這句話還滿奇怪的，有資訊的人，比如說一位記者，他能有什麼權力呢？這個問題要深入權力的內部才看得懂。

假設你現在是一位大老闆，你有組織內的一切人權和財權，想提拔誰就提拔誰，想花什麼錢就花什麼錢。問題是，你憑什麼要提拔這個人，而不是另一個人呢？憑什麼要花這筆錢，而不是那筆錢呢？這就需要資訊了。要知道，權力可不只是予取予求，權力是要對結果負責的。

再舉一個例子。老闆交辦你一個任務，而你掌握全部資訊，所以你願意做的事，你就會痛痛快快地去做；而你不想做的事，你要麼反復強調困難，要麼頻繁地請示，那上級自然也就無法順利完成。你說，實際的權力是掌握在你手裡，還是掌握在你的老闆手裡呢？

所以說，**很多情況下，實際的權力都來自資訊優勢。**

興奮

一位專家講課，提到當年他從一家著名外企來到一家創業公司。他形容那個感覺就相當於 20 世紀 30 年代從上海來到延安──各方面條件都差了很多，但人卻變得很興奮。

隨後他說了一句：「人不怕累，怕的是不興奮。」這句話給了

我很大啟發。

上一代中國人和這一代中國人對認識人生最大的區別就在這裡。**在匱乏時代，人生目標被鎖定在最大限度地獲取資源，最小限度地支出資源上**，所以事少、錢多、離家近，不累而且收入高就變成了衡量工作優劣的標準。

但是在**今天的豐裕時代呢？人生目標其實已經悄悄切換了，變成了要能激發我的生命能量，讓我興奮起來**。所以，衡量自己是不是老了，也可以捫心自問這個問題：現在的我，最害怕的是吃虧上當，還是不再興奮了呢？

行動

我問李笑來：「很多人說碎片化知識沒用，灌一腦袋知識，結果還是不能成功，你會怎麼回應這種質疑？」

李笑來說：「我當年在新東方講課的時候，經常會有學生問我怎麼背單字。怎麼背？就是背啊，一個詞、一個詞背，反復多背幾遍就會了。難道非要找人騙你，得用詞根聯想記憶法？那些方法只有在你開始背之後才能發揮作用。」

從來就沒有任何方法能夠傳遞知識給你，除非你擁有自己的目標，然後開始行動。哪怕這個目標很普通，比如考上大學。一旦行動開始了，碎片化的知識就會迅速被你組織起來，使用、試錯、迭代、內化，穿過你的身體，最後成為你的一部分。

這個世界說到底是自己成全自己。

行動基礎

我有一個很深的體會，**支持你做出一個行動的並不一定是你想明白了一個道理，而是此前的另外一些行動。**

比如，很多時候我想要做一件事，但就是覺得哪裡不對，想不清楚怎麼做，沒辦法下手。但是過了一年半載，想做這件事的路徑突然就變得清晰了，怎麼做的細節都呈現在面前了。

這是為什麼？不是因為你的水準提高了，而是因為在這一年半載中，你做了很多與此無關的事，這些事都成了你做下一件事的基礎。**行動才是下一步行動的臺階，每登一步，看見的風景都不一樣。**

就像有人說，當面對兩個選擇時，拋硬幣總能奏效，這並不是說拋硬幣能給出對的答案，而是當你把它拋在空中的那一秒，你突然就會知道你希望自己的選擇是什麼。

你看，包括拋硬幣在內，所有的行動都是有效的。

興趣電商

梁寧老師曾問我一個問題：「羅胖，你說為什麼賣服裝的電商網站不開發一個功能，用人工智慧的技術讓用戶看見自己穿上某件衣服的樣子呢？」

對啊，為什麼？這不是更能讓消費者判斷出這件衣服適不適合自己嗎？

梁寧老師說，因為賣衣服賣的是 vision，也就是想像。讓你看

到好看的模特兒穿上衣服的樣子，能激發你更好的想像。而你自己穿上衣服呢？這叫現實。你自己未必喜歡這個現實，所以說**想像逼出消費，而現實逼退用戶。**

上一代的電商是搜索電商，消費者好歹還是根據自己的需求在搜索商品。而這一代的電商是興趣電商，也就是說消費者是否購買，只取決於他是不是被喚醒了擁有這個商品之後的想像。

幸福

有一個漢字冷知識說：幸福的「幸」最早的字形其實是一副手銬。這和幸福的意思也相差太遠了，它是怎麼演化而成的呢？

在古代，什麼好消息能讓人感到特別「幸運」呢？就是犯了罪卻被赦免──本來戴著手銬，然後手銬被解開了。所以，幸福的「幸」本來的意思就是免去災禍，「倖免」、「僥幸」這些詞都是這樣衍生而來的。我們現在祝人幸福，其實不是祝他飛黃騰達，而是祝他無災無難。

有人可能會問，古人的說法跟我們現在怎麼理解幸福這個詞有什麼關係嗎？當然有關係。人類理解一個現象，是透過歷史不斷的積累和語言傳遞才逐漸形成的。

看見「幸福」這個詞，就等於看到古人寫給我們這代人的一封信。它告訴我們，**人生最難得的好事，不是實現什麼非分的願望，而是擁有神靈保佑的福，和無災無難的幸。**

幸福和快樂

在中文裡，快樂和幸福這兩個詞的意思差不多，但是讀起來好像又有很大差別，總覺得幸福比快樂還要高級一點。這個差別究竟是什麼？

王川老師說，快樂和幸福的區別在於，事情結束之後，有沒有提高能量和資訊的效率。

你想，快樂是指吃喝玩樂這些感官享受，享受完了就完了，快樂就結束了，人並沒有實質性的進步，需要靠下一次吃喝玩樂才能再次獲得快樂。而幸福就不一樣了，幸福來自一種能力提高的感受。比如，找到了伴侶很幸福，這其實是一種提高的能力，因為你融入了一個共同體；經過艱苦努力考上了好大學很幸福，這是提高了資源獲取的能力。

快樂是一種成功獲取外部資源的感受，而幸福是一種成功提升內部能力的感受。從這個角度來說，幸福當然就要比快樂高級。

休息

矽谷投資人吳軍老師對「休息」這個詞有一個定義。他說：「**休息的本質，就是從外界獲得資訊和能量。**」說得真好。

為什麼需要休息？因為你感到能量耗竭了。對體力勞動者來說，那當然就要停止能量輸出，先休息，然後補充能量。比如，吃飯就是一種休息，但是腦力勞動者如果還依照這個休息方法去執

行，那就有問題了。腦力耗竭，本質上是缺乏資訊。

根據熱力學的原理，一個封閉系統要是不從外界獲得能量和資訊，它就會熵增，會變得越來越無序。那怎麼辦？所以要輸入新的資訊。**腦力勞動者需要的休息恰恰不是什麼都不做，而是換一種資訊輸入的方式，例如聽音樂、看繪本、旅行、找圈子之外的人聊天，讀一些和手上事情沒關係的書等等。**

只要能換個方式體驗世界，就是腦力勞動者最好的休息。

休息方式

美國一家銀行曾經研究過怎麼改進客服中心的效率，最後得出的結論中，有一個是改變工作期間休息的方式。

客服中心的工作是接電話，大家分成很多組，每組 20 個人。原先的休息方式是讓每個小組裡的每個人輪流休息，而改變之後呢，則是以整個小組為單位輪流休息。

這有什麼好處呢？如果單個人去休息，就是喝水、發呆、上廁所。如果全組一起，說不定還能討論一下工作。僅僅是一個簡單的改變，據說每年產生了 1,500 萬美元的效益。

你看，這就是兩個時代管理方法之間的區別。**原先是工作比人重要，所以要單人輪流休息，而現在這個時代，提升效率的主要來源是人以及人和人的關係，所以要盡可能地促進人和人的交流，全組輪流休息。時代變了，一切規則都要變了。**

休養

　　學者鮑鵬山老師有一段話：說到一個人的修養，總是說修養到最後是心平氣和，但這不是唯一的境界，也不是最高的境界。對於個人的得失能做到心平氣和，當然好，但是如果是對外界的事呢？看見什麼都心平氣和，那不叫修養境界，那叫麻木，甚至是道德麻木。

　　確實，如果修養是這樣的，人就澈底喪失行動能力了。我傳訊息請教老師：「那你說，人最高的修養境界是什麼？」

　　鮑老師傳給我孔子在《論語》裡的一句話：「志於道，據於德，依於仁，游於藝。」

　　什麼意思呢？志於道，就是生命有目標；據於德，就是做事有依據、有底線、有操守；依於仁，就是能理順待人的態度；游於藝，就是能靠藝術以及各種精神生活追求內心的豐盈。

　　有目標、會做事、善待人、有趣味，這才是一個人最高的修養境界。

選鋒

　　華杉老師提到一個話題，叫「選鋒」。

　　什麼意思呢？就是打仗的時候要把最精銳的士兵選出來放在一起，成為像刀鋒一樣的力量。

　　不管古今中外，這都是戰場上的慣常做法。道理很簡單，把最

精銳的士兵放在一起才能讓他們感受到榮譽，才能激發他們的戰鬥力。如果把他們分散在比較弱的隊伍裡，旁邊的人就會想，反正天塌下來有高個子頂著，我不用出太多力，這樣不僅精銳士兵的榮譽感下降，還會拉低其他士兵的戰鬥力。

其實職場裡也一樣。我就見過很多老闆喜歡把能幹的人分散使用。表面上，似乎各個業務部門的力量比較均勻，但是實際上會削弱公司整體的實力。**讓能幹的人在一起彼此激發，讓稍弱的人無從依靠，也有機會變成能幹的人，這才是用人之道。**

選擇

我聽商業研究者張瀟雨老師說到一個做事的方法。他說，如果你面對兩個選項，很明顯地，A 選項沒有比 B 選項好，那該怎麼選呢？答案是隨便選一個，然後把它變成一個好選擇。

這句話聽起來非常提神。為什麼？你想，我們習慣的思維是透過做選擇來過好這一生，但是回頭一看，你會發現，其實我們做出什麼選擇，往往沒有我們想像中的那麼重要。

通常，我們面臨的都是以下兩種情況：第一種，是看似有得選，其實沒得選。比如，好學校就在那裡，但是我考不上，所以它並不是我在當下真實存在的選項。而第二種，是看似很重要，其實糾結來、糾結去，選哪個都差不多。

大多數時候，人最重要的不是做出什麼具體的選擇，而是努力把自己最終的選擇變成一個好選擇。

選擇成本

遠在加拿大的老喻有一天在社群發文感慨說，Costco 這家零售公司真是太厲害了，溫哥華人家裡常用的東西幾乎都被這家店包了。緊接著他又說，Costco 更厲害的地方是，假如它的店裡沒有你想買的某樣東西，就說明你或許就不需要那樣東西。後面這一句特別有意思，我盯著它看了半天。

過去二十年，我們親眼見到網路快速發展，同時也看到了網路的一個缺陷，就是給了我們無窮多的選擇。事實上，網路的豐富程度是對匱乏時代的一種反彈，而人類真正需要的東西，實際上是很少的。

網路上半場的邏輯是要盡可能的豐富，如果有下半場的話，我猜測邏輯就是要盡可能地讓消費者減少選擇的負擔和成本。所以，**未來真正的服務不是把全部可能的選擇擺在你面前，而是幫你節省選擇的成本。**

選擇困難症

有一次，有一個同事跟我說，每天最為難的時刻不是工作遇到難題，而是中午叫外送，因為選擇太多，無從下手。

我說，這不是你的決策力出了問題，而是因為你知道的好吃東西太少了。

一頭驢餓死在兩堆草之間不是因為猶豫，而是因為牠只知道有

這兩堆草。還有一句「心靈硫酸」說得好,你會糾結是因為書讀得太少,而又想得太多。說到底,是眼界出了問題。

治療選擇困難症不是要減少選擇,而是要擴展眼界,知道什麼是真正美好的東西。

選擇權

有選擇權就意味著有主動權嗎?未必。選擇權是一個非常有欺騙性的東西。

有一個很著名的婚戀交友真人秀節目叫《非誠勿擾》,女嘉賓站一排,男嘉賓只有一個。站在男嘉賓的角度看,男嘉賓有選擇權,那麼多女性站在他面前可供選擇,可是站在女嘉賓的角度,是女嘉賓才有選擇權,他們可以隨時選擇牽手還是滅燈。那你說,到底誰才有選擇權?

在職場上也一樣。有經驗的人資經理都知道,好像是自己在主動篩選履歷、在面試求職者,但是真正有競爭力的求職者也是在藉這個機會看這家公司。所以,人資經理這個崗位有一半的職能不是挑選對方,而是展現自己。

在演算法時代,選擇權就更不代表主動權了。我們的每個選擇都是在實現自己的偏好,與此同時也都是在暴露自己的偏好。

選專業科系

聽中國地產商人潘石屹講到一個觀點。有人問他,上大學應該選什麼科系?他沒正面回答,而是說:「如果你遇到一個人,看不出他從哪裡來的,交往一段時間後,也看不出他是什麼專業科系的,這很可能是一個很厲害的人。」

這是真的,所謂專業,只是一個人在特定階段的執念。只要你開始解決具體問題,需要的工具就不是一個專業能滿足的了,你要使用很多其他專業的工具。解決的問題越多,你跨過專業界線的次數就越多,久而久之,當然就看不出你是學什麼的了。

這麼說來,**上大學該怎麼選專業科系?其實選什麼都行,關鍵在於心裡得清楚知道選科系不是選未來的職業,而是選未來你跨越職業界線最好用的工具。**

薛丁格的貓

量子物理中,有一個概念叫「薛丁格的貓」。大意是說,一個盒子裡裝著一隻貓,你不打開盒子就不知道這隻貓是活的還是死的。這隻貓既是活的也是死的,是兩者疊加的狀態,這個有點難理解。

有一天,我看到一句解釋得很妙的話。什麼叫疊加的狀態?比如女朋友讓男朋友「滾」,這個「滾」就是疊加的。它的意思既是讓你滾,又是讓你過來抱抱,但是女朋友在說出「滾」的時候,自

己也不知道自己到底是什麼意思。只有你真的滾了，或者過來抱抱了，這個意思才能變得明確。

其實，人際關係中經常出現這種情況。判斷一個人對你是有好感還是有惡感是要有互動的，因為他的狀態本質上是疊加的。付出努力、跟他溝通完之後，你再判斷也不遲。

學無止境

有個詞叫「學無止境」，到底是什麼意思？是說知識很多，學不完嗎？確實如此，但還有一個面向是指每一個知識的內在深度也是沒有止境的。

學習知識至少能分成四層——聽過、知道、理解、能講。聽過是知識流淌過你的腦袋；知道是知識你已經記住，知識滲透了你的腦袋；理解是這個知識已經和你腦袋裡的其他知識形成了一個網路，你可以隨時使用，而最高境界是能講，就是輸出，你能把之事講給別人聽，還能確保別人有收穫，這個就太難了。

何川曾用一個比喻形容這四個層次之間的難度，**聽過就像你看過一輛汽車，知道就像你會開車，理解就像你會修車，而能講呢？就像你會造車。**幾個境界之間的差距大得難以想像。

所以，把讀書和聽課當成學習的全部，也許是一個對學習挺大的誤解。

學習

領導力專家劉瀾老師有一個「四問學習法」，簡單來說就是遇到任何新資訊，不僅要接住資訊，還要在意識中問自己四個問題：

第一，我聽到或者看到了什麼？這是在事實層面搞清楚自己腦袋裡留下的東西。

第二，這些東西和我熟悉的東西有什麼關係？這是更進一步將新知識和自己的舊世界建立連結。

第三，我會變成什麼？學到這個知識之前的我，和學到這個知識之後的我有什麼區別？

第四，我要用在哪裡？也就是我下一步的行動會是什麼。

這個「四問學習法」看起來有點繁瑣，我們怎麼可能一邊看書一邊不斷在腦袋裡像跑馬燈一樣問這四個問題呢？但是你發現沒有，其實學習高手都是這麼學習的。在他們那裡，這四個問題都是一閃而過，或者說都是本能。

有一句話說得好，**一個會學習的人，最大的特點就是關心自己，勝過關心自己學到的知識。**

尋常

學習知識是一件有趣的事，不過在所有知識中，我覺得最有趣的事是發現司空見慣的東西，卻有一個我不知道的來歷。

比方說，我們經常說「尋常」，這兩個字什麼意思？「尋」和

「常」都是古人的長度單位，一尋是八尺，一常是兩尋，也就是十六尺。「尋」和「常」一旦連用，就變成尺寸很小的意思。

你看，「飛入尋常百姓家」這句詩其實就可以有兩種解釋，一種是飛入面積很小的百姓家，另一種是飛入普通百姓家。但是普通百姓家不就是面積很小嗎？用著用著就變成一個意思了，即「尋常」變成了普通的意思。

知道這些知識其實用處不大，但是對我們的心靈和趣味意義重大。它意味著我們在有生之年看這個世界時，又清晰了一點。

訓練

身為擁有一項專業技能的頂級高手過的是什麼生活？你能想到頂級運動員的生活肯定是日復一日、非常艱苦的訓練，其實一流的服裝模特兒也是這樣。

在我們一般人的印象裡，服裝模特兒吃的苦，無非就是少吃飯，寒冬臘月在室外也要穿著很少的衣服工作。一位健身教練跟我講，好的模特兒每天至少要進行四個小時的力量訓練。走著穩健的步伐到臺前，在那瞬間能站住、站穩，這是需要很強的力量的。每一個姿態都能到位，也是需要很強的力量的。

所以有一個說法，頂級高手的狀態其實就是「藍領工人」的狀態。什麼意思呢？不管喜歡或不喜歡，每天都得起來照常上班，而上班的內容也都是非常枯燥的重複訓練。正如美國藝術家克洛斯所說，我們專業藝術家不講靈感，「靈感是留給業餘愛好者的」。

延長線

我經常引用曾鳴教授講過的一個詞——終局思維，不過在工作中和同事談起終局思維時，我還會用另外一個詞輔助——**延長線，就是做一件事，如果不能看到終局，能看到延長下去的趨勢也行。**

比如，做一項業務肯定有收益，但是延長去想，你要是發現這個業務一旦做大，組織會變得極其複雜，複雜到控制不住的程度，那就不能做。

再比如，你要不要留在一家公司工作，不能只看現在收益大不大，還要在延長線上看，在這裡做下去，人生是走上坡路還是走下坡路。如果是走下坡路，那不如現在就離開。

每當決策兩難的時候，加上一根輔助線——也就是延長線來幫助思考，很多疑難就會迎刃而解。

延伸

有一次，我接待一批客人。談事情的時候，因為要思考，我的手下意識地拿著別人剛剛遞過來的名片在手裡把玩著。

過了一會兒，其中一個和我很熟的朋友暗中傳了訊息給我，說：「兄弟，求求你別再玩別人的名片了。每個人的名片在自己的心目中，都是自己的延伸。你玩得很爽，他們可難受死了。」

後來我觀察了幾次，如果有人玩我的名片，我確實也有相同的感受。說這個不是想說什麼社交禮儀，只是想說這個**世界的本質就**

是人的延伸。

每個人在成長的過程中，都會延伸自我人格，比如我的家人、我的朋友、我的母校、我的祖國甚至我的名片，誰要是對他們不好，我們都會感受到對自己的侵犯。

所以，**尊重人，也要尊重他個人所延伸出去的東西。**

嚴厲

有一位網友對美國明星阿諾・史瓦辛格說，自己很久沒去健身了，希望史瓦辛格能罵自己一頓，讓自己趕快去健身房。

史瓦辛格是這麼回覆的：「我不會對你那麼嚴厲，請你也別對自己那麼嚴格。我們都會經歷各種挑戰，也都會遭遇失敗。有時，人生就是一種健身運動，但關鍵是你要起來，運動一點點就行。從床上爬起來，做幾個伏地挺身或者出門散散步，只要動一動就行。循序漸進，一點點來。我希望你能感覺好一些，重返健身房，但別因此責怪自己，因為自責是毫無用處的。自責不會讓你離健身房更近一步，而且，千萬不要害怕向別人求助。祝你好運。」這是我能想到的最好的回答。

不管是對他人還是對自己，嚴厲是沒有用的。嚴厲是個高標準要求，而我們真正缺的，不過是走出第一步。

言必信，行必果

中國有一句著名的格言：「言必信，行必果」，這句話是孔子說的，意思是說話一定要守信，做事一定要有結果。可是後半句，孔子是怎麼說的呢？他說「硜硜然小人哉」，一個人如果言必信、行必果，這是淺薄固執的小人。顛覆吧？

過了一百多年，儒家孟子又上來補了一刀。他說「大人者，言不必信，行不必果，惟義所在」。就是說人格很偉大的人不需要做言必信、行必果那一套，只要說話做事符合道義就可以了。更顛覆了吧？

其實想想也好理解。**一個嚴肅生活、對自己負責的人，肯定是做不到言必信、行必果的。以前我這麼想也這麼說，後來想法變了，難道還要固守著原本的說法嗎？不能隨機應變嗎？**

所以，人格上是大人還是小人，是自私還是利他，其實都是表像，其中的核心區別是對自己負責還是對他人負責。

演講

有人曾問我演講的技巧，其實我的演講技巧一般，但是畢竟拋頭露面這麼多次，還是有一些心得。

很多人都以為演講技巧是加法，是一種由外而內、由少變多的技術，但我的體會恰好相反。提升當眾說話的本質上是一種減法，不是盡可能地提升一個弱小的自己，讓自己有更多的技能和更多的

包裝，而是**盡可能矮化一個原本已經很強大的自己，讓自己剝除過多的技巧和過分的包裝。**

為什麼有人演講會緊張，會顯得假大空[19]？因為我們從小就熟悉一些朗誦腔、播音腔以及假裝「高大上」的東西，不知不覺把這些東西內化成了自己的。

演講能力的進步其實是一種內心的進步，是一點點逼近真實的自己和真實想法的過程。

演講稿

一篇好的演講稿，最終出爐時，至少要經過四大關。

第一關是結構和材料，這個當然很重要，它決定了一場演講的品質。

第二關是要細磨文字上的細節。一篇演講稿，最終是要發布在各種管道上的，不能光說的時候痛快，也要經得起被印在紙上反復閱讀。

第三關是當著人的面前反復地說這篇稿子，因為紙上成立的東西經過口頭，再傳達給聽眾，在聽眾的感受中，又是另一個東西了。往往就是在這一關，寫好的演講稿容易被推翻重來。

還有第四關，就是檢視每一個演講片段被截圖出去會不會產生歧義，這就是一個更細節的工作了。

---

19 指說假話、說大話、說空話。

宴席

和上海豐收蟹莊的創始人傅駿老師聊天，他說到怎麼分辨一頓宴席是高級宴席還是普通宴席。其實，這和宴席的價格沒有關係，和菜本身的烹飪水準也沒什麼關係。

傅老師說，有一個很簡單的分辨標準，在吃菜的時候，你有沒有動了想要吃主食的念頭：「這道菜好好吃、好下飯，如果有一碗飯，和飯一起吃多香！」這就是普通宴席。如果你自始至終沒有下不下飯的念頭，你的注意力全部在菜品本身上，這就是高級宴席。

我覺得，這個標準很妙。**一個東西不再成為達成其他目的的手段，它本身就是目的，這才是高層次。**若是從這個角度來理解孔子的那句「君子不器」，就很有意思了。**一個君子不能像一件器物一樣為任何特定目的而生，君子的人生目標就是成為一個更好的人。**

養老院

我們經常說，關係就是力量。這句話聽起來很簡單，大家很容易想到的無非就是說朋友多了好辦事。不過有一次，我看到一個讓人心驚肉跳的例子。

有人問，在養老院裡，什麼是弱，什麼是強？你想，那可是養老院，無論在社會上多有地位、多有錢，在那裡都沒什麼用。在養老院裡，一個人的強弱其實取決於一個非常隱祕的因素，就是我被欺負了，會不會有人來找欺負我的人算帳。

說白了，如果我有了孩子，即使這個孩子一年才來看望我一次，但只要這個社會關係還在，大家也都知道我有這層社會關係時，養老院裡的人就不敢欺負我。反之，一個喪失了所有社會關係的老人，即使帳戶裡還有很多錢，你想想看，他被欺負的可能性有多大？這個例子，有助於我們更深刻地理解「關係就是力量」這句話。

養育

我有一個朋友工作特別忙，平時沒空管孩子，讓他感到很內疚。我就給他看了李希貴校長講的一句話：「**孩子不會成為你希望的樣子，而會成為你的樣子。**」

養育孩子有兩種方法，一種是吃、穿、住、行、學各個方面都非常關照孩子，當然與此同時也意味著各種限制。另外一種是提供資源和榜樣，這個榜樣就是我們父母自己。

二者背後是兩種完全不同的養育邏輯，一種是按照現代社會的邏輯，把孩子當作一個即將投入競爭的投資品，對他當然就要投入時間和資源。還有一種是按照人類古老的邏輯，把孩子當作生命的傳承，當作是另一個人，榜樣的作用和人格的示範當然才是最有效的。

你相信哪一種邏輯？

謠言

很多企業問我，面對謠言時，該怎麼辦？

過去傳統的答案都是刪文章或者闢謠，這種思維方式的本質是洗衣服——想盡辦法把汙點洗掉，讓它恢復原狀，這在相對靜止的傳統社會是可行的。

不過，在網路時代，時間奔流向前，謠言一旦產生，就已經是你的一部分了。公眾既沒有興趣聽你闢謠也沒有耐心重建對你的信任。怎麼辦？這個時候應該想的是怎樣利用這個謠言，踩在這個謠言的基礎上，進一步表達自己。

謠言千不好、萬不好，有一樣很好的就是為你帶來了這個時代最為稀缺的東西——注意力。

被人誤解，其實要遠遠好過被人忘卻。

一無所獲

我們經常聽到一個說法，說要相信「複利」的力量。複利的力量驚人，這當然沒有錯，但是有人緊接著跟了一句：「每天進步一點點，比如 0.1%，雖然進步很小，但是積累起來不得了」，這話就有問題。

老喻說，未來是不確定的，誰能保證你每天真的能進步一點點呢？**現實情況是，即使你非常努力，99% 的時間裡，你依然會感到一無所獲。**

比如，某家公司的股票上市以來報酬率驚人，但它肯定不是一天漲一點那樣漲上去的，中途甚至會經歷好幾次大跌，跌到讓人懷疑人生那種。

真正考驗人的不是你是否相信複利 —— 那只會讓你癡迷確定性，不肯接受世界是不確定的這個事實，**真正考驗人的是你能否在一無所獲的情況下仍然堅持做正確的事。**

儀式

在儀式這個問題上，感覺很重要，內容沒那麼重要。為什麼這麼說？因為**儀式的根本作用就是找到一件事情的界線。**比如春節就是年和年的界線，婚禮就是單身和婚姻的界線。再比如，你上班就該穿商務正裝，去酒吧就一定要休閒亮眼，聽音樂會就要穿禮服。聽起來挺繁瑣的，但這不只是為了尊重這些場合，顯得自己有禮貌，也是為了讓自己的行為舉止有界線感。

有這種界線感的人不會上班的時候看社群軟體、打遊戲，度假的時候又念著工作，而是會活得特別有自控力，會向所有的潛在合作者釋放確定性的資訊。說白了，就是我有分寸、懂規矩、能自控、超可靠。

《小王子》裡說：「**儀式感就是使某一天與其他日子不同，使某一時刻與其他時刻不同。**」至於這個界線是什麼，用什麼來劃分，就真的不重要了。

已知

采銅在得到 App 的「知識城邦」裡寫了一段話：「所有已知的背後都埋伏著一連串惱人且難以回答的問題。比如你看到一張梅花的照片，你可以說這是梅花。可是如果我反問你，梅花是什麼？你可能就啞口無言了。**承認自己已知的卑微，是認知重塑的起點。**」這段話說得真好。

我們通常都以為知識在已知之外，我不懂的東西才是我要學的東西。其實不然，知識就在已知的下面，尤其跟家裡小孩對話的時候，會強烈地感受到這一點。

什麼是神仙？什麼是自由？什麼是權利？什麼是玻璃？什麼是鋼鐵？我以為自己懂的東西，只要往下深問，就會發現全是黑洞洞的未知。

良好的生活，其實用不到太多界線之外的知識，我們缺乏的通常都是對腳下的理解。

以身作則

曾經有一位母親帶著孩子去拜見甘地。

那位母親對甘地說：「求您一件事，我兒子太愛吃糖，醫生說這樣不好，但我說服不了他。我兒子非常崇拜您，您能勸勸他嗎？」

甘地說：「你下個月再來吧。」

母親說：「我們走了三天才到這裡，您就開開金口，勸勸吧。」

甘地還是堅持說：「不行，你們下個月再來。」

一個月後，那對母子又來了。甘地就對那個小男孩說：「小朋友，你不要再吃太多糖了。」小男孩點點頭。

這位母親就問：「這麼簡單的一句話，您上個月為什麼不肯說呢？」

甘地說：「因為那時候我也有吃太多糖的習慣。」

我不知道這個故事是不是真的，但我讀到之後非常震撼。**自己做不到的事情永遠不要去勸告別人，你想在這世上看到什麼改變，就先讓自己做到那個改變。**

藝術

1917 年，法國藝術家杜尚做了一個惡作劇。他在一個用過的小便池上簽名，送到一個藝術展上展出，還正經八百地取了一個名字叫〈噴泉〉。後來到了 2004 年，這件所謂的藝術作品甚至擊敗了畢卡索，被推選為現代藝術中影響力最大的作品。

有人說，瞭解杜尚是瞭解西方現代藝術的關鍵。為什麼他這個惡作劇這麼重要？原因之一，就是他一下子把藝術的底牌揭開來讓大家看到，完成了藝術價值的解構。以前我們都以為藝術是指那些有創造力的東西，但是杜尚給了藝術一個新的定義。

所謂藝術，就是指那些被安放在藝術殿堂裡的東西，有沒有創造性，其實並不好說，而這也揭露了人類社會的一個真相——在「哪裡」往往比是「什麼」重要得多。

藝術史

英國藝術史學家貢布里希說過一句很奇怪的話：「**實際上沒有藝術這種東西，只有藝術家而已。**」什麼意思呢？

一般都認為藝術史就是由風格、流派構成的，貢布里希說不對，**藝術史其實是由一代代的藝術家，透過解決他們面對的一個個具體問題堆出來的**，至於風格、精神，都是事後總結出來的。比如說，荷蘭繪畫之所以有強烈的世俗傾向，是因為宗教改革之後，畫家已經接不到宗教題材畫的訂單了。

你看，**實際上有創造力的人會面對具體的問題，解決這些問題，然後再匯成河流，最後被總結成精神和原則，這才是世界變化的真實過程。**

意見

華杉老師說，做決策的人要小心一個陷阱。但凡要做重大決策，一般來說，我們都想聽聽周邊人的意見，所謂兼聽則明。但是**你必須心裡有數，每一個給你意見的人，他的意見到底是基於理性，還是基於偏好。**

基於理性提意見的人需要很好的判斷力，成本很高，而一般人提出來的意見其實只是基於個人偏好，比如我喜歡什麼、討厭什麼，什麼讓我覺得舒服，什麼讓我覺得難受。這種意見對提意見的人來說成本非常低，尤其是當他不用為結果負責任的時候。

　　做決策的人必須能分清楚這兩種意見，不用為結果負責以及基於偏好的意見，即使聲音再大也不能聽。

意見表達

　　有一個說法，說意見正變得越來越不重要。在過去的中心化社會裡，意見的地位很高，因為普通人要想糾正那些高高在上的機構或者精英，只能透過表達意見，除此之外，束手無策。

　　現在社會演化出了很多讓你透過行動來表達意見的工具，比如你要是真心不看好一家公司，你不用罵它，你到股票市場上賣空它的股票；你要是真心支援它，你就去買它的股票。

　　反過來說，如果一個人只會在社交媒體上罵一家公司，而不去賣空它的股票，可能說明兩件事：第一，他表達的意見是隨意且不負責任的，不肯拿錢來投票的；第二，他缺乏行動能力，做不到把自己的認知轉換成自己的利益。

　　當意見和行動之間的通道變得通暢時，純粹的意見就變得沒有力量了。

意外之喜

　　在電影或者電視劇的拍攝現場經常會遇到一種情況，一個鏡頭明明已經很滿意了，可是導演還是會說：「來，再拍一顆。」上一

顆不是很滿意了嗎？為什麼還要再拍一顆呢？

有一位導演跟我說，這不全是為了安全，不是真的擔心聲音、畫面會故障，其實是導演跟演員在玩一個心理遊戲。

導演說上一顆可以了是告訴演員，你已經有保底的了，你可以自由發揮了。演員就會進入一種更輕鬆的創作狀態，這時候拍出來的東西往往會有意外之喜。絕大多數情況下，導演說保一顆其實並不是真的對上一顆很滿意。對此，演員心裡也清楚得很。所以，當導演說保一顆的時候，大家是有一種放下包袱輕裝前進的默契的。

然後這位導演跟我說了一個金句：「**想有意外之喜，請先接受現狀。**」

意義

每個人都會在人生的某個階段想一個特別俗的問題：人生的意義是什麼？生之前，我什麼都不是；死了，又什麼意義都沒有了，中間這一段，如果不想明白意義，就很難心安。

通常解決這個問題有三個辦法：

第一個是自欺欺人。假裝自己可以永遠活下去，然後緊盯一個目標，比如當官發財，拚命賺、拚命存，用沒有終點的方式做一件有終點的事。

第二個辦法是相信來世和天堂，這也確實可以把人生活出意義。

第三個辦法的境界就比較高了，也是存在主義哲學的基本主

張，那就是在生死之間自我造就，用一次又一次的具體選擇，自己成全自己，活得精彩，活得有尊嚴。理解了這種境界，我們才會理解那句話，過程比結果重要，做好當下的事比成功重要。

意義感

有一句話說得好：「為什麼絕大多數人賺不到很多的錢呢？因為對他們來說，賺錢根本不是硬性需求，花錢才是。」想想有道理。

一個人能賺到很多錢往往不是因為愛花錢，他只是純粹地愛賺錢而已。這是個挺大的想像。想要把一件事做好的人往往癡迷的是這件事本身，而不是這件事要達成的目的，就像喜歡登山的人經常會說為什麼要登山？因為山就在那裡。

可見，人要想要把一件事做好，有一個很重要的能力就是管理自己的意義追求。一個人沒有意義感是不行的，做什麼都提不起勁；太有意義感也不行，看什麼都是手段，都會質疑它的終極意義。

最好的狀態是什麼？是停留在意義追求的某個階段，不繼續追問，然後樂此不疲。

意義資本

看到一句話說，「意義是新的資本」。

過去，錢、社會關係、品牌是資本；未來，意義和創造意義的

能力也是資本。什麼叫資本？至少有幾個特徵：

第一，資本都是能生蛋的母雞，凡是能創造出新財富的資源都叫資本。一個能創造出意義的人就能發起大規模協作，當然能創造出新財富。

資本的第二個特徵是稀缺。意義本來就是稀缺的，未來會越來越稀缺。很多人都急需知道自己到底為什麼在努力。

資本的第三個特徵是能保值增值。一個意義一旦創造出來，就會和金錢資本一樣，有一種自我擴張的衝動。

那意義作為一種新的資本會帶來什麼變化？你想，每一個能夠影響他人的人，都或大或小地成了可以發行這種資本的銀行。從這個意義上說，這個世界正在變得越來越平等。

陰暗面

王鼎鈞老師的回憶錄裡有一個洞見，是平時我們不大願意面對的一個人性陰暗面。他說，人在極端困苦的情況下，支撐他活下去的力量其實有兩個東西。第一個是未來的希望，這個我們都好理解；第二個其實是跟在這個人之後進入這種困苦環境的人。比如，監獄裡的犯人看見有新人跟進，他們此前受的苦就能夠稍稍轉化成一點優越感。

所以，**支持人熬下去、熬出來的力量，一個是向前看，有點光亮，還有一個是回頭看，後繼有人。**

理解了人性的這個特點，我們就明白了：為什麼越是困苦的環

境，人性的惡就釋放得越明顯；為什麼監牢裡的老犯人總是會欺負新來的；為什麼宮裡的老太監總是會欺負小太監；為什麼法國作家雨果說，窮人並不罪惡，貧窮本身是最大的罪惡。

銀彈

有一篇關於軟體工程的經典論文，論文本身我看不懂，但是論文的名稱很有意思，叫〈沒有銀彈：軟體工程的本質性與附屬性工作〉。

「銀彈」這個詞源自於歐洲中世紀的傳說。一般的子彈對一種叫做狼人的妖怪沒有用，只有用銀做成的子彈才能打死牠，後來「銀彈」這個詞就被用來形容那些特效的、一用就靈的方法，而**「沒有銀彈」的意思就是軟體工程是一個超級複雜的系統，沒有任何特效方法可以一下子提高效率。**

看到這個詞，我特別想把它貼在牆上。無論創業、做專案還是養育孩子，所有複雜的事都是如此。面對的問題是獨特的，解決問題的資源是獨特的，機緣也是獨特的。

所以，**解決問題的高手都不追求一勞永逸。他只是把自己打造成一個善於定義問題、解決問題，而且不斷反覆運算的獨特系統。在過程中，他要不斷提醒自己——沒有銀彈。**

行銷

「行銷」的目的是什麼？這個問題當然有各種各樣的答案，比如行銷是為了建立品牌，行銷是為了維護用戶關係等等。我聽說有一個視角新奇的解釋，說**行銷是為了切換用戶的思考框架**。最典型的例子是，鑽石如果和石墨在同一個排列裡，那就是一堆碳原子，不值錢；但是如果和愛情、和婚姻的承諾在一起，那就貴得多了——這就是成功的行銷。

再比如說，如果用戶把一款電動汽車和電子產品歸類一起，在這個思考框架裡，電動汽車的價格就上不去了，但是如果它在用戶心裡被放進了豪華汽車這個思考框架，溢價就會高多了。

說到底，行銷就是講故事。講故事的目的就是讓自己的產品和其他更有價值的東西站在一起，在用戶的心智中，產生聯想效應。這一聯想，就更換了思考框架，和用戶的關係也變了，品牌和產品的價值也就提升了。

應該

中國音樂學院的李民教授講了鋼琴界的一個故事。

早年間，有一屆北京藝術節來了一位很著名的專家，點評一個國中生彈的曲子〈伊斯拉美〉。這是世界上最難的鋼琴曲目之一，對技巧要求極高。

這位專家非常嚴厲地指出這個孩子的各種問題，現場的人都聽

得有點於心不忍：這樣要求一個國中生也太過分了吧？等下場之後，專家對這位國中生說：「孩子，我一直想讚揚你，你已經很不錯、很努力了。但是我必須嚴厲批評你，因為你選了一個超出你能力的曲子。你很努力是一回事，但是這個曲子應該彈成什麼樣是另一回事，這是兩件完全不相干的事情。」

這個道理，其實職場上很多人都不明白。**我們拿出來被別人評價的不是自己的努力和態度，而是一件事情本來應該被完成的那個樣子。**

應聘

我們找工作時，一般來講，打動用人單位的方法有兩種，一是展示實力，列出各種證書；二是展示態度，表達自己的渴望和決心。這兩招都對，但恕我直言，都過時了。

在行動網路時代，資訊流動的效率提高了無數倍。**最有效的求職策略是研究這家公司，不斷地在各種社交媒體上深度分析這家公司。**你放心，這家公司的高層一定會不斷在網路上搜索關於自己公司的評論，你很快就會被看到。如果你的評論和分析值得信任，就一定會被公司優先錄用，甚至會被主動邀請。這個時候，學歷、工作經驗這些惱人的硬性指標就變得不重要了。

求職不是要攻克一座山，而是種下一顆種子，讓它在對方的心裡發芽、生長。

映照

有記者問史蒂芬·霍金說：「這一生有什麼是真正打動到你的？」霍金的回答是「遙遠的相似性」，真是一個精妙的回答。

其實我們都曾體會過這樣怦然心動的時刻，比如，原子的結構和一個星雲的相似性，一個城市的歷史和一個家族興衰的相似性，一場戰役和一場戀愛的相似性等等。

請注意，**這種遙遠的相似性之所以有魅力，不是因為體現了規律，它們之間其實是不能互相解釋的，只是一種很詩意、朦朧的映照關係。但是，我們人正是靠這種遙遠的相似性來深化對世界的理解。**

舉個我自己的例子。我很早就知道進化論，但是自從我聽到「進化剪刀」這個詞，我對進化過程的那種殘酷性就有了更深刻的理解，對每一個現存的事物也有了更深的敬意。這一切都要感謝領悟了進化過程和剪刀之間那種遙遠的相似性。

用戶拋棄路徑

看到一篇文章在講一個有意思的邏輯。這篇文章說，要將網路產品最佳化有一個很重要的方法，叫簡化用戶拋棄路徑。簡單來說，當使用者不想用你的產品時，他們能夠方便地離開。我們知道，一般產品都是要拚命留住用戶，這個說法怎麼正好相反？

網路產品之所以有可能爆發性增長，就是因為用戶會不斷地給

你回饋，然後你能根據這些回饋不斷地迭代自己。認識到這一點，你就知道了，想盡辦法留住的用戶，往往不是你最真實的用戶，他們給你的反饋可能是錯誤的。你就無法獲得網路給你的最大利益——快速和真實的回饋。留住他們，雖然眼下好像避免了損失，但其實會造成更大的損失。

一切成長的基本前提就是，誠懇對待一切合作夥伴，讓該留的留下，讓該走的趕緊走，讓自己處在一個真實的世界裡。

用戶心智

美國速食品牌漢堡王有一天突然宣布，他們的招牌漢堡「華堡」當天不賣了，因為要支持競爭對手麥當勞「巨無霸」漢堡的銷量。奇怪，為什麼要支持競爭對手？因為那天麥當勞賣「巨無霸」賺的錢要捐給罹患癌症的兒童。

你看，這是很漂亮的宣傳手段，既有了熱度也顯得大度，但是這背後也可能有一個時代性的變遷，就是企業定義自己競爭對手的方式變了。

過去的競爭戰場主要是市場份額，你多賣一個，我就少賣一個。現在的商業競爭很多是以用戶心智為戰場，你和用戶關係拉近了一分，我就要想辦法更高一籌。

麥當勞展現自己的善心，我漢堡王不僅要展示同樣的善心，還要更進一步展示自己的大度和聰明。你看，這不是旁敲側擊地蹭熱度，這是喧賓奪主的心智爭奪戰。

用心

我們經常說要用心觀察、用心思考、用心學習，那麼請問什麼是用心？

我在作家羅伯·沃克的一本書裡看到一個解釋。他說，**用不用心的區別在於你是在接受這個世界原本的樣子，還是在觀察這樣的世界會對自己產生什麼影響。我覺得這個區別說得特別好。**

就像看一本書，一字一句地看，甚至把一本書強行背下來，那不叫用心看。用心看是指在看的過程中反復思考幾個問題：這個作者到底是在回答什麼問題？這些問題我有嗎？如果我沒有，作者成功地讓我覺得這些問題確實是問題嗎？他的回答有說服力嗎？他的回答開拓了我看這些問題的視野嗎？如果開拓了視野，我原先的思考框架有什麼問題呢？

你會發現，帶著這些問題讀書時，**我們不是在讀「書」，而是在透過外部的刺激來觀察「自己」的變化，這才叫用心讀書。**

優秀的人

吳伯凡老師說，管理學界有一次投票，主題是排名第一的管理理念，結果第一名居然是 no asshole（沒有混蛋）。

想來也是，讓一幫不摻雜混蛋的優秀人士在一起工作，會大大地節省管理成本，甚至根本就不用管理，那可不就是最棒的管理嗎？問題是，什麼是優秀的人？什麼叫混蛋？優秀的人不是能把什

麼都做對的人——那叫神仙不叫人。

我覺得，**優秀的人核心就是兩個字——具體。他們能將再宏大的目標拆解成一個個具體的小任務，然後再想具體的方法完成這個小任務**，比如勤奮、善於協作，都是這個特點的結果。而混蛋呢，正好相反，一腦袋抽象觀念，所以除了待在原地抱怨，什麼也做不了。

遊戲

為什麼大家愛玩遊戲？對於這個問題，我有一個小心得。

我們身處的這個世界是那麼廣大、浩渺、無窮，而我們身處其中，那麼渺小、卑微、有限。不管我們做什麼，都不能指望這個世界給我們一個明確的回饋，這個時候，遊戲就誕生了。在任何一款遊戲裡，人的行動都可以得到一個明確的回饋。

比如下棋時，棋高一著就能贏；比腕力，力氣小了就會輸。你會發現，所有的遊戲都是在大世界中圈出一個小角落，在這個封閉的小角落裡，人的行動、能力很快會兌現為結果，形成回饋循環。

為什麼人類會對遊戲上癮？因為人類太需要回饋了。想通了這個道理，就知道為什麼**經常幫別人按讚、對別人的行動給予回應是一種很大的善意。因為我們在大大的世界中，幫對方完成了一個小小的遊戲。**

有趣

看到一篇文章，裡面提出一個問題：要怎麼樣才算是一個有趣的人？它給出的答案是，**一個有趣的人，就是一個全面強於我們對他的想像的人。這個答案有意思。**

仔細想想，我身邊稱得上有趣的人還真都是這樣。不管你和他在一起待多久，有多熟悉，他總是會有新東西掏出來，讓你眼前一亮，總是比我們對他的想像要多一點。新思想、新視野、新知識，在有趣的人那裡總是取之不盡。

那什麼是無趣的人呢？自然就是那種全面弱於我們對他的想像的人。第一印象還不錯，但是時間一長，經常會對他失望。如果你認同這個說法，其實一個人變得有趣就很簡單了，無非就是隨處留心皆學問，隨時比周邊的人多學一點點、多想一點點、多交一點點朋友，只需要一點點，就足夠有趣了。

有限

作家松浦彌太郎的《100個基本》裡有一段話：「經常會有錢不夠、時間不夠的情況，但我不把這樣的話說出口。在忍不住要說出口的時候，強行咽回去。我覺得這些話，無論如何都不該說出口，因為在有限的時間和金錢內將事物推進是自己的責任。兩者都不夠的原因，說不定在於自己的生活態度。如果將其歸咎為『社會的錯，世人的錯』，那你永遠都不會有夠用的時間和金錢了。」

這段話讓人極有啟發，至少在社會合作中，我今後盡量不會說錢不夠、時間不夠之類的話了。因為這兩句話不會引來任何的同情和幫助，它們只傳達了一個意思，就是在約束條件下，我不願意做出進一步的努力了。

在有限的時間內，用有限的金錢將事物推進，永遠是自己的責任，永遠是一個做事的人的使命。

誘惑

我有一個特別愛看書、知識非常淵博的朋友，有一次我跟他閒聊，問他是從什麼時候開始愛看書的。他說，這件事的起因，是小時候他老爸的一個詭計。

原來，小時候，他父親有很多藏書，但就是不對他開放。他每到一個特定的歲數，他老爸才對他開放一個書櫃，說這個櫃子裡的書你可以看了，其他的暫時還不行，但是他老爸平時又經常跟他談起那些不讓他看的書。有時候還拿一本並找出其中一段，跟他討論兩句，讓他看兩眼，然後又收起來。這個朋友說，他的青少年時代就生活在對書籍的強烈好奇心中。

他說：「我愛看書，根本的起因不是什麼求知欲，而是一個魔鬼般的誘惑。」

所有希望培養孩子某種愛好的父母，其實都可以借鑑一下這個方法，有時候誘惑比逼迫有用得多。

語言

作家連岳說過，人的生活稍微安定之後，幸福感油然而生，但與此同時，危機感也油然而生。

為什麼？就像進入一個蠶繭，我們熟悉的東西會像蠶絲一樣把我們越捆越緊，最後就沒辦法突破了。這個道理我們都懂，那該怎麼辦呢？難道動不動就要打翻重來？動不動就要詩和遠方？

其實不用。連岳說，人不要忘了自己的利器就是語言。只要保持語言的敏感度，每天有意識地接觸新詞，到一個陌生的地方學幾句當地話，看到陌生的概念就查一查它的意思，找懂的人問一問，都能給大腦有趣的刺激。這種習慣，短期似乎沒什麼用，長期來看就是自我宇宙膨脹。只要保持這種膨脹，你的宇宙就會變得非常非常大。

學習新的語言、熟悉新的詞彙就是在拓展我們的母語，就是在擴張我們的個人帝國版圖。

育兒

我有一次見一個朋友教育孩子，印象深刻。朋友的兒子大概四、五歲，那天不知道為什麼突然發脾氣，拿起玩具就亂扔。這時朋友不急不惱，說了一句：「玩具是你自己扔的，等一下要自己撿起來。」孩子馬上就不扔了。

朋友後來跟我說，**一般的家長都傾向於管理孩子的行為，那是**

很難控制的。而他管孩子，著眼於管理孩子行為的結果，其中的核心精神是**負責任**。換句話說，你可以自由選擇，但是我要把這個選擇的後果跟你講清楚。

只要意識到自己需要負責任，其實孩子比大人想像的要理智得多。

預測未來

在家看了幾部科幻片，發現預測未來真是一件不可靠的事，正好看到一篇文章也在說這個道理。為什麼預測未來這麼難？原因有兩個。第一，人們會把眼下最缺的東西誇大，比如很多年前我們就想像在城市裡可以開飛天車，現在看猴年馬月也未必能實現。第二，技術好預測，但是文化不好預測。

比如，有一部 20 世紀早期的科幻電影，劇情中預測未來的辦公室，裡面有很多東西都預測準確，如傳真機。但是有一種是那個時代的人打死也想不到，就是辦公室裡會有大量的女性。在那部電影發行的年代，辦公室裡幾乎沒有女性。你看，這就是文化的變遷，很難提前想到。

社會和個人一樣，可以決定自己明天怎麼做，但是很難知道自己明天怎麼想。趨勢容易看見，但文化是關於趨勢的趨勢，這就很難看到了。

預期

前同事懷沙和他爸出去吃大排檔,點了茶也點了酒。畢竟是大排檔,餐具沒那麼講究,酒杯和茶杯用的是同一種杯子,而且是瓷做的,從外表看不出裡面是什麼。

結果,這頓飯吃得特別糟糕。每當他想喝一口酒的時候,本來盼望的是那種濃烈的刺激,結果呢,喝到的是茶;本來想喝一口茶清清口,結果呢,被酒刺激了一下,口感盡毀。

他爸就感慨說,都是預期惹的禍。你想,他拿起杯子的那一刻並不一定非得要什麼,但是因為有了預期,所以從那一刻起就啟動了一個進程,不斷向那個預期逼近。如果結果和預期相反,就會非常敗興。

東西的好壞往往不是由東西本身決定的,甚至不是由主觀評價決定的,最大的決定因素,其實是具體場景裡的具體預期。

預製快樂

主持人汪涵說,他有一個保持快樂的方法,就是買一件自己喜歡的東西,但是不拿回家,就放在店裡,等到自己不快樂的時候,把它拿回來就會變得快樂了。

我的同事馮啟娜老師也經常會提前三個月替自己買一張音樂劇的門票。這樣,一連三個月,他都能有一個念想、一個期待,心情也就變好了。

這種對付自己的辦法很有意思，**事先預製好一個快樂，讓自己想要遇上的時候就能遇上。**不過，人生當中有一件事情絕不可能這麼做，那就是愛上誰，和誰過一輩子。這件事沒辦法預料，只有等到他出現的時候，你才知道就是這個人，這是老天爺放在我們命裡頭的一個最大的謎。

原創

看到一個悖論叫「原創悖論」。一般來說，我們都認為偉大的藝術家都是原創，不會抄襲別人。但是你真要去問大藝術家，他會坦誠地告訴你，天下文章一大抄，借鑑前人的作品是常態。

這個悖論還有一層，你以為大藝術家只是模仿和借鑑嗎？其實不是，他們是透過模仿他人來自我成長。有一句很精彩的話是這麼說的：「我們是透過模仿他人，並觀察我們的獨特性隨著時間的推移而出現，從而發現我們是誰。」

所謂原創，不是憑空出現一個完全屬於自我的獨特東西，而是在模仿別人的過程中，一點一點地發現自己的哪些改造是更好的，自己的哪些特點是想放棄也放棄不了的。模仿越多，這種對自己的發現也就越多。

所以你看，模仿和原創不僅不衝突，甚至可以說，原創就在模仿之中。

原則

為什麼一個人做人要有原則和底線，一家公司必須要有價值觀？除了道德上的理由，其實還有一個原因。

人和公司一樣，每時每刻都在面臨各種選擇。但是，無論你多聰明、多理性，選擇的時候，資訊總是不完備的，都不一定能選對。那怎麼辦？就是用原則和底線來選。這會讓選擇的效率變高、速度變快。

就拿開公司來說，你要是每時每刻都想著靠行賄做生意，除了法律上和道德上有風險，你會發現到處都有機會做選擇。就算你做成了這件事，選擇的效率也會變低。

一個有原則和底線的人，排除了大量的選擇，專注在自己擅長的事情上，自然也就更有競爭力。

所以，**原則是什麼？原則是讓你的選擇變得更少，競爭力變得更強的工具。**

原子筆

第一次用原子筆時，不知道你有沒有想過一個問題：為什麼鋼筆的墨水管那麼粗，而原子筆芯那麼細呢？

其實，剛剛發明原子筆的時候，筆芯和鋼筆墨水管是差不多粗細的。但人們很快就發現，筆芯會漏油。為什麼漏油呢？筆頭並不耐磨，那顆小圓珠磨小了，自然就漏油了。所以，剛開始改進的技

術思路都是提高筆頭的耐磨性。但是往這個方向的努力都失敗了。

後來大家發現，原子筆一般是寫到 2 萬字的時候開始漏油，於是便把筆芯做細，裝油量減少，把一支筆芯的寫字量控制在 1.5 萬字的範圍內，然後問題就解決了。

你看，解決一個問題，永遠有兩個方法：**第一，解決這個問題；第二，讓問題本身消失**。還有，得不到一個東西的時候，就轉頭想想，是不是可以不要它？這永遠是個有效的思路。

遠見

我們經常說，一個人應該有遠見。但這幾年，我對遠見有了新的理解。

第一，所謂的遠見，都是在不斷做事的過程中，逐漸生長出來的。觀察我身邊的那些神人，他們的遠見都在不斷迭代，去年的遠見和今年的不一樣。請注意，這是特指做具體事情的人，那些評論家的滿口大詞，不叫遠見。

第二，真的不能要求每一個人有遠見。他眼前就有一筆錢可賺，你要求他為了某個遠見放棄這個機會，其實也就是放棄眼下的生存，這太不近人情了。

所以，遠見既不是確定不變的，也不是一定正確的。那到底什麼是遠見？我的體會是，**一個人既有生存下來的熱情和能力，又有不被生存條件馴化的警覺性，為生存方式的迭代保持了充足的可能性，這已經算是很有遠見了。**

越級

有一個從部隊退伍的朋友跟我講了他剛當兵那時候的事情。

有一次，他在路上遇到連長，作為一個自來熟的人，他馬上湊上去和連長寒暄，順便彙報了一件事情。但是萬萬沒想到，連長勃然大怒，揪著他來到排長那裡，拍著桌子吼：「這是你帶的好兵，居然學會越級彙報了。」這個朋友說，經過這件事，他算是明白了，在部隊裡，越級彙報是一個天大的忌諱，但直到現在他也沒明白這其中的原因。

這個問題看似不起眼，但其實已經觸及了一個大組織內中層權力的本質。**中層權力是什麼？就是根據這一層的資訊做決策的機會。**如果有中層權力的人被繞過了，你下面的情況讓你的上級完全知道，那這一層權力也就形同虛設了。

所以，在政治學上有一個觀點認為，權力的本質就是資訊。

運氣

曾國藩這輩子說了好多名言警句，可是他自己最重視的是這一句：「不信書，信運氣，公之言，傳萬世。」

不要信書上講的那些，要相信運氣，這是曾國藩給自己的墓誌銘。活了一輩子，他覺得就這句話要傳給千秋萬代。孔子從來不信神神鬼鬼，怎麼曾國藩這個大儒反而強調要信命運呢？

作家楊早有一個說法，曾國藩這句話其實非常厚道。

「不信書，信運氣」其實是提醒成功人士別狂，不成功人士也別洩氣。

萬般皆是命，半點不由人，不管對誰來說，對不確定性的敬畏和恐懼都是最好的精神養料。

宰相

中國古代最大的官叫「宰相」，《周禮》裡面很多官名都叫什麼「宰」，比如塚宰、大宰、小宰、宰夫、內宰、裡宰。可是你有沒有覺得很奇怪，這個「宰」字是屠宰、屠夫的意思，和當官有什麼關係呢？

以前我看到的解釋都是說，「宰」是指充當家奴的罪人。這個好像沒什麼說服力，從罪人到宰相，地位差別有點大，後來我看到一個新的解釋。

你回到最原始的村落裡去想，殺豬宰羊，那是大事——有肉吃了嘛。宰的任務是把豬羊弄死，這不是關鍵，關鍵是分肉。你家分多少，他家分多少，這是相當重大的利益問題，所以操刀割肉的人必須得有公信力，大家相信你能夠在利益分配時當一個公允的人，所以「宰」後來才引申為官員。

所有握有權力的人不管在做什麼，本質上只有一件事，就是做好利益分配。

讚美

　　脫不花的《溝通訓練營》裡面有一節課是在專門講怎麼讚美他人。我看到有人說，難道每個人都值得被讚美嗎？我遇到人就讚美，難道不是拍馬屁嗎？我不覺得他好，我還讚美他，不是很虛偽嗎？聽起來很有道理。問題是，這些說法還是誤解了行走江湖的正確方式。

　　他人是什麼？他人就是我們的「磨刀石」。**某種角度來說，和他人的每一次相遇、每一次溝通，對我們只有一個意義，就是讓我們變得更好。**

　　那我們再來看前面的幾個問題：難道每個人都值得讚美嗎？當然，因為每個人都有長處。我遇到人就讚美，難道不是拍馬屁嗎？當然不是，這是你在練習，練習發現他人長處的能力。我不覺得他好，我還讚美他，不是很虛偽嗎？你不覺得他好，這沒什麼可驕傲的，這只是一種能力上的欠缺而已。

讚嘆

　　推薦金聖歎的時候，我說，他給我的一個啟發是，**永遠要站在美好的事物旁邊讚嘆。**

　　很多人都覺得，我要是認為某個東西好，就得帶著它登堂入室。其實真的不必，**我們缺的不是好東西，而是讓我們感知到這個東西魅力的人。**

記得剛上大學的時候，我去聽一個講座。那位老教授一上來先感慨了兩句，「我今天又讀了一遍〈離騷〉，〈離騷〉好啊，〈離騷〉好啊，真是好啊。」然後他就開始講別的了。就這麼短短幾句話，讓我回去趕緊找出早就買了但是沒讀的〈離騷〉，從此我就領略了〈離騷〉之美。

站在美好的事物旁邊讚嘆，我們就已經是他人最好的啟發者和領路人了。這就是金聖歎最有價值的地方，也是我一輩子想做好的事。

增量標準

很多人感慨公司給的成長機會少，你去問公司的老闆，他們又都在感慨機會太多，但是能用的人太少。

這個反差是怎麼回事？是因為衡量人的價值標準不同。自己衡量自己用的是存量標準，例如學歷、經驗、資格等等。**公司衡量人用的是增量標準，就是交給你一個新任務，憑什麼相信你能做好？核心是你和其他人之間的關係是不是一個合作型狀態。**

公司往往見你一面、說幾句話就能判定，比如儀容整潔、眼神鎮定、氣場友好、反應敏捷等等。所以，有人拿著很漂亮的履歷納悶：「我這麼好的條件怎麼就沒人重用呢？」答案通常只有一個，你沒什麼問題，是你和世界的關係出了問題。

增強回路

劉潤老師提到一個詞「增強回路」，第一次聽到這個詞時，我立即就覺得腦袋開了個天窗。

什麼叫「增強回路」？**簡單說，你做一件事的結果會強化你做下一件事情的因**，也就是將軍們經常說的那句話，「一場戰役的目的不只是贏，還要為下一場戰役準備更有利的戰場」。

劉潤老師舉了個例子。你想提高自己孩子的寫作能力，最好的方法就是讓他開一個社群帳號，一旦有了不斷增長的點閱數、留言數和贊助，這些結果就會強化他寫作下一篇文章的因，就形成了增強回路。

用這個方法來反思我們手頭正在做的事，你就不會只問怎麼樣才能完成它，你還會問，完成了它會成就什麼，然後再來決定要不要做。

戰略

「戰略」這個詞有各種各樣的定義，比如，歷史學家約翰·蓋迪斯的定義是「戰略就是協調目標和能力」，也就是在你的能力、資源和目標之間找到一個平衡點。

我和清華大學的徐棄郁老師聊天時，他提出一個新的說法：**戰略能力就是保持自己隨時能有多個選項**。我聽了眼前一亮，這是一個很新鮮的角度。對啊，談戰略的人往往都在談目標，但是戰略要

實現的目標往往都是很遠、很虛的，甚至是隨時可變的。

那怎麼衡量你是不是一個好的戰略制定者呢？就看你的選項有多少。如果你面對一種處境只能妥協認輸，要麼拚死一搏，那即使你贏了，也只是戰術上的贏，在戰略上你已經輸了。

從徐老師講的這個角度就可以分清戰略和戰術的區別了。

戰術，是選擇之後能贏；戰略，是你隨時有得選。

找工作

資深生涯規劃師古典老師在一篇文章裡，說了一個很重要的提醒。很多人一說到找工作，第一個反應就是找個人力資源網站投履歷，但是古典說，這個方法不對。

不要從找工作的人的角度想，而是反過來從找人來工作的老闆角度想，如果有一個新機會、大機會，你會給誰？一定是給身邊合作多年且相當可靠的人，這就拿到了 90% 的好機會。

如果身邊沒有合適的人，老闆會怎麼辦？老闆一般會讓熟悉的人推薦他們的熟人、同學，這些人又拿走了剩下的 10% 機會中的90%，最後實在沒辦法，老闆才會用人力資源網站。

明白了這個道理，也就清楚地知道找工作的方法了。

首先，好好做好眼前的事，爭取身邊最好的機會。其次，多建立社會關係，爭取被推薦的機會，最後才去考慮怎麼投履歷。

照貓畫虎

《讀庫》的主編六哥（張立憲）引述繆哲老師的觀點，說什麼是傻子。他說，傻子就是那種「進退感」和「分寸感」都很差的人，這個定義真好。**所謂進退感，就是對參與和退出一件事情的時機判斷，而所謂分寸感，就是對參與力度的判斷。**

你發現沒有？要想在這兩方面上表現出色，光靠學知識是做不到的。知識最多讓我們能把握底線和高線，就是什麼事該做，什麼事絕對不能做。但知識並不能訓練我們，讓我們擁有進退感和分寸感這兩樣實踐智慧。

怎麼訓練這兩種感覺呢？我自己的體會是向其他人學習——最好是身邊的人，照貓畫虎地學他們怎麼待人接物、怎麼發信、怎麼發言、怎麼表達不滿和贊許。

有一句話說得好，所謂的素質就是學表演，一招一式地學著演。表演得多了，素質就是我的了。

偵查兵

我看到一篇對我很有啟發的文章，軍隊裡面有兩種兵，一種是戰士，一種是偵察兵，他們的行為模式是不一樣的。

戰士無非是保護自己、打敗敵人、服從權威、愛護戰友，只要把這些人人都有的本能激發出來就可以，可是偵察兵就不一樣了。偵察兵必須學會和已有的知識及本能鬥爭，比如說，一個有經驗的

偵察兵知道某地有一座橋，但是如果要畫到地圖上，他就不得不再確認一下。要想搞清楚世界的真相，就必須警惕存量。

人的競爭策略大抵上也可以分成這兩種。**在力量決定輸贏的時代，存量越多的人，也就是「戰士型」的人，越會贏。但是到了認知決定輸贏的時代，對存量越警惕，對增量越好奇的人，也就是「偵察兵型」的人，才會贏。**

真相

你聽過〈二泉映月〉吧？指揮家小澤征爾對它的評價是，這是一首應該跪下來聽的曲子，確實美到動人心魄。

這首二胡曲子的作曲者是瞎子阿炳，可是你知道嗎？阿炳的眼睛不是像過去電影裡說的那樣，被什麼地主弄瞎的，而是嫖妓得了梅毒的後遺症。阿炳窮，是因為抽鴉片敗光了父親的遺產，就連〈二泉映月〉的曲調也是脫胎於一首妓院裡的淫曲，叫〈知心客〉。

我得承認，第一次看到這些內容時我很不舒服，不過這種不舒服的感覺恰恰是應該警惕的東西，因為它說明我還是缺乏就事論事的能力。阿炳是什麼樣的人，不會影響〈二泉映月〉這首曲子的偉大，甚至也不會影響阿炳這個人的偉大。

一個人求知的過程，就是分得清楚什麼是自己願意聽的故事，什麼是原本的真相。

爭論

人為什麼盡量不要參與爭論？我聽到兩個有趣的觀點。

第一個來自一位經濟學家。他說，**人這種動物，對於和自己切身利益相關的事，往往能保持理性；一旦這件事和自己關係不大，就很難保持理性。**經濟學裡講的「理性人假設」，不是說所有的人對所有的事都理性，而是說人在需要付出代價、決定和自己相關的事時才是理性的。所以，不要參與和自己切身利益無關的爭論，因為你沒有自己想像的那麼理性。

還有一個觀點就更有意思了。**雙方越是爭論得越厲害，雙方的共同點就越多。**比如，當兩個人就相對論的某個證明方法發生劇烈爭吵的時候，你說他們是共同點多還是分歧點多？所以，在爭吵即將爆發的時候，我們得明白我們和對方其實是很像的人。

爭議

有一個人在網路上寫東西經常被人抹黑諷刺，有一天我看他被黑得實在太慘了，就私下傳訊息跟他說，要撐住，別放在心上，過兩天就好了。他回覆我說，還好還好，越是有人罵，我這個公眾號的粉絲會漲越多。

過去，我們生活在一個大的社會共同體之中，看到看不慣的東西，衝上去就是一頓批評，甚至謾罵，這本身就是社會規則的一部分。**在網路時代，每個人都生活在小圈子裡，謾罵和爭議不僅傷害**

不了對方，反而是在幫助對方突破小圈子，增加影響力。

有一次，我親眼看見一個從事電影宣傳發行的人在那裡自言自語說，做點什麼有爭議性的東西才好呢？你看，這個時代，聰明人算計的就是那種滿腦袋是非對錯的人。

證明自己

有三個人誤入一家精神病院，被當作病人關起來了。那接下來，這三個人該透過什麼方式，證明自己是正常人？

第一個人想，一個講得出真理的人總不會被當成精神病吧？於是他不停地對醫生說「地球是圓的」，結果當他第十次說這句話時，他被拖進了病房。

第二個人告訴醫生自己是一位社會學家，知道各國首相的名字。一個有知識的人總不會是精神病人吧？不過當他開始背誦這些名字的時候，他也被拖進了病房。

第三個人呢，什麼話也沒說，該吃飯吃飯，該睡覺睡覺，見到醫護人員還會說聲「謝謝」，結果不久醫生就讓他出院了。

事實上，但凡想用某種方式證明自己，都可能被認為是一種病態。**很多時候，過度地證明自己和用力表現，只會讓人產生不信任感。**

政治

19世紀初，梅特涅親王說過一句話：「**政治最偉大的價值，就在於清晰判斷各方的利益。**」何止政治，只要你想透過協調多人來完成一件事，梅特涅的這句話就很重要。

「清晰判斷各方的利益」這句話，有好幾層潛臺詞。

第一，別看大家都在做同一件事，但是每一個參與者的利益都不同。你認識到了嗎？判斷得出來嗎？

第二，你打心眼裡認可這個不同嗎？你能讓別人服從你的利益，而且還能設法幫助每個人實現自己的利益嗎？

第三，如果這些利益是互相衝突的，你有能力找出辦法，平息這些衝突嗎？

第四，在鬥爭中，不管你的優勢有多大，你能為別人的利益留下足夠的空間嗎？

如果能想到這四層，即使處理的只是私人小事，我們也算得上政治家了。

支持系統

作家張愛玲從未見過自己的祖父母，但他這樣描述自己和他們的關係：「跟他們的關係僅只是屬於彼此，一種沉默的無條件的支持，看似無用、無效，卻是我最需要的。他們只靜靜地躺在我的血液裡，等我死的時候再死一次。我愛他們。」

這是一種非常有洞察力的視角。我們何止和自己的祖先是這樣的關係？我們和自己的一切支援系統都是這樣的關係。平時不覺得有什麼用，但它們就是這樣躺在我們的血液裡。

一個早年間流落到西方的中國人說過，有一次實在身無分文又舉目無親，幾乎瀕臨絕境了，他居然靠著自己這張中國人的臉教起了太極拳，而且居然賺到了錢，最終渡過了難關。

你看，**祖先、文化這些聽起來虛無縹緲的東西，其實才是我們隨身帶著的最可靠的支援系統。**

支教

大學生去偏遠鄉村當一段時間鄉村教師，這叫「支教」。支教本來是一件很好的事情，但是這幾年也有人說，支教的時間那麼短，光是向當地的孩子展示了外面的世界很精彩，結果反而讓孩子受到精神刺激，事與願違。

我聽說過一種很好的支教方式，大學生去偏遠農村就只做一件事：幫孩子做職業認知培養。比如四川大涼山地區太封閉落後了，當地孩子只知道農民、開小賣部的和司機三種職業，支教的大學生透過演小品劇的方式告訴他們，世界上還有其他職業，比如員警，並告訴他們這個職業是幹什麼的。你不是跑步成績不錯嗎？練好身體，將來考警校，就可以當員警。這種支教方式，點燃了這些孩子非常具體的希望。**什麼才是最好的教育？不是給人看最好的景色，而是給人可以努力的目標。**

知錯能改

我有一個朋友，他的工作是專門幫助「癮君子」戒毒。他跟我講，現在的醫學讓有毒癮的人在生理上排毒已經很容易了，戒毒之所以這麼難，有兩個原因。

一個是心理上的，所謂心癮難治。吸過毒的人永遠記得吸毒時的那種快感，那已經是他記憶的一部分，是沒辦法消除的。

第二個原因是社交關係。很多人戒毒成功，都是因為遠距離搬家，切斷了過去的社會關係。

這番話讓我開始重新理解一個詞，就是「知錯能改」。改錯在過去一直以為是改觀念、改行為，其實哪有那麼簡單。

改錯實質上是從內心到外界，改變整個構成自己的網絡。一件事情一旦發生，就會沉澱在你的生命網路中，只有切斷這部分網路，才有機會重來。

知恩圖報

人類社會有一種基本的道德準則叫知恩圖報，受了誰的恩惠就要回報誰，而這個準則在熟人社會是可運行的。今天你家人幫我家蓋了房子，明天我家人就有義務幫你家打井。

進入現代之後，陌生人社會來了，這根知恩圖報的鏈條就斷了。比如，在城市裡，你幫助一個過路的人，只能是出於善念，不能指望也不指望將來他會回報你。那問題來了，在陌生人構成的現代社

會，我們要怎麼樣才能把善意的鏈條延續下去？

有一次，我看到某個電視劇裡的一句臺詞，很受啟發。主人公幫了人，對方千恩萬謝，說必有後報。主人公說：「**你不用回報我，以後你有條件了，也這樣幫助別人，把我給你的這份善意傳遞下去就好了。**」

這真是一個絕好的回答。以後，我要是幫了萍水相逢的人，這也會是我的答案。

知人論世

有個成語叫「知人論世」。「世」現在一般指世事，這個成語把我們對世界的認知分成了截然不同的兩個部分：「知人」和「論事」，那它們之間有什麼區別？

最大的區別是「論事」時，要盡可能多用概念，因為概念可以貫通事物，能舉一反三。比如薛兆豐老師說，掌握了「成本」這個概念，就算是掌握了一半經濟學。

但「知人」就不同了，評價人的時候，重在能區別對待、就事論事，根據具體的場景形成具體的感受，恰恰不能多用概念。比如他們北京人如何、他們猶太人如何，這就是思維上的懶惰，想用一個標籤來涵蓋一切。

所以，判斷一個人的認知水準高低有兩個簡單的標準：**第一是看他在談論一件事時，能否熟練地多用概念，越多越好；第二是看他在評價人時，能否少用概念，越少越好。**

知識服務

導演李安要把一部小說改編成電影時，他只看一遍小說，為的是保留小說最初打動自己的那個感覺。他會把這個感覺放大成一部電影，而且絕不沉迷到小說原來的情節裡。

我自己經常要向用戶轉述一本書的內容，這門手藝最重要的也不是忠於原書，而是忠於自己被書中某個段落觸動的感覺。

我經常和同事說，我們做知識服務的人，其實要扮演的既不是用戶的老師也不是某本書的傳聲筒，而是一張底片。**別人的東西像光一樣打在我身上，我會像一張感光膠片那樣感受一部分，再創造性地顯現出一部分，再加上暗房技術的處理，最後得出一張照片。**

在這整個過程中，最重要的是我的感受能力和呈現能力，而最珍貴的僅僅是最初讓我有觸動的那束光。

知識體驗

楊照寫了一套大部頭叫《經典裡的中國》，一共十本，讀完之後我有很多小收穫。

我最喜歡這套書的地方是它的出發點很正，它不是在說經典都是祖先的好東西，你不讀不是中國人。

楊照說，像《尚書》、《詩經》這些經典，創作於跟今天很不一樣的時代，由過著很不一樣生活的先人們所寫。

所以，**我們能從中得到那些從來不曉得自己身體裡會有，現實**

生活中也不可能有的經驗，感受這些文化遺產所帶來的新鮮、強烈刺激。

楊照這段話裡，其實包含了一個重要的東西，就是學習這個概念的轉變。

過去，知識是資訊和工具關鍵在於記住和使用，而現在知識是體驗和環境，關鍵在於你和它之間能建立多麼真切的關聯。

職場

有一名馬上就要踏入職場的大學畢業生問我，要怎麼樣才能盡快適應職場環境。我說，我還真是不太懂這個，但我倒是可以和你說說學校和職場的區別。

同樣是上級，學校老師會讚賞那些愛問問題的孩子——這是什麼呀？為什麼呀？怎麼辦呀？老師一聽就特別喜歡。工作單位的上司呢，他希望看到你為自己的職守負起責任的一面，所以就不見得喜歡那些愛問問題的手下。他們只樂於回答一種問題：我可不可以如何如何？他只需要回答同意或不同意就可以了。

職場裡，下級遞給上級的標準公文，最後幾個字永遠是「妥否，請批示」，而不是「怎麼辦，請指示」。所以，**瞭解職場，得先從瞭解職場的程序開始。**

職場思維

有一家公司讓一個員工去追回一筆應收貨款。這個員工追不回來，最後回家拿了一筆錢交回公司了。你要是上級，遇到這樣的下屬是不是會哭笑不得？雖然已經進了職場，但他仍然是「考場式」的思維方式。

職場和考場有什麼不同呢？根本上來說，有三點。

第一，職場中沒有確定的題目，即使老闆出了題目，有經驗的職場人也會把它改造成自己願意做的題目。第二，職場中沒有閉卷考試。解決一切難題都是廣泛求助的結果。第三，很多老闆經常喊什麼不管過程只要結果，但是你放心，最終決定你在公司內混得好不好的永遠是你做事的方式。

理解不了這三點，工作成績再好也還是個職場的「菜鳥」。

職業

美國著名大法官霍姆斯在一篇演講中談到他的法律職業，這是我見過對自己的職業意義理解得最深的人。霍姆斯講了兩點：

第一，法律工作者既是事件的見證者，又是事件的參與者；既可以思考，又可以行動。從業者可以同時用這兩種身分去體驗生命的激情。

第二，法律這個職業就像一面魔術鏡子，反映的不僅是這一代人的生活，而且是曾經存在過的所有人的生活。

對啊，現在的法律制度其實是歷史上所有法律制度累積、堆疊在一起的結果。不過仔細想想，**如果有一個人能將世界上所有的職業做到最高的境界，其實都符合霍姆斯講的這兩點標準：第一，既是思考者又是行動者；第二，既著眼於現在，又站在所有前人的肩膀上。**

職業化人群

大陸法系和英美法系是當今世界的兩大法系。大陸法系判案的主要依據是成文法典，而英美法系的法律傳統是判例法——判案子的主要依據是以前的判例。這個奇怪的法律傳統是怎麼形成的呢？

我看過各種各樣的解釋，其中最有說服力的，是因為這種法律系統培養了一群職業化的法律從業者，比如法官、律師。只有他們對判例熟悉，而且判例是公開的資源，大家都可以看到，所以很容易區分出高手和低手，形成行業裡的輩分、級別和榮譽體系。一旦形成職業化人群，誰再要想改變這套制度就難了。

這對創業者的啟發是，你要是想創造一個體系，最重要的不是這個體系在理論上多完美，而是要造就一群靠這個體系為生、獲得榮譽的職業化人群。他們會幫你捍衛這個體系，因為一切制度的根源都是人。

紙質書

很多人會問，進入數位時代了，紙質書還有前途嗎？我覺得有。這不只是因為一幫習慣看紙質書的老傢伙還在世，而且因為這是人性的需求。

美國作家索爾·貝婁就說過：「我老是買新書，不可否認，買得快，讀得慢。可是只要它們把我團團圍住，就像有一種廣闊生活的保證人站在身旁。」

你看，買紙質書，買的不是紙上的那些資訊，那部分確實可以電子化，但是**被書、被那些書的作者團團圍住，由他們來保證你的生活廣闊性，這種感覺是沒有辦法電子化的。**

自由撰稿人湯姆·羅勃說得就更直白了，他說：「我們買書從來就不僅僅是為了閱讀。真的要看書的話，整天淨是泡在圖書館不就行了？享受占有的優越感才是我買書上癮的動機。」

所以我相信，紙質書在電子時代的命運有點像現在的歌手，線上傳播越發達，線下演出就越熱鬧。

指令

行銷顧問小馬宋說到一個知識點，根據日本人研究，如果你在大街上開了一家店，你要替這家店鋪做一塊攬客的招牌，只要在招牌上加一個箭頭，就能提高至少 30% 的顧客進店率，而且箭頭越粗，顧客的進店率就越高。如果箭頭做成動感、彎曲的，那顧客的

進店率還會提高。這是什麼？這就是指令的力量。

很多人把市場互動簡單理解成顧客提供需求，商家負責供給的過程，其實不是。顧客在很多時候是不知道自己需要什麼的，而我們在很多時候是不想自己做主的，太累了。這個時候，**我們尋求的其實是清晰的指令。你要我怎麼做，告訴我就好了，別浪費我的精力讓我去猜、去選。**

商家不僅要提供更多的選擇，還要透過好的產品和服務減少顧客的選擇成本。

智慧

偶然看到一段老影片，是當年英國哲學家羅素的一段採訪。畫外音問羅素，如果很多年後有人看到這段影片，你能告訴他們智慧是什麼嗎？羅素說，**愛就是智慧，恨就是愚蠢。**聽起來好像很「雞湯」，但是這句話可能越到將來就越是對的。為什麼呢？

恨是什麼？是一種歸因行為——我的不幸是誰造成的，我就恨誰。隨著社會越來越開放，任何挫敗、損失都再難找到單一原因。比如，我炒股賠了，我恨誰？恨上市公司？恨建議我買這檔股票的人？只要我恨了，我就是在固執地尋找單一原因，肯定是愚蠢的。

反過來，怎樣擺脫挫敗和損失呢？在開放的社會環境下，我們需要獲得更多人的說明。為了擺脫困境，任何人的力量，包括那些和我們對立的人以及我們不喜歡的人，對我們都是有用的，所以才說，愛是智慧。

中國式父母

有一個說法在嘲笑中國式父母，說他們從小就逼你練鋼琴，可是長大之後你如果真的想去做音樂，他們會嚇得半死；他們從小送你去上奧林匹克數學班，但是如果你想當數學家，他們馬上會痛心疾首，告訴你將來會沒飯吃。

他們希望孩子在某個方面表現出色，但是又不希望孩子真的喜歡上它。這種教育觀念看起來很畸形，但是有一位父親跟我說了另外一番道理。他說，這也未必就是一件壞事。在真實的人生場景中，為了一個長期的目標忍受眼下的枯燥和無趣，這是人生常態。

人生有兩種模式：享受過程，隨時能找到趣味，這是一種；死盯目標，找到方法，然後付諸行動，這也是一種。有能力分清楚手段和目的的區別，在趣味感和目標感之間找到平衡，這本身也是教育的目的之一。

終身學習

有人問美籍華裔建築師貝聿銘老先生：「你是否羨慕那些創造了建築流派的建築師？」

貝聿銘回答說：「我從來沒有考慮過這個問題，因為我一直沉浸在如何解決我自己的問題之中。」這個回答太精彩了。

我們得到高研院有八字校訓——具體、堅忍、好奇、開放，第一個詞就是具體。什麼意思？就是說，**一個終身學習者必須有自己**

手頭上正在做的具體事情，面對非常具體的難題要解決，這個時候其他領域的知識和思維模型才能幫助他。如果他只是空泛地在討論話題，無目的地在放任興趣，那他只是一個知識搜集者而已。

一個好的學習者，其實就像貝聿銘先生說的那樣：第一，他不是在評論其他人的問題，而是在面對自己的問題；第二，沉浸其中並解決掉它。

種子模型

我們經常會勸人，如果勸了對方，而他不聽，我們難免會感到沮喪，覺得白費力氣了。我聽到一個說法：我們沮喪是因為我們在語言模型上，對其作用有誤解。什麼意思？你想，過去我們說話勸人，心裡想的模型是什麼？「話是開心鎖」，是鑰匙和門鎖的模型；鑰匙打不開鎖，那當然就是失敗。

但是語言真正能夠發揮作用的模型不是「鑰匙模型」，而是「種子模型」。**一句話說給一個人聽就像種下一顆種子，你不見得馬上有收穫，但如果是一顆好種子，它自己會長，將來某一天也許就會開花結果。**比如，我們經常會遇到有人對我們說，你當年的一句話，對我影響很大。也許我們早就忘了說過的那句話，這就是種子的力量。這讓我們又多了一重理由去謹慎發言。

有價值的話多說，談論是非的話少說，因為它們都像種子一樣會成長的。

軸承

和人聊起什麼才是人類歷史上最偉大的發明，有一個有趣的回答是軸承——機器裡那種支撐機械旋轉的零件。

為什麼是軸承呢？你想，人類發明東西的歷史有兩種主題，一種是讓原先的連接更緊密，比如文字、制度、建築、傢俱等。還有一種，是讓你可以脫離原先且變得更加自由的連結，比如弓箭、車、飛機、網路等。

你發現沒有，**軸承的特點是二者的特性都有，既讓機械裡的零件彼此更好地連接，又讓連接在一起的零件可以自由轉動。說它是最偉大的發明，就是從這個角度說的。**

就像一位遊戲創業者跟我講的，現在的遊戲都是為了讓人沉迷。其實，整個行業都在等待一個時刻——我們稱之為「軸承時刻」。能讓人在沉迷和斷開之間自如切換，那才是最好的遊戲。

主次

有同事問我一個問題：工作能力的本質是什麼？這還真把我問倒了。如果倒轉一些年，在分工清晰的社會，工作能力就是職業技能，廚師就得會做菜，醫生就得會看病。

但現在職場上的大量工作都是新的，誰也沒有為這些工作準備好什麼職業技能，那工作能力還怎麼體現呢？**我自己的體會是工作能力就是分清主次的能力。**

在全局中分清主次，就是分清當下最重要的任務是什麼；在一個時間段內分清主次，就是分清今天上午該做的工作是什麼；在一個文件裡分清主次，就是分清我寫這篇內容主要得把什麼說清楚。

現在殘酷的職場中，往往體現為對事務主導權的爭奪。哪怕我是一個領導，如果不能分清主次、掌控自己的時間表，別人一定會來把我的時間扯得稀巴爛，讓我的行動模式變成應激反應模式。分不清主次，即使我再有能力，最終可能也會一事無成。

主導權

以前我說過一句話，**「職場的殘酷，往往體現為對事務主導權的爭奪」**，這句話值得深入來說說。

一般我們認為，所謂的權力就是在有限的選項裡做選擇：能這麼做、不能那麼做；要提拔誰、不去提拔誰。但是今天，權力發生了微妙的變化，權力不再是體現在「說了算」，而是「對什麼說」。

比如我在公司也算領導，如果我開一整天的會，會議最後也都是我說了算，看起來我既敬業又有權，但如果這些會議的主題是各個部門定的，那其實我對這家公司是失控的，因為我沒有在定義問題，我只是在回答問題。

其實權力的這個變化有利於所有人，**因為無論你現在是什麼職位，你都可以透過發現問題、定義問題來成功地掌握事務的主導權。這個世界正在由一個回答者掌權的世界，變成一個提問者掌權的新世界。**

主張

關於思維方式，我們都知道第一件事就是**要分清楚什麼是事實，什麼是觀點。**這是有效思考的起點，但是還有一件事也很重要，就是在**觀點中，還要進一步分清楚什麼是對行動的主張，什麼是對行為的解釋。**

就拿吵得很厲害的「996」工作制來說，很多發言其實就沒分清楚這二者。我自己的習慣是談到自己時，可以談主張，包括對自己行動的主張，也可以包括對自己利益的主張；但是談到別人，最好只談對別人行為的解釋。

我要是談論「996」工作制這件事，可能會這麼說：我主張每天要長時間工作，因為要趁身體允許，多做一些有價值的事。如果別人也這樣做，我覺得他們的考慮是這樣的……如此這般。

你看，**對自己，多談主張；對別人，只做解釋。**這樣說話，是不是就避免了很多無謂的爭論？

注射式洗腦

人是可以跳出既定框架去思考問題的，這是人比機器高級的地方。反過來說，人和人之間的博弈就是看誰能用自己的思維框架「套住」別人。

有一個詞叫「注射式洗腦」，這是什麼意思呢？就是問人一個問題，這個問題就像注射器一樣，精準打到對方腦袋的某個部位。

舉個例子。要是有人問我：「羅胖，你最近為什麼狀態不太好啊？」那我一般都只能反應說「沒有啊」或者說「哦，可能是因為最近睡得不太好吧」。

你發現沒有？不管我怎麼反應，我都是在對方給我定下的框架裡做反應。我被迫接受了一個別人沒有事實依據的框架。

所以，**如果有人用「為什麼＋一個觀點」的方式問你問題，比如「為什麼最近老闆好像有點針對你啊」或者「為什麼你不急著結婚」，那他可能就是在對你進行「注射式洗腦」。**

專長

以前我在節目裡曾講過，這個時代的人，應該有兩項以上的專長，即使你在每一個領域只是前 20% 的水準，但是混搭之後，你可能就擁有全世界獨一無二的優勢了。

問題是，如果你現在只有一個專長，也不知道還需要學些什麼，該怎麼辦呢？建議你去學演講。為什麼？因為**我們這個時代正在發生切換，影響力，也就是你構建協作網路的能力，比你實際占有的任何資源都更值錢。**

構建影響力，最重要的是什麼？是效率。一個人如果能夠同時影響很多人，效率就會變高，寫作和演講就是這樣的能力。

一個行業的紅利往往不是被水準最高或者職位最高的人拿走的，而是被最能寫和最能說的人拿走的。

專業

一個專業人士和業餘的人最核心的區別在哪裡？不只是水準高低不同，做事的方法也不同。

業餘人士看到某個問題，往往是憑著本能的直覺去解決它，是在這個問題本身上出力。而專業人士呢？因為他對這個系統非常瞭解，他知道最顯而易見的解決方法反而會讓事情變得更糟，所以他會嘗試改變這個系統中元素和元素之間的互動關係。

最簡單的例子就是一隻熊看見門關起來了，牠只會去撞門；而一個人看見門關了，他會去找鑰匙。一個業餘跑步者跑不快，他會拚命跑；一個專業運動員要提升速度，他就會針對身體的不同部位訓練。

業餘的人看見事件，專業的人看見事件背後的系統。

轉換

面對一個無法回答的問題時，我們該怎麼辦？有一個辦法是轉換。 比如說，有兩個人想跟你結婚，你選擇哪個呢？既然你陷入糾結，那這兩個人肯定各有優劣，所以這個問題就可以轉換成「如果兩個人我都錯過了，錯過哪個人讓我更遺憾？」

如果你覺得還是沒辦法回答，那就再進一步轉換。為什麼錯過這個人讓我更遺憾呢？肯定是因為他身上有我此刻更不能缺的東西，缺了這個，我就不是我了。所以，問題又轉換了，變成了「我

到底是一個什麼樣的人」。

這個問題還可以繼續轉換：「我對現在的自己滿意嗎？如果不滿意，我期待自己變成什麼樣的人呢？」兩個人當中，誰能幫助我成為那樣的人，我就跟誰結婚。想到這裡，本來讓人很糾結的問題，基本上就清清楚楚了，結論馬上就出來了。

傳記模型

價值投資理論奠基人班傑明・葛拉漢在八十歲左右的時候，說過一句很有意思的話。他說：「我希望每天都能做三種事：傻事、有創意的事和慷慨的事。」這個維度切分得很妙。

人們是活在不同網路裡的，我們生活在情感的網路裡，所以要做傻事，也就是排除了理性算計的事，比如陪孩子瘋狂奔跑。但是別忘了，人還活在第二個網路裡，就是社會競爭的網絡，要為自己和團隊裡的人創造價值，所以就需要做有創意的事。

人還活在第三個網路裡，就是整個人類社會的網路，要盡可能得到所有人的認可和社會的接納，所以要做慷慨的事。

這三個角度也是一個很好的「人物傳記」模型。你想，**一個人的一生做了哪些傻事，做了哪些有創意的事，又做了哪些慷慨的事都寫得一清二楚，也就把一個人的傳記寫出來了。**

準備

很多書裡都強調一種做事的心法——馬上去做。

那為什麼有人不會馬上去做呢？因為他要做準備。那為什麼中國人這麼相信做準備呢？因為考試文化深入人心，我們總是相信長期準備，然後一次博弈。

除了大考，我們還會苦苦考取各種證照，就是為了交出履歷；苦苦寫 PPT，就是為了讓上級點頭；甚至談戀愛都是苦苦做準備，然後像上刑場似的向女孩表白。

其實真實世界裡，除了考試之外，所有成功都是多次博弈的結果。追一個女孩，反覆接觸然後水到渠成，反而成功機率高。職場中也一樣，想要成功說服人，事前事後的誠懇溝通遠比一次性的請示彙報重要得多。

所以我經常感慨，考試文化是創造文化的敵人。

資源結構

朝鮮戰爭中有一個著名的戰役——上甘嶺戰役（又稱三角高地戰役）。在那場戰鬥中，美國方指揮官叫詹姆斯·范佛里特。他問部下，打下這些山頭需要多少彈藥？部下說了一個數字，范佛里特說：「來，準備五倍。」後來，在軍事上就出現了一個名詞，叫「范佛里特彈藥量」，意思就是，遠超必要的資源準備。

吳軍老師跟我講，這個詞給他的啟發是，**做決策要明白自己的**

資源結構。

美國人當時很怕死人，但是不怕花錢，所以就用數倍的富餘資源去做事，以省下稀缺資源。

我們身邊的多少老人家有錢卻沒有好身體，但是還要「花費」身體去省錢。他們可以用數百萬去理財，出門卻捨不得叫車。也別說他們，其實我們每個人多少都會在自己的資源結構上犯糊塗。

自嘲

有人問我，如果只能帶一種能力去來世，你希望是哪種？我想了想說，是自嘲的能力。

學會自嘲有兩個好處，首先是讓周圍的人愉快，這樣你就更容易獲得他人的幫助。其次，更重要的一點是，會自嘲的人是不把自己太當一回事的人，是接受了自己的缺陷的人，這樣既不容易受到傷害，也更容易找到和自己能力相配的人生姿態。

一個不會自嘲的人不是不強大、沒有力量，而是經常會用自己的強大去追逐一個不切實際的目標，他的力量也得不到幫助和增強，因此脆弱不堪。

自己

日本設計師山本耀司有一句話說：「什麼是自己？『自己』這個東西是看不見的，只有撞上一些別的東西並反彈回來，才會瞭解『自己』。所以，跟很強的東西、可怕的東西、水準很高的東西相碰撞，然後才知道『自己』是什麼。」

這就是我喜歡的行動者生活態度。**我就存在於我的行動中，我的行動不斷產生結果，我再在這些結果中感知自己的存在，也實現自我的提升。我和我的行動是一體的。**

前些年有一句話說，腳步不要太快，要經常停一停，要等你的靈魂趕上來。我非常想反問，如果你的腳步停下來，你和世界的關係停止了，你確信自己還有靈魂嗎？所以不管是慢還是快，是閒散還是忙碌，我要提醒的是，千萬不要把「靈魂」活沒了。

自駕遊

曾經和人討論過什麼是最好玩的自駕遊旅行，最後大家達成的共識是這樣的：

首先，一定要和好玩的人一起，這個不用說了。

其次，得設立一個大致，但是相對較遠的目標，比如說從北京到桂林。有了這個大致的目標，大家就可以避免很多不必要的爭執和分歧。

最後這個也很重要，就是不能把行程搞得特別詳細，不能讓旅

行刻板得像在執行一個計畫。興致來了，可以在某個地方多流連一下子；興致沒了，也可以在中途取消幾站。總之，行程要可以隨時調整。

後來一想，**這個過程其實和創業過程是一樣的：夥伴可靠，願景清晰，然後行動在當下。**

自拍

張瀟雨老師曾經說過兩句話：「自拍照片裡面，那個酷酷的人並不是你。拍完照趕快拿手機來看拍得怎麼樣的人，那個才是你。」這話說得有意思。

自拍照片裡的你只是你刻意營造給外人看的形象，而趕緊拿手機來看拍得怎麼樣的那個人，表現出來的是什麼？是對自己應該呈現什麼樣子的期待。

就拿我自己來說，年輕的時候，在意的是不是被拍得老成自信，那時候渴望被信任；後來，在意是不是被拍得有精神，那時候渴望在人群中有地位；再後來，在意是不是被拍得頭髮顯少，原因很簡單，因為開始掉頭髮了。

再後來，就是現在，在意是不是被拍得衣著整潔。對，現在對長相看得比較淡了，只在意自己是不是個體面、周到的人。

你看，這個才是真正發生在我身上的變化。

自我介紹

脫不花去上了一個學習班，其中有一個環節是每個人一分鐘的自我介紹。這麼短的時間能說什麼？無非是姓名、職業、會做什麼等等。

其中有一位同學是這樣自我介紹的，他說，我研究了你們每一個人。誰，哪一年你在哪個城市的時候，我也在那個城市；誰，在做什麼的時候，我就在你隔壁那棟樓；誰，我們共同認識誰。最後說到脫不花，他說，我不認識你，但我是得到 App 的重度用戶，我還把得到 App 推薦給了很多人。

你看，這樣介紹一輪，一分鐘，底下掌聲雷動，而這段介紹也成為當天最好的自我介紹。

這件事給我兩個啟發：**第一，在陌生人那裡建立一個好印象最好的方式其實不是美化自己，而是把自己放在一個和對方有關的網路裡；第二，一個人在做一件事之前做超乎尋常的準備，總是會贏得尊敬。**

自省

通常我們都是把自省理解為自我批評，其實不然，這個詞的含義比這個意思寬廣得多。

自省是一種以自己為標準來衡量外在世界的能力，有這種能力的人，就有可能超越外在世界強加給自己的種種負面情緒。

比方說，**在職場中的生存策略到底是努力完成老闆的指令，以便得到團隊的認可，還是盡可能利用團隊提供的機會完成自身的成長？**我通常主張後一種策略，因為前一種策略會有成功和失敗，而後一種則是收穫大小的問題。

那你可能會說，這樣太自私了吧。其實，你不妨找幾個老板打聽看看，他們到底是喜歡聽話的員工還是喜歡那種主動推動自己專業成長的員工。

自由選擇

有個朋友問我，現在年輕人天天看手機、玩遊戲，這可不得了，會不會以後就沒有人看書了呀？我說真的不會。

首先，看手機、玩遊戲也沒什麼不好，這可能是未來最主流的一種學習方式。

其次，只要是自由選擇，總會有人選擇看書，不去選擇玩遊戲。我記得凱文‧凱利說過，現在全世界做盔甲的人比中世紀的時候還多，這不是因為有打仗的需要，而是因為興趣。你看現在圍棋、書法，哪樣不是蓬勃發展？

最後，看書的人少了，於是就會有人覺得看書很酷，看書就會成為社交工具，然後看書的人又會多了起來，形成一個新的平衡。重要的是，這個平衡是自然形成的，比原先強迫大家讀書的結果還要好得多。**只有強制會導致墮落，而自由則從來不會。**

總結

和一位藝術家聊天，我覺得很有意思：我總是忍不住想總結一些什麼，而他呢，總是忍不住想打破我的總結。

我問：「這件事，你為什麼能成功呢？」

他的回答是：「你總得先承認這個世界上有不可複製的天才吧？」請注意，他說這句話的時候，沒有驕傲的意思，他就是在陳述一個事實。

我想問他對某件事的觀點，他說：「我的觀點經常是前後矛盾的，甚至也不是什麼矛盾，就是因為你們總有人要問，我就只好強行總結，總結的可能不一樣，所以就顯得矛盾，其實我就沒有什麼觀點。」你看，他的回答特別坦誠。

這次聊天對我來說是一個很重要的提醒。我們為什麼經常追求事情的簡單總結呢？說到底是犯懶。**用一個概念、一個模型來把握一個複雜的事實，對我們來說成本低，但是一個簡潔的表像背後總會有無窮豐富的層次，這才是事實。**

組織

梁寧老師給我開了一個挺大的腦洞。我們通常認為，管理能力和組織能力是一樣的，都是能夠整合一群人，讓他們合作完成一個目標，但是梁寧老師說，不一樣。

管理的核心是「規則」，頒布一套行動規則讓大家遵守就行了，

而組織的核心是「關係」，大家即使在沒有明確規則的情況下還是能夠協作。

　　理解這個區別，你就明白了為什麼那些出身外企的人去創業往往很難成功，因為他們習慣了管理，而不是組織。有一個外企白領就對梁寧說，我喜歡工作勝過喜歡家庭，因為外企規則非常清晰，工作中，他知道每一件事的要求，知道該如何與人相處，知道自己什麼行為會被認同和稱讚，但是在家和丈夫相處沒有規則，這讓他非常挫敗。

做事

　　宋代皇帝宋真宗很看重大詞人晏殊，遇到棘手的事情時，經常寫一張小紙條，派人去諮詢晏殊的意見。晏殊回覆的時候，每次都把皇帝寫的小紙條和自己答覆的紙張黏在一起。

　　你別看這是個小小的細節，背後的意思是：您的來信，我送回了，我既不會洩露裡面的訊息，也不會把它當作炫耀的工具，您放心。這樣謹慎幹練的人，皇帝怎麼會不喜歡呢？所以後來晏殊一路做官做到宰相。

　　這件事看起來只是一個官場小伎倆，但實際上是一種非常難實現的平衡。**做任何事，你的目標其實是三方面的收益：第一，完成這件事本身帶來的收益；第二，讓合作夥伴信任你的能力；第三，讓合作夥伴覺得和你的合作是可以持續的。**這三個收益全拿到了，這件事才算真正成功了。

源起：（今天我聽了一個講座、看了一本書、和一位朋友見面、參加了一個活動……）

感受：（讓我想起、思考、疑惑、困惑、給我的感受……）

啟發：（所以給我的一個啟發是……）

說明：用上面的格式，你也可以隨時記錄屬於自己的啟發。

源起：（今天我聽了一個講座、看了一本書、和一位朋友見面、參加了一個活動……）

感受：（讓我想起、思考、疑惑、困惑、給我的感受……）

啟發：（所以給我的一個啟發是……）

說明：用上面的格式，你也可以隨時記錄屬於自己的啟發。

高寶書版集團
gobooks.com.tw

新視野 New Window 271

啟發

作　　者　羅振宇
責任編輯　高如玫
封面設計　林政嘉
內頁排版　賴姵均
企　　劃　鍾惠鈞

發 行 人　朱凱蕾
出　　版　英屬維京群島商高寶國際有限公司台灣分公司
　　　　　Global Group Holdings, Ltd.
地　　址　台北市內湖區洲子街 88 號 3 樓
網　　址　gobooks.com.tw
電　　話　(02) 27992788
電　　郵　readers@gobooks.com.tw（讀者服務部）
傳　　真　出版部 (02) 27990909　行銷部 (02) 27993088
郵政劃撥　19394552
戶　　名　英屬維京群島商高寶國際有限公司台灣分公司
發　　行　英屬維京群島商高寶國際有限公司台灣分公司
初版日期　2023 年 09 月

國家圖書館出版品預行編目（CIP）資料

啟發/羅振宇著. -- 初版. -- 臺北市：英屬維京群島商高
寶國際有限公司臺灣分公司, 2023.08
　面；　公分. --（新視野 271）

ISBN 978-986-506-779-3(平裝)

1.CST: 生活指導　2.CST: 成功法

177.2　　　　　　　　　　　　　112010473